国际贸易理论新探

GUOJI MAOYI LILUN XIN TAN

郭　波　编著

山东人民出版社·济南

国家一级出版社　全国百佳图书出版单位

图书在版编目（CIP）数据

国际贸易理论新探／郭波编著． —— 济南：山东人
民出版社，2017.9
ISBN 978-7-209-10307-7

Ⅰ．①国… Ⅱ．①郭… Ⅲ．①国际贸易理论－研
究 Ⅳ．①F740

中国版本图书馆CIP数据核字(2017)第230204号

国际贸易理论新探

郭　波　编著

主管单位　山东出版传媒股份有限公司
出版发行　山东人民出版社
社　　址　济南市英雄山路165号
邮　　编　250002
电　　话　总编室（0531）82098914
　　　　　市场部（0531）82098027
网　　址　http://www.sd-book.com.cn
印　　装　济南万方盛景印刷有限公司
经　　销　新华书店

规　　格　16开（169mm×239mm）
印　　张　14
字　　数　250千字
版　　次　2017年9月第1版
印　　次　2017年9月第1次
印　　数　1-1000
ISBN 978-7-209-10307-7
定　　价　38.00元

如有印装质量问题，请与出版社总编室联系调换。

总　序

　　17 世纪，德国哲学家、数学家莱布尼茨发明了二进位制，将其视为"具有世界普遍性的、最完美的逻辑语言"。他有两个"没想到"：第一个"没想到"是，二百多年以后，二进位制成了计算机软件的数学基础，构筑了丰富多彩的虚拟世界；第二个"没想到"是，五千多年前的《周易》描绘了阴阳两元创化的智慧符号，莱布尼茨从法国汉学家那里看到了八卦，认定那是中国版的二进制。可惜的是，《周易》被拿去算卦，从阴阳看吉凶。莱布尼茨也有宗教情结，他认为每周第一天为 1，亦即上帝，这是世界的一翼。数到第 7 天，一切尽有，是世界的另一翼。7 按照二进制表示为"111"，八卦主吉的乾卦符号为三横。而这三竖三横只是方向不同，义理暗合。

　　《周易》为群经之首，设教之书，大道之源。"一阴一阳之谓道"，两仪动静是人类活动的总源头，为万物本元图式。李约瑟视其为宇宙力场的正极和负极。西方学者荣格评价更高，谈到世界智慧宝典，首推《周易》。他认为，在科学方面，我们得出的许多定律是短命的，常常被后来的事实推翻，唯独《周易》亘古常新，五六千年，依然活络。

　　乾与坤，始与终，精神与物质，主体与客体，合目的性与合规律性，工具理性与价值理性，公平与效率，社会与个人，人权与物权，政府与民众，自由与必然，形式与内容，理性与感性，陆地与海洋，东方与西方，和平与战争，植物与动物，有机与无机……在稀薄抽象中，二元逻辑是通则。我们的家庭也一样，一男一女是基础，有了后代，父母与子女也是二元存在。

世界无比丰富，不似二元那样单纯。但多元是二元的裂变，两端间的模糊带构成了丰富多彩的发挥天地。说到四季，根在两季，冬与夏代表冷与热，是基本状态，春秋的天气或不冷不热，或忽冷忽热，在冬夏间往复震荡。我攻读博士学位时学的是美学，摇摆于哲学与艺术两域，如今沉思在文化里，那两个幽灵依然在脑海里"作怪"。我下乡九年，身上有农民气，读大学十年，身上有书生气，下笔喜欢文辞，也喜欢白话，两者掺和在一起，不伦不类，或许也是特色。

烟台南山学院为了总结教学科研成果，启动了"百部学术著作建设工程"。因没有统领思路，我感到杂乱无章，思前想后，觉得还是二元逻辑可靠。从体例上来说是二元的，一个系列是应用型教材，一个系列是学术文库；从内容上来说，也是二元的，有的成果属于自然科学，研究"物"，有的成果属于社会科学，研究"人"。南山学院是中国制造业百强企业南山集团创办的高校，产业与专业相互嵌入，学校既为企业培养人才，也为社会培养人才，也是两元的。我们决定丛书封面就按这一思路设计：二进位制与阴阳八卦，一个正面，一个背面；一个数学，一个哲学；一个科学，一个文化；一个近代，一个古代；一个外国，一个中国。

南山学术文库重视学理，也重视术用，这便是二元关照。如果在书中这一章讲理论，另一章讲实践，我们能接受。最欢迎的是有机状态，在揭示规律的同时，也揭示运用规律的规律，将科学与技术一体化。科学原创是发现，技术原创是发明，要让两者连通起来。对于"纯学术"著作，我们也提出了引向实践的修改要求，不光是为了照顾书系的统一，也是为了表达二元的学术主张。如果结合得比较生硬，也请读者谅解。我们以为，这是积极的缺欠，至少方向是对的。清流学者与实用保持距离，以为那是俗人的功课，这种没有技术感觉的科学意识并不透彻。我们倡导术用的主体性，反对大而无当的说理，哪怕有一点用处，也比没用的大话强。如果操作方案比较初级，将来可以优化。即便不合理，可能被推翻，也有抛砖引玉的作用，并非零价值，有了"玉"，"砖"就成了过季的学术文物，但文物不是废物。在学术史上哪怕写上我们一笔，仅仅轻轻一笔，我们也满足了，没白活。

　　吴国华教授曾经提出，应用型大学的门槛问题在标准上，我很赞成，推荐他随中国民办教育协会代表团去德国考察双元制教育。回来后，吴教授主持应用标准化建设的信心更足了。德国的双元制教育有两个教育主体——学校与企业；受教育者有两个身份——学生与员工；教育者有两套人马——教员与师傅。精工制造，德国第一，这得益于双元制教育弘扬的工匠精神。我们必须改变专业主导习惯，提倡行业引领，专业追随行业，终端倒逼始端。应用专业的根在课程里，应用课程的根在教材里，应用教材的根在标准里，应用标准的根在行业里，线性的连续思路也是两元转化过程，从这一点走向另一点。我们按照这样的逻辑推动教材建设，希望阶段性成果能接地气。企业的技术变革速度快于大学，教材建设永远是过程，只能尽可能地缩短时间差。

　　在《论语·子罕》中，孔子说："吾有知乎哉？无知也。有鄙夫问于我，空空如也。我叩其两端而竭焉。"他认为自己并不掌握什么知识，假使没文化的人来请教，他不知道如何回答。但是孔子自认为有一个长处，那就是"叩其两端而竭"，弄清正反、本末、雅俗、礼法、知行……把两极看透，把两极间的波动看清，在互证中获得深知与致知，此为会通之学。这时，"空空如也"就会变成"盈盈如也"。那"竭"字很有张力，有通吃的意思。孔子是老师，我们也是老师，即便努力向先师学习，我们也成不了圣人，但可以成为聪明些的常人。

　　世界是整块的，宇宙大爆炸后解散了，但依然恪守着严格的队列。《庄子》中有个混沌之死的故事，混沌代表"道"，即宇宙原本，亦为人之初、命之始，凿开七窍后，混沌死了。庄子借此说明，大道本来浑然一体，无所分界。"负阴而抱阳"，阳体中有阴眼，阴体中有阳眼。看出差别清醒，看出联系明晰。内视开天目，心里有数。

　　两元逻辑的重点不在"极"，而在"易"，两极互动相关，才能释放能量。道家以为，缺则全，枉则直，洼则盈，少则得，多则惑，兵强则灭，木强则折，坚强处下，柔弱处上，事物在反向转化中发展着。《周易》乃通变之学，计算机中的二进位制，也是在高速演算中演义世界的。

　　哈佛大学等名校在检讨研究型大学的问题时，比较一致的看法是忽视了本科教育。本科是本，顶天不立地，则脚步发飘。中国科学院原就有水平很高的研究生院，现在又成立了中国科学院大学，也要向下延伸到本科。高等教育的另一个极化问题出现在教学型高校中，许多人认为这里的主业是上课，搞不搞研究无关大局。其实科研是教学的内置要素，是两极，也是一体，要两手抓，两手都要硬。科研好的教师不一定是好教师，但是科研不好的教师一定不是好教师，不爱搞学问的老师教不出会学习的学生，老师自己都没有创新能力，怎么能培养出有创新能力的学生呢？二元思维是辩证的，不可一意孤行。我们的"百部学术著作建设工程"包含教学与科研两大系列，想表达的便是共荣理念，虽然水平有限，但信念是坚定的。

以《周易》名言收笔——"天行健，君子以自强不息"。

烟台南山学院校长

2016 年 7 月 17 日于龙口

前　言

　　国际贸易是国际经济交往中最古老和最主要的方式。它促进了国际分工和世界市场的形成，也推动了各国经济和世界经济的发展。在世界经济发展进程中，西方国家后来居上并至今保持领先地位，尽管其中有很多方面的原因，但对国际贸易高度重视并采取正确的贸易政策，无疑是其中一个极为重要的因素。2001年中国加入世界贸易组织（WTO）后，大大加快了中国融入经济全球化浪潮的速度。面对这一新的形势，切实提高对国际贸易的理性认识并学会合理选择外贸政策是十分重要的。为此，笔者将多年来讲授国际贸易理论课程的内容加以整理和补充，形成了本书，希望能对想深入学习这方面知识的读者有所帮助。

　　本书之所以起名为《国际贸易理论新探》，是因为其具有以下五个鲜明的特点：

　　第一，新理论。

　　本书突破了以往国际贸易理论的传统内容，增加现代国际贸易理论，如规模经济理论、产业内贸易理论、研究与开发要素理论、信息与管理要素理论、贸易与投资一体化理论等。这些理论大大丰富了国际贸易理论的内容，从而推动国际贸易活动向更广更深的方向发展。

　　第二，新方法。

　　本书突破了以往国际贸易理论多限于规范分析方法，引入实证分析方法，从而使国际贸易理论建立在坚实的现代科学基础上。本书对古典贸易理论和现代贸易理论广泛采用实证分析方法。在国际贸易政策部分还引入政治经济学分析方法，这在同类书中是不多见的。

第三，新视野。

本书突破了以往国际贸易理论多以国家为研究视角的局限，更关注人类命运共同体，这与中国在经济全球化背景下的开放思维和大国担当不谋而合。为此，我们还特别引入国际贸易理论最新研究成果，如新兴古典贸易理论、贸易与投资一体化理论、国际贸易体系理论等，从而引导读者扩大专业视野。

第四，新体系。

本书突破了以往国际贸易理论的框架体系，对不同流派的贸易理论按照历史和学科发展逻辑进行了全面梳理和综合分析，不仅介绍了西方自由贸易理论和保护贸易理论的主要流派及其观点，同时还介绍了马克思主义贸易理论，并将国际贸易理论由货物贸易领域扩展到技术贸易和服务贸易领域，分析国际贸易理论的发展脉络和演变规律，从而有助于引导读者从整体上把握国际贸易理论体系的精髓，而不是囿于支离破碎的片面理解。

第五，新背景。

当前国际贸易发展正面临历史性转折：一是美国由倡导多边主义转向单边主义，奉行"霸凌"政策，主动挑起经贸摩擦；二是中国经济加速崛起，在世界贸易格局中的地位日益提高。美国贸易政策转向将对世界经济带来什么影响？中国经济崛起又将怎样影响世界？面对世界经济发展这一历史性转折的新背景，本书第十章介绍了中国对外贸易政策的演变，并对其未来改革走向进行了初步探讨，从而使本书具有很强的现实意义。

基于以上特点，本书既适合高校本科生、研究生作为国际贸易课程的学习用书，也适合从事实际经济工作的管理人员作为业务参考书。

在本书的写作过程中，书后所列参考文献中许多作者的卓越见识开拓了我的思路；世界经济专业研究生穆鹏同学冒着酷暑承担了整部书稿的整理与打印工作；山东人民出版社的编辑张卫玲对文稿进行了反复认真校订，在此谨对他们表示由衷的敬意。

国际贸易正经历着人类历史上最重大而深刻的变化，对其理论和政策方面的研究应该不断深入，由于自身学识所限，书中在这方面的探索肯定有许多疏漏和不当之处，敬请读者不吝赐教。

郭　波

2017年8月

目　录

第一篇　国际贸易理论

第一章 导 论

学习一门学科，首先应弄清它的研究对象和研究范围，掌握各个部分之间的联系和区别，并把握其演变脉络。本章是学习国际贸易主要内容和继续深入探讨的基础。

第一节 国际贸易的研究对象与研究范围

一、研究对象

国际贸易，是指不同国家或地区之间进行的商品（包括技术和服务）交换活动。如果从具体国家（地区）的角度看，则这种交换活动称为对外贸易。根据研究内容的不同，国际贸易分为国际贸易理论、国际贸易政策和国际贸易实务三个层次。从国际贸易专业的学科体系来看，国际贸易课程的研究对象应是国际贸易理论和国际贸易政策①，而国际贸易实务②则应由相应的

---

① 与国际贸易课程的研究对象相对应，中国对外贸易概论课程的研究对象应是中国对外贸易理论和政策。

② 国际贸易实务，按照交易对象不同，分为国际货物贸易、国际技术贸易和国际服务贸易。其中，国际货物贸易由国际货物贸易实务、国际商务谈判、国际商法、外贸函电、国际结算与单证、国际运输与保险、报关实务、进出口商品检验与检疫等专业方向课程群承担。

专业方向课程群来承担。

尽管国际贸易课程的研究对象分为国际贸易理论和政策两个部分，但二者实际是统一的。这是因为，一项贸易政策的制定是以一定的贸易理论为依据的，相应地，一定的贸易理论又是特定历史时期贸易政策和贸易实践的反映和总结。

可以说，国际贸易学科的发展，就是国际贸易理论与政策、理论与实践相互结合和相互促进的过程。这一过程，到目前为止也没有停止，随着国际贸易发展的不断深入，人们还在探讨新的贸易理论和政策。

二、研究范围

既然国际贸易课程的研究对象是国际贸易理论和政策，那么它的研究范围又是什么呢？

从国际贸易理论来看，尽管流派纷呈，但其研究始终围绕三个基本问题而展开：

第一，国际贸易产生的原因。研究国际贸易产生的原因是要回答各种形式的国际贸易为什么会产生，其经济学依据或者其产生动因是什么。当然，不同的流派对此有不同的回答。

第二，国际贸易的格局。国际贸易格局包括贸易地理格局和贸易商品格局，它要回答为什么一些国家要出口这类商品、进口那类商品，而另一些国家则不然，其内在原因和差异是什么，这种商品流向的格局能否改变。

第三，国际贸易的利益。国际贸易利益，是指出口国和进口国在国际贸易中的利益分配以及国际贸易对世界福利水平的影响。这是国际贸易的结果，也是影响国际贸易能否持续和扩大的动力所在。

简而言之，对上述问题的研究就构成了国际贸易课程的研究范围。因此，在我们探讨和学习这门学科的过程中，应牢牢把握住这个方向。

第二节 国际贸易的发展历程和影响因素

各种贸易理论和政策，归根结底都是特定条件下贸易实践的反映，因此要理解不同流派的贸易理论和政策主张，首先应了解国际贸易的发展历程。

国际贸易是一定历史条件下的经济行为和现象。它的产生需要具备两个基本条件：一是有剩余产品，二是作为不同地域保护私有财产的权力机构——国家的形成。同样，国际贸易发展也需要两个基本条件：一是国际分工，二是贸易政策。前者可以提高剩余产品的规模并增加其品种，从而直接影响国际贸易的规模和格局；后者是进行国际贸易的社会条件，反过来也可以对国际贸易的规模和格局带来很大影响。

一、国际分工：国际贸易发展的根本前提

生产力发展的前提是社会分工①，若社会分工超越国界就成为国际分工。而国际分工的不同阶段与国际贸易的发展密切相关。按照历史顺序，国际分工和国际贸易经历了以下发展历程：

（一）产业间分工阶段

产业间分工，即马克思所说的一般分工，如人类历史早期的农业、手工业和商业的分工。这一阶段跨越的时间最长，大约从原始社会后期直到16～18世纪中叶的资本主义社会初期。在15世纪前，自然经济占主导地位，生产力水平较低，剩余产品无论是数量还是品种都不多。因此，同时期的国际贸易规模不大，范围也很有限。在16世纪至18世纪中叶，资本主义国家扩大工业品出口和初级产品的进口，使国内的产业间分工扩大为工业国（以英国为中心）与农业国之间的国际分工。在这样的国际分工格局下，贸易方式基本上为农矿产品与制成品交换的产业间贸易。

（二）部门间分工阶段

部门间分工，即马克思所说的特殊分工，如各工业国之间在冶金、化工、汽车、造船等生产部门之间的专业分工。这一阶段从18世纪中叶持续到

---

① ［英］亚当·斯密.国富论［M］.唐日松，等译.北京：华夏出版社，2005：7.

二战之前，先后发生了第一次和第二次科技革命。在第一次科技革命中，蒸汽机的发明解决了机器生产的动力问题，从而以大机器工业代替工厂手工业，生产规模迅速扩大。第二次科技革命催生了与电气相关的一系列新兴产业部门的建立，导致了近代工业部门的形成和分化，同时也使国际分工的中心从英国变为一组工业国。这一阶段的国际分工不仅表现为工业国与农业国之间的垂直型国际分工①，同时也出现了工业国之间的水平型国际分工②。在这样的国际分工格局下，国际贸易规模急剧扩大，商品种类尤其是工业制成品日益增加，贸易范围遍及全球，国际贸易从这一阶段开始真正具有了世界性质。

（三）产业／部门内分工阶段

产业／部门内分工，即马克思所说的个别分工，如同一制造业内不同规格产品、不同零部件或不同工艺过程的专业化生产。二战结束之后，兴起了第三次科技革命，催生了信息、电子、生物工程、航天航空等一大批新型产业，同时新技术的普遍应用又使以自然资源为基础的产业间或部门间分工转向以现代技术工艺为基础的产业或部门内分工。在国际分工中，这种类型的分工主要表现为三种形式：

1.不同规格产品的专业化分工

不同规格产品的专业化分工，即不同国家对同一种产品按不同规格进行分工，从事专业化生产。例如，同样生产拖拉机，美国着重发展大功率的轮式和履带式拖拉机，英国发展中型轮式拖拉机，德国则发展小型轮式拖拉机。

2.不同零部件的专业化分工

不同零部件的专业化分工，即不同国家对同一种产品按不同的零部件进行分工，从事专业化生产。例如，汽车大规模生产所需的各种零部件往往先在不同的国家进行专业化生产，最后集中在某个国家进行组装，完成最后工序。

---

① 垂直型国际分工（Vertical International Division of Labor），即经济发展水平不同的国家之间的纵向分工，主要表现为发达国家与发展中国家之间制造业与农业、矿业分工。这种形式的国际分工在二战前一直占据主导地位。

② 水平型国际分工（Horizontal International Division of Labor），即经济发展水平基本相同的国家之间的横向分工，主要表现为发达国家在不同工业部门之间和同一工业部门内部的分工。这种形式的国际分工在二战后逐渐占据主导地位。

3.不同工艺过程的专业化分工

不同工艺过程的专业化分工，即不同国家对同一种产品按不同的加工工艺过程进行分工，从事专业化生产。例如，著名的德国拜耳公司以其制造的中间产品供应各国化工厂来生产化学成品。

战后的国际分工不仅在形式上发生了上述变化，而且在格局上也出现了新的动向。发达国家和发展中国家之间不再仅是垂直型国际分工，也大量出现了水平型国际分工，即发达国家逐步将制造业中的劳动密集型甚至资本密集型生产环节向发展中国家转移，在本国只保留研发和营销环节，因而导致一些发达国家出现"产业空洞化"现象。在这样的国际分工的格局下，不仅国际贸易的规模进一步扩大，而且产业内贸易成为主要贸易方式，贸易对象也变为以中间产品为主。

（四）国际分工从商品生产向服务业扩展

以上三种形态的国际分工都属于商品生产的国际分工，而目前的国际分工早已突破有形商品领域，扩展到服务业领域。服务贸易最初是以货物贸易附加的形式出现的，如仓储、运输、保险等服务。随着科学技术进步和各国经济结构优化，服务贸易从货物贸易附属地位逐渐独立出来并迅速发展，其增长速度已超过国际货物贸易。在国际服务业分工格局中，一方面，发达国家占据主导地位，美、欧、日之间的服务贸易额占全球的70%以上；另一方面，发达国家和发展中国家在服务贸易领域为垂直型国际分工，即发达国家出口信息、知识密集的新型服务[1]，而发展中国家出口传统服务[2]。

从以上国际贸易的发展历程可以看出，国际分工是国际贸易发展的主导因素，它决定了国际贸易的规模、流向和交易内容；而生产力发展又是国际分工形成和发展的决定因素，尽管自然条件是国际分工产生的基础，但随着生产力的发展，其作用已逐渐减弱。

二、贸易政策：国际贸易变化的主导因素

在国际贸易的发展历程中，我们可以发现，尽管国际分工是国际贸易发展的主导因素，但二者并非同步发展，甚至会出现背离现象，突出表现在以

---

① 新型服务的主要形式有技术专利、信息技术、设计、广告、咨询、电信、金融、保险等，因技术、信息密度较高而称为新型服务。
② 传统服务的主要形式有运输、旅游、工程劳务承包等，因劳动密集度较高而称为传统服务。

下几个方面：

第一，从全球范围来看，国际贸易发展起伏很大。

从理论上说，国际贸易规模应随着国际分工的扩大呈线性增长，但历史事实是其发展状态起伏很大。例如，从1820年到1850年，国际贸易量增加了两倍以上，从1850年到1880年又增加了将近两倍，而在一战和二战期间国际贸易不仅没有增长反而严重削减。

第二，从不同国家来看，对外贸易发展差异悬殊。

从理论上说，处于同一时期国际分工背景下的各国贸易应该同步发展，但在历史和现实中，各国对外贸易发展相差悬殊。例如，在18～19世纪，英国的贸易触角已伸向世界大部分国家和地区，而中国几乎仍处于封闭状态。

第三，从具体国家的不同时期来看，对外贸易发展对比显著。

以中国为例，1978年中国进出口总额为206.4亿美元，而2008年则达到25616亿美元，30年间对外贸易规模扩大了120多倍。显然，这种超常发展很难用国际分工和生产力水平提高来解释。

我们对此稍加思考就会发现，在一定的生产力发展水平和国际分工格局下，各国贸易政策是国际贸易发展的主导因素。19世纪国际贸易大发展得益于西欧各国大力推行贸易自由化，一战和二战期间的国际贸易萎缩则是西方各国纷纷实行贸易保护的恶果。中国对外贸易长期停滞不前显然是实行闭关锁国政策的结果，而一旦实行开放政策，对外贸易发展就会突飞猛进。

那么，为什么在同一时期各国的贸易政策会如此不同，而一个国家在不同时期的贸易政策反差又会如此之大？显然，对国际贸易的不同认识直接影响了对贸易政策的选择。

人们对国际贸易的实践和认识进行深入探讨，提出系统化观点，就形成了国际贸易理论。由于人们在探讨问题时的立场、角度及分析方法不同，所以国际贸易理论流派纷呈。但各种流派的存在又不是彼此孤立的，它们不仅在激烈交锋，也在相互借鉴和吸收，国际贸易理论的发展就是各种流派产生、发展和演变的历史进程。在一个经济全球化时代，一个国家能否兴旺发达，很大程度上取决于其外贸政策的选择，而外贸政策的选择又与对国际贸易的认识有关。正因如此，我们应该下功夫来研究国际贸易理论。

第三节 国际贸易理论的演进脉络与研究路径

为了从总体上把握国际贸易理论，我们首先应了解其演进脉络。

一、国际贸易理论的演进脉络

按照历史发展的顺序，国际贸易理论的演进脉络可归纳如图1-1所示。

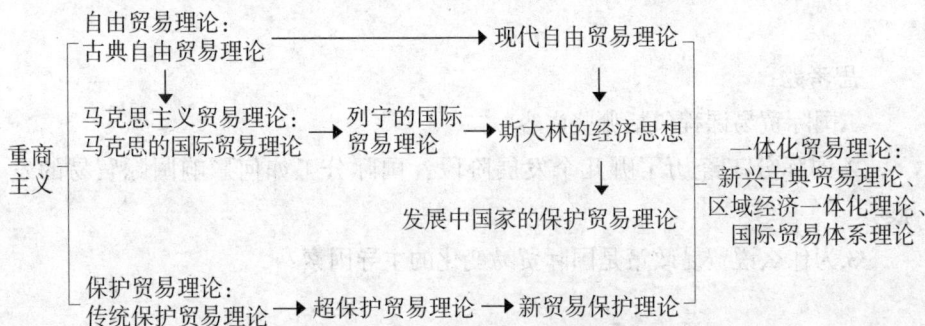

图1-1 国际贸易理论的演变脉络

从图1-1中我们可以发现一个有趣的现象，无论自由贸易理论还是保护贸易理论，都起源于重商主义，其中马克思贸易理论又脱胎于古典自由贸易理论；尽管这些理论错综复杂，内容针锋相对，但最后殊途同归，又统一到一体化贸易理论的框架之中。这是为什么？本书将对此进行深入探讨。

二、研究路径

本书共分两个部分。

第一篇：国际贸易理论（第1~6章）。

这一部分对国际贸易理论的形成和三大理论分支（自由贸易理论、保护贸易理论、马克思主义贸易理论）的内容进行介绍。其中，自由贸易理论是重点所在。为此，无论对古典自由贸易理论还是对现代自由贸易理论，我们尽量采用不同角度和方法进行全面介绍和深入探讨。同时，对现代自由贸易理论的最新进展（如国际技术贸易理论、国际服务贸易理论）也进行了介绍，以使我们的学习贴近国际贸易理论的发展。

第二篇：国际贸易政策（第7~10章）。

这一部分对国际贸易政策和政策工具的内容进行了介绍。其中，根据国际贸易的发展现状，我们将WTO框架和新贸易壁垒确定为重点。为此，我们运用了政治经济学和博弈论分析方法对WTO框架和新贸易壁垒的形成机制进行探讨，并运用局部均衡分析方法对新贸易壁垒的经济效应进行分析，以使大家掌握最新的国际贸易理论知识。学习理论是为了应用，为此，我们特设第十章，探讨中国对外贸易政策。在第十章中，不仅有对中国外贸政策演变的介绍，而且着眼于未来，对改革开放以来中国外贸政策的改革方向进行了探讨，以明确中国对外贸易保持可持续发展，必将早日跨入世界强国之列。

思考题：

1.国际贸易课程包括哪些内容？

2.国际分工经历了哪几个发展阶段？国际分工如何影响国际贸易的发展？

3.为什么说贸易政策是国际贸易变化的主导因素？

第二章　古典自由贸易理论

古典自由贸易理论产生于18世纪中期，成熟于20世纪30年代。它有两个方面的特点：一是从供给角度，即通过传统要素影响各国的生产成本来说明国际贸易的原因和格局；二是从需求角度，即用对商品的相互需求来解释贸易条件和贸易利益分配。

第一节　从供给角度解析的贸易理论

国际贸易为什么会产生？对这一问题的研究最初是从供给角度展开的。一些国家的研究者认为，各国生产成本的差异导致国际分工和贸易的产生。因此，每个国家应参与国际分工，并出口本国生产成本低而进口本国生产成本高的产品，只有这样才能促进各国和世界经济的增长。在这方面的研究中，具有重大影响是亚当·斯密的绝对成本论、李嘉图的比较成本论、哈伯勒的机会成本论、赫克歇尔和俄林的要素禀赋论。

一、绝对成本论

绝对成本论又叫绝对优势论，是亚当·斯密于1776年在《国民财富的性质和原因的研究》（简称《国富论》）一书中提出的。它标志着古典自由贸易理论的产生，为国际贸易理论体系的建立铺下了第一块基石。下面从理论内容和理论证明两个方面进行介绍。

（一）理论内容

绝对成本理论的主要论点包括以下三点：

1. 分工可以提高劳动生产率

斯密认为，交换是人类天然的倾向，而交换产生了分工①。显然，交换是这一理论的逻辑起点。斯密非常重视分工，认为在生产要素不变的情况下，分工可以提高劳动生产率。他论证分工提高生产率的实现途径：第一，分工可以提高劳动者的熟练程度；第二，分工使劳动者专门从事某项工作，从而节省不同工作的转换时间；第三，分工使工作内容简化，有利于劳动工具改进和实现机械化生产。

2. 分工的原则是绝对成本

斯密认为，分工既然可以极大地提高劳动生产率，那么每个人都专门从事他最有优势产品的生产，然后彼此交换，则每个人都可以从中获利。这一分工原则同样也适用于各国之间，如果每个国家都按照其绝对有利的生产条件（即生产成本最低）去进行专业化生产，然后彼此交换，则参加交换的所有国家都可以从中获利。因此，他主张只要外国产品比国内生产便宜，与其自造，不如向外国购买更为有利。

3. 绝对成本主要取决于自然条件

取得绝对成本的原因是什么?斯密认为，生产成本是以劳动单位衡量的，而劳动生产率的高低取决于一个国家的自然（先天的）条件和获得性（后天的）条件。自然条件是指气候、土地、矿产等先天优势；获得性条件是指生产过程中积累的经验，如传统的手工技艺特长。相对而言，斯密认为自然条件是影响劳动生产率的主要因素。如葡萄牙气候温暖而苏格兰气候寒冷，则葡萄牙生产葡萄酒的成本远低于苏格兰；英国的自然环境适宜种植小麦，则生产小麦要比酿酒更有效率。

综上所述，斯密绝对成本理论的基本内容是：如果一个国家在某种产品的生产成本上处于绝对优势，就应该专门生产并出口某种产品；反之，如果

---

① 斯密认为，人类有一种特殊的倾向，这种倾向就是"用一种东西交换另一种东西的倾向"。由于人们能够从交换中获得利益，就要生产能交换的物品，这就产生了分工。参见亚当·斯密.国富论［M］.北京：华夏出版社，2005：12-15.

一个国家在多种产品的生产成本上处于绝对劣势，就应该进口多种产品而不去生产。这种分工生产和国际贸易的结果，会使相关国家都从中受益。

（二）理论证明

斯密在《国富论》中，采用将个人分工原因推广到国家之间分工原因的实证分析方法，并以裁缝与鞋匠的劳动比较以及苏格兰生产葡萄酒的成本远高于其进口葡萄酒为例，来证明其理论的成立。如果作为历史研究，可以只注意斯密理论的提出背景和具体内容。但作为贸易理论研究，则应在今天的认识水平上运用新的分析工具来加以证明，这样可以使分析的逻辑性更强，分析更加深入。

1. 基本假设

（1）世界只有两个国家，生产两种产品；

（2）采用劳动价值论，即认为劳动力是唯一的生产要素，而且是同质的，任何产品的价值或价格都完全取决于劳动成本；

（3）没有交易成本；

（4）贸易按物物交换方式进行，排除汇率、工资因素的影响；

（5）资源禀赋水平不变；

（6）不存在技术变化的影响，即分析是静态的；

（7）劳动力在国内可以自由流动，但在两国之间则不能流动；

（8）每种产品的国内生产成本都是不变的；

（9）没有政府干预，即贸易是自由的；

（10）要素市场和产品市场是完全竞争的。

2. 经济学分析

现以中国和美国生产的布和小麦为例，对斯密的绝对成本理论进行分析。

假设中国和美国都生产布和小麦，但两国在布和小麦的劳动生产率上存在绝对差异，现将两国分工和贸易前后的情况列于表2-1。

从表2-1中可以看出，中国在布的生产上成本最低，而美国在小麦的生产上成本最低。如果两国都实行闭关锁国，为了满足需求，两国都必须同时生产两种产品，在没有贸易的条件下，两国的生产组合等于消费组合。而在两国实行专业化分工以后，按照绝对成本理论，中国专门生产布而美国专门生产小麦，然后进行交换，如果按照国际市场1∶1的交换比率，中国每人/年会比分工前多消费10单位布和5单位小麦，而美国每人/年则比分工前多消费8单位布和10单位小麦。这就是分工和贸易给中美两国带来的"双赢"。

表2-1 中美两国分工、贸易前后的生产和消费水平对比

劳动生产率与消费水平		中国	美国
分工、贸易前:	劳动生产率 ［单位/(人·年)］	50单位布／25单位小麦	40单位布／100单位小麦
	国内交换比率 （布/小麦）	2∶1	1∶2.5
	生产组合	20单位布+15单位小麦	12单位布+70单位小麦
	消费组合	20单位布+15单位小麦	12单位布+70单位小麦
分工、贸易后:	劳动生产率 ［单位/(人·年)］	50单位布	100单位小麦
	国际交换比率 （布/小麦）	1∶1	
	消费组合	30单位布+20单位小麦	20单位布+80单位小麦
	消费增加	10单位布+5单位小麦	8单位布+10单位小麦

根据表2-1中的数据，还可以用生产可能性曲线和社会无差异曲线画出几何图形，来直观地证明绝对成本理论（图2-1）。

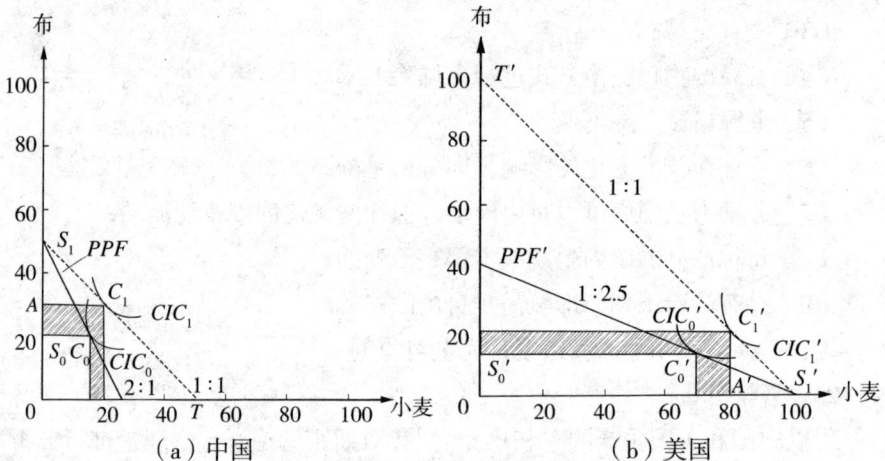

图2-1 按绝对成本分工和交换对中美两国的影响

从图2-1中可以看出，图中的阴影部分分别是中国和美国通过分工和贸易带来的利益。为什么分工和贸易会给两国带来利益？这可以用生产可能性曲线和社会无差异曲线来证明。

（1）生产可能性曲线

贸易利益的多少，首先受到生产资源的限制。生产资源的限制可以用生产可能性曲线，又叫生产可能性边界（Production Possibility Frontier, PPF）来表示，PPF表示生产和供给，即一个国家用给定的生产资源生产两种产品数量组合的所有可能性。由于假设两种产品的生产成本只有劳动力一种要素且

每种产品的成本固定不变，所以图2-1中的*PPF*和*PPF'*都是直线。直线上的任意一点都表示两种产品数量的一种组合，直线上的所有点都必须具有一定的条件[①]。

不能满足这些条件的两种产品数量组合的点的位置就会在直线的下方，而直线上方的任意点则表示一种现有条件无法达到的产品数量组合。另外，直线的斜率表示生产两种产品需要的劳动量的比率，也是没有贸易发生时国内两种产品的价格比率。

在图2-1中，纵轴表示每人每年生产布的数量，横轴表示每人每年生产小麦的数量。图2-1（a）中的*PPF*为中国的生产可能性边界，表示中国的一个劳动力如果专门生产布可以达到50单位，如果专门生产小麦只能达到25单位；图2-1（b）中的*PPF'*为美国的生产可能性边界，表示美国的一个劳动力如果专门生产布只能达到40单位，如果生产小麦可以达到100单位。因为假定任何产品的价格都取决于劳动成本，故实行国际分工之前，在中国两种产品的价格比率即*PPF*的斜率为2:1，而在美国两种产品的价格比率即*PPF'*的斜率为1:2.5。

（2）社会无差异曲线

在没有贸易的条件下，一个国家的生产组合还要受其消费组合的制约。消费组合可以用社会无差异曲线（Community Indifference Curve, CIC）来表示，CIC表示消费和需求，即一定收入水平下社会产品的所有消费组合。在自给自足的条件下，一国的消费组合必然等于其生产组合。因此，在图2-1（a）中，CIC_0与PPF相切于C_0（$C_0=S_0$），表明中国每个劳动力的消费组合和生产组合都是20单位布加15单位小麦；在图2-1（b）中，CIC_0'与PPF'相切于C_0'（$C_0'=S_0'$），表明美国每个劳动力的消费组合和生产组合都是12单位布加70单位小麦。

实行国际分工后，根据绝对成本理论，中国在S_1点专业化生产布，而美国在S_1'点专业化生产小麦，然后按照1:1的国际交换比率进行交换。这样，两国都会在以下两个方面受益：

①提高劳动生产率。

在这里，可以把贸易看作一种间接的生产方法，这种间接生产方法比

---

① 这些条件是：给定的生产资源全部被有效利用；每单位产品都是在当时技术条件下充分利用生产资源生产出来的，即每单位产品的边际成本都等于给定的固定成本；生产资源在不同产品生产之间转移不计成本。

直接生产更有效率。在图2-1（a）中，$\triangle S_1 A C_1$ 为中国的贸易三角，中国用 $S_1 A$ 即20单位的布交换小麦而间接生产出 $C_1 A$ 即20单位的小麦；同样在图2-1（b）中，$\triangle S_1' A' C_1'$ 亦为美国的贸易三角，美国用 $S_1' A'$ 即20单位的小麦交换布而间接生产出 $C_1' A'$ 即20单位的布。中国小麦的进口等于美国小麦的出口，而美国布的进口等于中国布的出口，两国都实现贸易平衡。在这场贸易中，中国间接"生产"小麦的劳动生产率由25单位提高到50单位，而美国间接"生产"布的劳动生产率由40单位提高到80单位。可见，通过专业化生产然后进行交换的间接"生产"方法比非专业化的直接生产更有效率。

②扩大消费可能性。

从图2-1中可以看出，在自给自足的条件下，$C_0 = S_0$ 或者 $C_0' = S_0'$，表明消费可能性与生产可能性是相同的。开展贸易以后，两国实行完全专业化生产并开展贸易，使它们消费选择的范围扩大了。图2-1（a）中，中国的消费可能性由虚线 $S_1 T$ 表示，并与离原点位置更远的 CIC_1 相切于 C_1 点，使新的消费组合比原来的消费组合增加了10单位布和 5 单位小麦（即阴影部分）；图 2-1（b）中，美国的消费可能性由虚线 $S_1' T'$ 表示，并与 CIC_1' 相切于 C_1' 点，使新的消费组合比原来的消费组合增加了8单位布和10单位小麦。这说明开展国际分工和贸易，对两个国家来说都扩大了消费可能性并提高了福利水平。

通过以上分析，可以看出，建立在劳动价值基础上的绝对成本理论，在历史上第一次从生产领域的供给角度分析了国际贸易产生的原因，也首次论证了国际贸易不是重商主义的"零和博弈"，而是"正和博弈"双赢的思想，从而为国际贸易理论体系奠定了基础，并为自由贸易政策提供了理论依据。但斯密的理论存在一个致命的缺陷，即认为参加国际贸易的前提条件是必须在某种产品的生产上具有国际绝对优势。如果一个国家没有任何具有绝对优势的产品，是否还能参加国际贸易并从中获利呢？按照斯密的理论，显然答案是否定的。但在国际贸易现实中，这样的国家却比比皆是，这就是有名的"斯密两难"。

二、比较成本论

比较成本论又叫比较优势论，是大卫·李嘉图于1817年在《政治经济学及赋税原理》一书中进行论述的。应该说，"比较成本"的观点是托伦斯于

1815年在《论对外谷物贸易》一书中最早提出来的①，但遗憾的是，他没有对此进行论证。李嘉图注意到它对国际贸易的重大意义，并在《政治经济学及赋税原理》一书中进行了论证，从而成功地解决了斯密理论的两难困境，使古典自由贸易理论进入完成阶段。

（一）理论内容

比较成本理论的主要观点包括以下两点：

1. 国际分工以比较成本差异为基础

李嘉图提出，每个国家都应该生产那些与其位置、气候和其他自然或人为优势条件相适应的产品，并用来交换其所需的不适于在本国生产的其他国家的产品。这样，各国人民都可以做到最适度的分工，使他们的努力做到最有利的使用。根据这一原则，李嘉图认为法国和葡萄牙应专门酿造葡萄酒，美国和波兰应专门种植谷物，英国应专门制造金属制品及其他商品。

2. 国际贸易的原因是各国比较成本差异

李嘉图认为，即使一个国家所有产品的生产成本都没有绝对优势，但只要专门生产相对成本最低的产品并与外国产品交换，仍然会提高劳动产量并获得贸易利益。显然，这一观点将自由贸易理论向前大大推进了一步。它突破了斯密绝对成本论的局限性，使国际贸易的原因在一般层次上得到了合理解释，从而推动了国际贸易的普遍开展。

综上所述，李嘉图比较成本理论的基本内容是：最有效的国际分工是各国专门生产其比较成本最低的产品。如果一个国家两种产品的生产成本都具有绝对优势或绝对劣势，应该按照"两优取其重，两劣取其轻"的原则进行国际分工然后进行交换，那么劳动生产率不同的国家仍然可以获得比较利益。所以，李嘉图的比较成本理论又被称为比较利益理论。

（二）理论证明

李嘉图与斯密一样，采用了从个人分工原因推广到国家之间分工原因的

---

① 托伦斯在该书中明确指出：假如英国制造业非常发达，它以一定量资本所生产的布可向波兰交换某种数量的谷物。若这个数量的谷物比以上资本在本国生产多时，即使英国的土地肥沃程度等于或超过波兰也将其废置，而从波兰进口所需谷物。因为虽然运用等量资本在本国耕种的利润较外国大，但在上述假定下，资本用在制造业方面可以得到更大的利润，而这个更大的利润即可决定我们实业的方向。

实证分析方法。李嘉图曾以英国和葡萄牙生产毛呢和酒为例来说明：当两个国家两种产品的生产成本存在比较差异时，只要两国分工生产各自具有相对优势的产品，两国的劳动生产率都会提高，通过交换都能获得比较利益。

下面，我们仍以中国和美国生产的布和小麦为例，对李嘉图的上述结论进行经济学分析。在这里，基本假设与斯密的绝对成本论相同，分析同样采用2（国家）×2（产品）×1（劳动力要素）模型。

假设仍然是中国和美国都生产布和小麦，但中国生产布和美国生产小麦不再具有绝对优势，而是具有相对优势。现将两国分工和贸易前后的情况列于表2-2。

表2-2 中美两国分工、贸易前后的生产和消费水平对比

劳动生产率与消费水平		中国	美国
分工、贸易前：	劳动生产率【单位/（人·年）】	50单位布／25单位小麦	60单位布／100单位小麦
	国内交换比率（布/小麦）	2：1	3：5
	生产组合	20单位布+15单位小麦	18单位布+70单位小麦
	消费组合	20单位布+15单位小麦	18单位布+70单位小麦
分工、贸易后：	劳动生产率【单位/（人·年）】	50单位布	100单位小麦
	国际交换比率（布/小麦）	1：1	
	消费组合	30单位布+20单位小麦	20单位布+80单位小麦
	消费增加	10单位布+5单位小麦	2单位布+10单位小麦

从表2-2中可以看出，中国在布和小麦的生产上都处于绝对劣势，而美国在布和小麦的生产上都处于绝对优势；但中国在布的生产上劣势较小，而美国在小麦的生产上优势更大。按照比较成本理论，中国专门生产布而美国专门生产小麦然后进行交换，同样会给中美两国带来"双赢"，即中国每人每年会比分工前多消费10单位和5单位小麦，而美国每人每年则比分工前多消费2单位布和10单位小麦。显然，这就是根据比较成本差异分工交换而产生的比较利益。

根据表2-2中的数据，同样可以用生产可能性曲线和社会无差异曲线画出几何图形，来直观地证明比较成本理论（图2-2）。

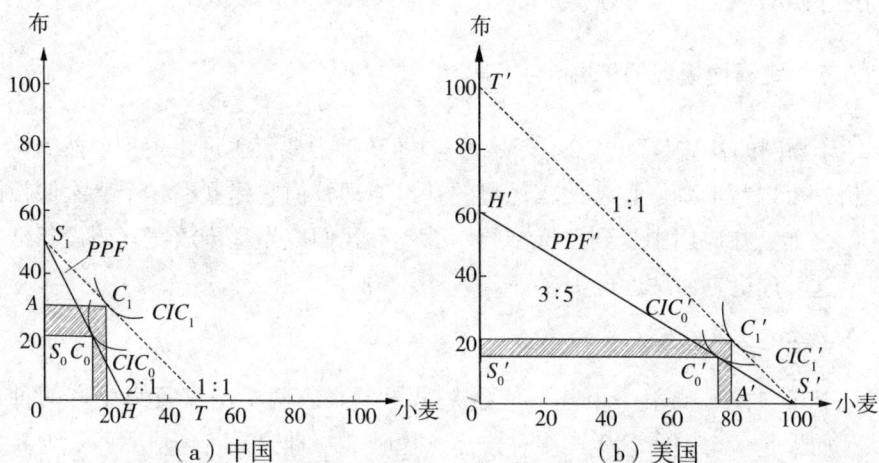

图2-2 按比较成本分工和交换对中美两国的影响

从图2-2中可以看出，即使中国的布和小麦的生产成本都比美国高，但按照比较成本进行国际分工，专门生产具有相对优势的布，然后与美国具有相对优势的小麦进行交换，双方同样可以获得利益（即图中的阴影部分）。在中国，1单位布只能换取0.5单位小麦（0.5＝25／50）；而在美国，1单位布可以换取5／3单位小麦（5／3＝100／60）。这样，布就会从中国流出，以换取美国的小麦。与绝对成本的情况相同，每一方都会实行完全专业化生产以达到最高的消费可能性。当国际交换比率处于0.5～5／3时，进行贸易会使双方获利。如果国际交换比率为1∶1，进行贸易就会导致中美两国将消费组合分别提高到 C_1 和 C_1'。在 C_1 点上，中国出口20单位布换取20单位小麦，而在 C_1' 点上，美国出口20单位小麦换取20单位布，从而两国都得到了额外消费。

通过以上分析可以看出，与斯密的绝对成本理论相比，李嘉图的比较成本理论更具有普遍意义。李嘉图第一次以无可比拟的逻辑力量从理论上证明：无论富国还是穷国，也无论一个国家处在哪个经济发展阶段，只要按照比较成本差异参与国际分工和国际贸易比较，就能获得利益。这无疑是为所有国家开展国际贸易提供了有力的思想武器。正因如此，李嘉图的比较成本理论成为西方贸易理论体系的核心并为以后的贸易理论发展奠定了基本框架，具有划时代的意义。美国当代著名经济学家萨缪尔森称李嘉图的理论为"国际贸易不可动摇的基础"。但在理论分析中，由于李嘉图采用与斯密同样的隐含假定①背离现实，这就使得李嘉图的理论在解释现实中的国际贸易时具有很大的局限性。而后来国际贸易理论的发展也正是来自对隐含假定的逐个放弃或否定，才使得国际贸易理论越来越走进现实。

三、李嘉图模型的扩展

李嘉图的2（国家）×2（产品）×1（劳动力要素）理论模型虽然简化了分析，可以帮助我们理解比较优势的基本原理，但它建立在10个基本假设的基础之上，在应用中受到严格制约。因此，我们应当逐步放宽其假设条件，以使这一理论更加贴近现实。

（一）多个国家和多种产品

李嘉图模型的第一个基本假设是世界上只有两个国家且只生产两种产品。如果是多个国家且生产多种产品，比较成本理论是否还成立？下面我们继续探讨。

1. 多个国家和两种产品

我们首先将李嘉图理论推广到多个国家生产两种产品的情形。在这里，需要利用生产转换曲线作为分析工具。

在前面的分析中，我们已经用生产可能性曲线表达了中美两国生产布和小麦的生产组合（图2-2）。在生产可能性曲线上，当一个点向其他点转移时，意味着两种产品生产组合的变化。它表示多生产一种产品就要放弃生产一定量的另一产品，这一比率（即直线斜率）就是生产转换率。在机会成本不变的情况下，生产转换曲线与生产可能性曲线相同。例如，在封闭的条件下，图2-2（a）中，中国的生产转换曲线为 S_1H，其边际转换率为2∶1；图2-2（b）中，美国的生产转换曲线为 $S_1'H'$，其边际转换率为3∶5。在开放条件下，如果中美两国采取专业化生产和国际贸易方式，全世界（仍以两国模型为假定）就会变成一个市场和一个生产单位，这时世界的生产转换曲线就可概括为图2-3的情形。

在图2-3中，将 A、B 连接起来的折线为世界的生产转换曲线。之所以是折线的原因，是中美两国的劳动生产率不同，因而其生产转换率亦不同。E 为国际生产的最佳均衡点，在这一点上，两个国家都专门生产自己具有相对

---

① 隐含假定即为前文第13页中分析斯密理论时指出的10个基本假设。

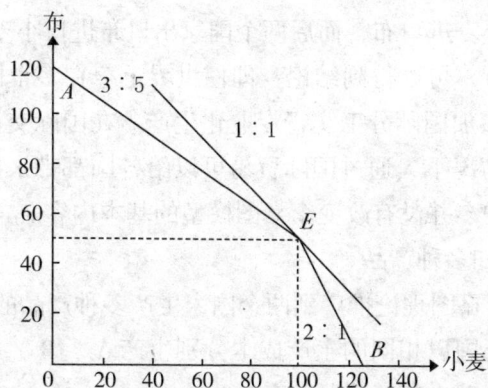

图2-3　世界的生产可能线边界与转换曲线

优势的产品。例如，美国生产100单位小麦而中国生产50单位布。在这种国际分工条件下，两种产品的国际交换比率为1：1。显然，国际交换比率要高于美国的国内交换比率而低于中国的国内交换比率，实际上这是建立在成本差异基础上比较利益的另一种表达方式。

　　下面，我们再将上述分析推广到多个国家生产两种产品的情形。按照前面的推导过程，我们可以得出多个国家生产两种产品的世界生产转换曲线。在图2-4中，给出了四个国家两种产品的生产转换曲线。

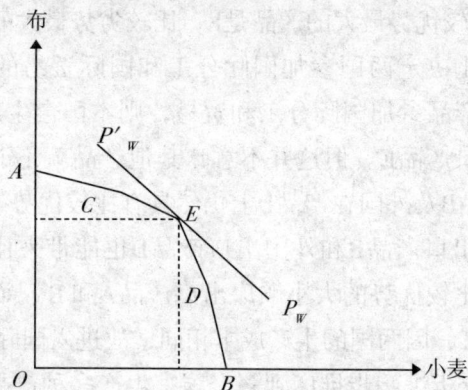

图2-4　四个国家两种产品的世界生产转换曲线

　　从图2-4中可以看出，AC、CE、ED、DB分别表示四个国家不同的生产转换率，即比较成本差异；AB则为世界生产转换曲线；$P_wP'_w$表示国际交换比率，它与AB相切于E点，E点的横坐标和纵坐标分别代表均衡的国际分工格局下世界小麦和布的总产量。图中E点以上的两个国家，其小麦的国内交换率低于国际交换率，所以会专门生产小麦；而E点以下的两个国家，其小麦的国内交换率高于国际交换率，所以会专门生产布。这种国际分工决定了前两个国家出口小麦进口布，而后两个国家出口布进口小麦。

通过以上分析，可以得到结论：即使世界上存在多个国家，比较成本差异也会推动各国参加国际分工实行专业化生产。在国际交换比率不同于各国国内交换比率的情况下，通过国际贸易可以给各国都带来比较利益。由此可见，国家数量的增多并没有改变李嘉图模型的基本内容。

2. 多个国家和多种产品

我们首先将李嘉图理论推广到两个国家生产多种产品的情形。

假如本国和外国以相同的生产成本分别生产 A、B、C、D、E 五种产品，各种产品的劳动生产率情况见表2-3。

表2-3 两国生产五种产品的劳动生产率比较 　　　　单位/（人·年）

产品	本国	外国
A	15	5
B	12	8
C	10	10
D	8	12
E	5	15

从表2-3中可以看出，本国比较优势最大的产品是A，比较劣势最大的产品是E；而外国比较优势最大的产品是E，比较劣势最大的产品是A。

比较优势对比决定两国参加国际分工和国际贸易的格局。对外开放之后，若只有两种产品参加国际分工和贸易，则本国会生产和出口产品A，而外国会生产和出口产品E。但这并不意味其他产品就不能进入国际贸易，事实上，本国在产品B及外国在产品D上仍然具有比较优势，只是优势程度有所降低，因此本国出口产品B和外国出口产品D也能带来比较利益。通常情况下，本国会按照比较优势的大小顺序出口产品A和B，而外国则出口产品E和D。对于产品C，因两国的生产成本相同，故进入国际贸易的机会较少。

如果将以上分析进一步推广到多个国家生产多种产品的情形，同样可以证明比较优势是国际贸易中起决定作用的力量。

（二）要素异质与机会成本

1. 机会成本不变

李嘉图模型的第二个基本假设采用劳动价值论，即假定劳动力是唯一的生产要素并且是同质的，这意味着机会成本不变且生产可能性曲线为一条直线。显然，这与实际情况存在差距。奥地利经济学家戈特弗里德·哈伯勒运用机会成本的概念对此进行了论证。

所谓机会成本（Opportunity Cost），是指在资源既定条件下，额外生产一定数量的某种产品而必须放弃生产另一种产品的最大数量。例如，中国要追加生产1单位小麦，必须把一部分资源从布的生产转移到小麦的生产，从而放弃0.5单位布的生产量，故1单位小麦的机会成本为2单位布；反之，1单位布的机会成本为0.5单位小麦。一般用生产可能性曲线来描述机会成本，如果机会成本不变，生产可能性曲线就是一条直线，其斜率则表示产品生产的机会成本。仍以图2-2为例，图（a）（b）中生产可能性曲线的斜率表明：在小麦的生产上，中国的机会成本是2单位布而美国是3/5单位布；在布的生产上，中国的机会成本是0.5单位小麦而美国是5/3单位小麦。

引入机会成本以后，就可以放宽劳动价值论的假定，以机会成本大小来决定一国是否参与国际分工和贸易：一国应生产和出口机会成本较小的产品，因其具有比较优势；反之，应进口机会成本较大的产品，因其具有比较劣势。显然，这与李嘉图模型的分析结论是一致的。

2. 机会成本递增

但是在现实中，机会成本理论对国际贸易原因的解释更具普遍性。这是因为，现实国际贸易中，有边际机会成本不变和边际机会成本递增两种情况，前者少见，后者才是常态。边际机会成本不变是指增加任一单位某产品的生产必须放弃的另一种产品的数量均相同。它是建立在生产要素单一且同质的假设前提之上的，因这种假设不切实际，所以边际成本不变在国际贸易中极为少见。边际成本递增是指随着一种产品生产数量的增加必须放弃的另一种数量越来越多。机会成本递增的原因有三：一是生产要素不再单一和同质，二是不同产业的生产要素的转移受到限制，三是不同生产要素的替代能力有限。哈伯勒认为，随着一个产业产量的提高，必须吸收来自另一产业的特定要素①不断增加，而另一产业必然减少生产的相应商品数量。如果用几何图形来表示，边际机会成本不变的生产可能性曲线是一条直线，即李嘉图模型中的生产可能性曲线，而边际成本递增的生产可能性曲线则是一条凹向原点的曲线。如果以此为分析工具，表示中美两国生产布和小麦的边际机会成本递增变化，如图2-5所示。

---

① 哈伯勒认为，生产要素被一种产业使用后就成了特定要素。例如，资本投入制酒业，购买了制酒设备，如果转移到别的产业就难以发挥作用；具有专门技术的劳动力流动到其他产业，也需要经过相应的教育和培训。

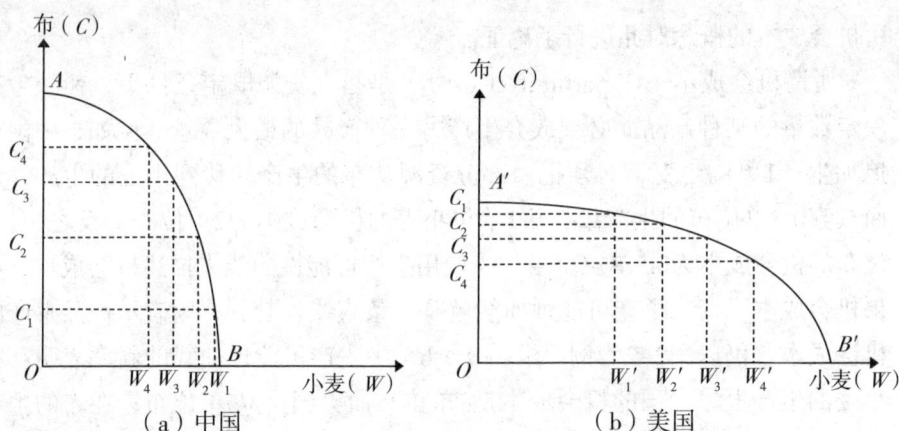

图2-5　机会成本递增条件下中美两国的生产可能性曲线

图2-5中的生产可能性曲线 AB 和 $A'B'$，分别反映了中美两国在布和小麦生产上的机会成本递增。从图中不难看出：第一，机会成本递增的生产可能性曲线的形状与机会成本不变时不同，是一条凹向原点的曲线，它表示连续增加一种产品的产量所必须放弃的另一种产品的数量也越来越多；第二，中美两国的生产可能性曲线形状不同，反映了两国要素存量和劳动生产率的差异，因为中国在布的生产上特定要素存量和劳动生产率较高，故其生产可能性曲线向增加布产量的方向移动，美国的生产可能性曲线向增加小麦产量的方向移动；第三，受机会成本递增的制约，两国都不会实现完全的专业化分工（因为一种产品的机会成本超过国际价格时则无利可图），而不完全分工更贴近于各国贸易现实。

根据以上分析，中美两国在布和小麦生产上的机会成本是不同的，这就构成了两国之间开展贸易的基础。在边际机会成本递增的情况下，中美两国的生产和交换将发生变化，如图2-6所示。

从图2-6（a）中可以看出，中国在布的生产上机会成本较小，而且有比较优势。在封闭条件下，国内生产和消费的均衡点为 E_0，其切线为国内布的相对价格（即布与小麦的国内交换比率）$P_{c/w}$；在开放条件下，中国将增加布的生产，其均衡点从 E_0 沿着生产可能性曲线上移至新的生产点 B。同样，从图2-6（b）中可以看出，美国在小麦的生产上机会成本较小，而且具有比较优势。在封闭条件下，国内生产和消费的均衡点为 E'_0 沿着生产可能性曲线下移至新的生产点 B'。由于中美两国新的生产点 B 与 B' 处的斜率相等，因此两点上的切线即为布与小麦的国际相对价格，即布和小麦的国际交

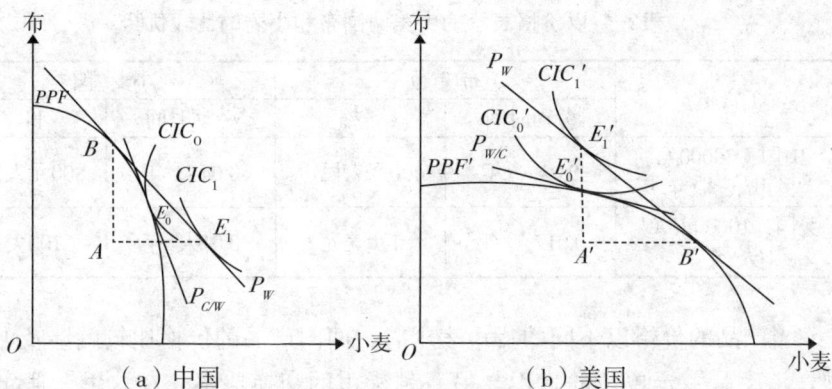

图2-6 机会成本递增条件下中美两国的生产和交换

换比率。这一国际相对价格介于两国国内相对价格之间，在这一水平上中美两国的贸易达到平衡（即中国向美国出口 AB 数量的布并进口 $A'B'$ 数量的小麦，$\triangle E_1AB$ 和 $\triangle E_1'A'B'$ 分别是中国和美国的贸易三角，两国的进出口相等）。这时，中国新的消费点将建立在国际相对价格线 P_w 与 CIC_1 相切的 E_1 点，而美国新的消费点将建立在与之对应的 E_1' 点上。这表明，通过国际贸易可以使两国达到一条更高的社会无差异曲线，消费可能性将不再受制于生产可能性曲线，从而提高两国的福利水平，这是在封闭条件下所无法做到的。

（三）建立在货币基础上的李嘉图模型

李嘉图模型的第三个基本假设：国际贸易采取物物交换的形式，以排除汇率、工资率等因素对国际贸易的影响。但是，即使在李嘉图时代，进出口商品贸易也是通过价格比较，而不是通过劳动生产率比较来进行的。因此，在其他假设条件不变的情况下，用商品价格替代商品需要的劳动，是李嘉图模型合乎逻辑的扩展。

李嘉图模型用来判定比较优势的标准是劳动生产率（即单位时间生产商品的数量），这样做虽然在理论分析时比较简单，但在现实中判定商品进出口贸易的依据却是价格。那么，商品价格与劳动生产率有什么关系？如果改用商品价格代替劳动生产率，李嘉图模型是否仍然成立？下面，让我们来进行探讨。

假设劳动是产品生产的唯一生产要素且生产成本等于产品价格，则产品价格等于生产单位产品需要的劳动时间（劳动生产率的倒数）乘以单位劳动时间的工资数。我们仍以中美两国生产的布和小麦为例，如表2-4所示。

表2-4 以价格表示的中美两国布和小麦的比较优势

工资率	布/单位		小麦/单位	
	劳动时间	价格	劳动时间	价格
中国：20000元人民币/（人·年）	0.02人·年	400元人民币	0.04人·年	800元人民币
美国：10000美元/（人·年）	0.017人·年	170美元	0.01人·年	100美元

当产品的价格以不同的货币表示时，两国产品的价格比较就涉及汇率问题。汇率是一定单位的货币与另一种货币的交换比率。在这里，假定美元与人民币的汇率为1∶7，则1单位布的价格为中国生产57.14美元、美国生产170美元，而1单位小麦的价格为中国生产114.28美元、美国生产100美元。显然，中国在布的生产上具有比较优势，而美国在小麦的生产上具有比较优势，因此，中国应专门生产布，而美国应专门生产小麦，然后进行贸易。可见，用价格代替劳动生产率来衡量各国产品的比较优势，即建立在货币基础上的李嘉图模型仍然是成立的。

用价格来表示比较优势的最大好处，是可以直观、方便地判定某种产品的贸易流向。在假设交易成本为零的条件下，如果一种产品的国内价格低于国外价格，就符合出口条件，应该出口；反之，则应进口。

出口条件可以用以下不等式表示：

$$C_j^A \cdot W_A \cdot e < C_j^B \cdot W_B$$

式中，C_j表示每单位产品需要的劳动时间，A、B分别代表两个国家，W_A、W_B分别是这两个国家的工资率，e是两国货币的汇率（B国货币/A国货币）。

从该公式可以看出，用价格表示的比较优势除了仍然取决于两国劳动生产率的差异，还受到两国工资率和汇率的很大影响。以中美两国生产的布和小麦为例，如果中国的工资率提高到60000元人民币/（人·年），中国生产的布价格会涨为171.42元，小麦价格会涨到342.84美元，这时，中国只能从美国进口小麦而不会再向美国出口布；同理，如果人民币升值，美元与人民币的汇率变为1∶2，中国生产的布价格会涨到200美元，小麦价格会涨到400美元，这时，中国将全部从美国进口布和小麦。可见，用价格来表示一国产品的比较优势，工资率和汇率的变动会带来很大影响。正因如此，在国际贸易活动中人们对工资率和汇率的变动所带来的影响往往比较敏感。

四、要素禀赋理论

如果劳动力是唯一的生产要素，则比较优势只能是李嘉图模型所论证的来自不同国家劳动生产率的差异。但在现实中，开展国际贸易的原因绝非如此简单。瑞典经济学家赫克歇尔和俄林继续沿着供给角度，探讨了国际贸易产生的更深层次原因。1919年，赫克歇尔首先在《对外贸易对收入分配的影响》一文中，用生产要素的丰缺来解释国际贸易的原因。1933年，俄林在《域际贸易与国际贸易》一书中进一步论证了赫克歇尔的基本论点，使要素禀赋理论得以成型。

（一）理论内容

1. 相关概念

要理解要素禀赋理论，应首先理解与其相关的几个重要概念，这是正确解释这一理论的关键。

（1）要素禀赋与要素丰裕度

要素禀赋（Factor Endowment），是指一国所拥有的各种生产要素的总量，既包括先天存在的自然资源（如土地、矿产），也包括后天获得的资源（如资本和技术），是一个绝对数量的概念。

要素丰裕度（Factor Abundance），是指在一国生产要素总量中某要素供给所占比例大于别国同种要素供给比例的程度。衡量要素丰裕度有两种方法：一是以生产要素供给总量的比例为标准，称为总量法[①]；二是以要素的相对价格为标准，又称为价格法[②]。显然，要素丰裕度是一个相对概念。

（2）要素密集度与要素密集型产品

要素密集度（Factor Intensity），是指产品生产中所需投入各要素的比例。各种产品的性质不同，生产中所需求的要素比例也不同。如果某种要素在一种产品中投入比例最大，则称这种产品为某要素密集型产品。根据生产

---

① 按总量法来衡量，如果A国的总资本与总劳动的比率大于B国的这一比例，可认为A国是资本丰裕的国家；反之，若B国的总资本与总劳动的比率大于A国的这一比例，则可认为B国是劳动丰裕的国家。总量法衡量要素丰裕度，只考虑了要素的供给。

② 按价格法来衡量，如果A国资本的价格和劳动价格的比率小于B国的这一比例，可以认为A国是资本丰裕的国家；反之，若B国的资本价格与劳动价格的比率大于A国的这一比例，则可认为B国是劳动丰裕的国家。价格法衡量要素丰裕度既考虑了要素的供给，又考虑了要素的需求，因而比较科学。

中要素需求的不同比例，可以把产品分为不同的要素密集型产品。通常可以将产品分为资源密集型、劳动密集型、资本密集型和技术密集型四种基本类型。

2. 基本内容

要素禀赋理论的基本观点有以下三点：

（1）各国商品价格的绝对差异是国际贸易的直接原因。

各国商品价格的绝对差异，是指同种商品用同一货币表示的价格在各国都不相同。当两国间的价格差额大于相关的交易费用时，商品就会从价格低的国家流向价格高的国家以获取利差。因此，不同国家间商品价格的绝对差异是国际贸易产生的直接原因。在这里需要注意的是，在货币价格条件下的国际比较，应该考虑汇率因素的影响。

（2）各国商品价格不同由要素价格不同决定。

商品价格等于要素价格乘以生产函数，生产函数即生产所投入各种要素的一定比例。为了简化理论分析，俄林假定各国的生产函数相同，这样各国商品价格差异完全由国内要素价格决定。

（3）要素价格不同由各国要素供给不同决定。

要素价格取决于要素的供求。俄林认为，在影响要素价格的供求关系中，要素供给是主要的。在各国要素需求基本一定的情况下，供给丰富的要素价格就便宜，而供给短缺的要素则价格昂贵。

通过以上分析，所得出的结论是：各国的要素丰裕度是国际贸易的基本原因和各国比较优势的决定因素。因此，一国应出口密集使用本国丰裕要素生产的商品，而进口密集使用本国稀缺要素生产的商品。在此基础上，赫克歇尔和俄林进一步推论：自由贸易不仅使各国的商品价格趋于相等，还会促进各国要素价格趋于相等。1941年，美国经济学家萨缪尔森用数学方法论证了这一推论。因此，后人又将要素禀赋理论简称为H-O定理或H-O-S模型。

(二)理论证明

1. 基本假设

H-O定理是建立在一系列基本假设的基础之上的。它除了全部接受李嘉图模型的基本假设外，又增加了几个特殊的假定，主要是：

（1）只有两个国家、两种产品、两种生产要素（劳动和资本），即采用2（国家）×2（产品）×2（要素）模型分析；

（2）两种产品所包含的生产要素密集度不同，且不存在生产要素密集度逆转的情况；

（3）两国生产同一种产品的技术水平相同，即同种产品的生产函数相同，这意味着如果两国要素价格相同，则生产同一种产品会使用相同数量的劳动和资本；

（4）两国在两种产品的生产上规模报酬不变，这意味着单位生产成本不随生产规模的增减而变化；

（5）两国实行不完全专业化生产，这意味着两国的边际机会成本是递增的；

（6）两国的消费偏好相同，则消费的两种商品比例相同。

2.经济学分析

H-O模型的一般均衡理论分析思路可以用图2-7加以归纳。

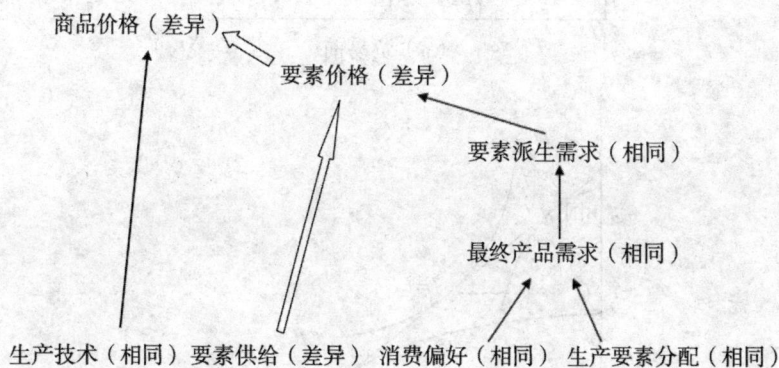

图 2-7　H-O模型的一般均衡分析框架

图2-7清晰地显示出所有经济因素是如何共同确定最终商品价格的，这也是H-O模型被称为一般均衡模型的原因。H-O模型的一般均衡理论分析从图的右下角开始：生产要素所有者的收入分配和社会消费偏好共同决定了对最终产品的需求，而对最终产品的需求产生了对生产要素的派生需求；要素的供给和需求则决定要素的价格；要素价格和生产技术又决定最终产品的价格。因此，各国商品相对价格差异决定了比较优势和贸易模式，即一国应生产和出口哪种商品。在两国消费偏好、生产技术及收入分配相同，从而对最终产品和要素需求相似的假设前提下，不同国家生产要素禀赋的差异便是各国商品价格差异的原因。为了醒目，在图2-7中，由各国要素供给差异导致要素价格差异，并进而导致商品价格差异的过程用粗箭头来表示。

下面，我们仍然用生产可能性曲线和社会无差异曲线来说明H-O模型，如图2-8所示。

图2-8中，横坐标反映的是劳动密集型产品的数量，纵坐标反映的是资本密集型产品的数量。图（a）是A、B两国在贸易前的孤立均衡情形。A国

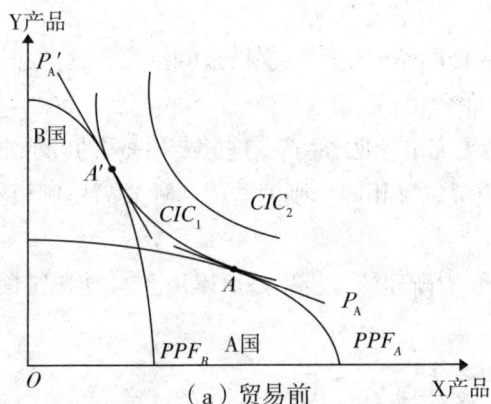

（a）贸易前

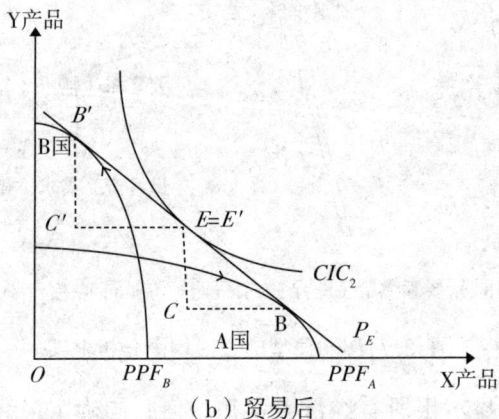

（b）贸易后

图2-8　H-O模型示意图

劳动力丰裕，以生产劳动密集型产品为主，故其生产可能性曲线PPF_A偏向横轴；B国资本丰裕，以生产资本密集型产品为主，故其生产可能性曲线PPF_B偏向纵轴。现假设两国使用相同的技术生产X和Y产品，两国的消费偏好相同，为同一个社会无差异曲线。在没有贸易的情形下，A国和B国的孤立均衡点分别为A和A'，CIC_1是两国生产能力所能达到的最高满足水平。通过A、A'的切线P_A和P_A'，分别表示A国和B国的相对商品价格。由于直线斜率为$P_A < P_A'$，所以A国在X产品生产上具有比较优势，B国在Y产品生产上具有比较优势。

图2-8（b）是开展贸易后的一般均衡情形。在贸易中，A国分工生产X产品，而B国分工生产Y产品（见PPF_A和PPF_B上的箭头方向），两国的分工进行到A国达到B点、B国达到B'点为止。这时，PPF_A、PPF_B与其共同的价格线P_E相切。A国出口CB数量的X产品以换取$C'B'$数量的Y产品，最终消费组合为CIC_2上的E点，A国的贸易三角为$\triangle ECB$；同时B国出口$C'B'$数量的Y产品以换取CB数量的X产品，最终消费组合为与E点重合的E'点，B国的贸易三角为$\triangle E'C'B'$。通过分工和交换，A、B两国均获利，这是因为它们的消费水平都达到了更高的CIC_2。

根据以上分析我们可以看出，H-O定理把国际贸易原因的分析建立在外生性生产要素的禀赋差异基础之上。H-O定理继承了李嘉图的比较成本理论，但又有新的发展：第一，李嘉图用比较成本差异论证了国际分工和贸易互利性的原理，而H-O定理进一步用要素禀赋差异解释了比较成本差异的原因；第二，H-O定理把李嘉图的个量分析扩大为总量分析，不是仅比较两国两种产品的劳动生产率差异，而是从一国经济结构中资本、土地、劳动力等最基本生产要素的总供给差异来解释国际分工和贸易格局；第三，H-O定理还进一步揭示了国际贸易对一国经济结构和收入分配的影响。因为国际贸易可以引起一国不同生产要素的供求变化并导致其价格变化（即贸易前相对丰裕的要素价格上涨，相对稀缺的要素价格下降，最后逐渐达到要素价格的国际均等化），从而改变一国的经济结构，使生产要素得到最有效利用，以实现经济发展。显然，H-O定理对于世界各国如何利用自身的资源禀赋优势参与国际分工和贸易并获得利益，无疑具有积极的意义。俄林因此获得了1977年的诺贝尔经济学奖。

尽管如此，H-O定理受当时条件所限，仍然存在不少缺陷。一方面，许多假定背离了国际贸易现实，如两国消费偏好相同、不存在交易成本、两国生产技术水平相同、生产规模报酬不变等。这些假定有的是为了简化理论分析而设，有的虽然符合当时情况，但随着技术进步和市场条件变化已明显滞后。另一方面，采用了静态分析方法，以各国要素禀赋和生产技术不变为分析依据，从而使国际贸易格局固定化。对此提出质疑的是里昂惕夫，1953年，他对美国1947年进出口资料进行统计分析后发现：作为资本丰裕的美国却在出口劳动密集型产品而进口资本密集型产品。这一实证结果与H-O定理相悖，故称为"里昂惕夫之谜"。里昂惕夫之谜是国际贸易理论发展史上的一个转折点，它引发了许多经济学家对第二次世界大战以后国际贸易新现象和新问题进行探索，从而催生了新贸易理论，即现代自由贸易理论。对此，我们将在第三章进行探讨。

第二节 结合供求分析的贸易理论

斯密理论、李嘉图模型和H-O定理，尽管立论不同，但都是从供给角度来解释国际贸易的原因和格局，对国际贸易的利益分配没有深入探讨。在市场经济条件下，国际贸易的利益分配是通过价格机制和贸易条件形式而实现的，而价格和贸易条件的形成是供给和需求共同作用的结果。在本节中，我们将从供给和需求的结合上来对国际贸易的利益分配展开讨论。对这方面的研究做出重要贡献的主要有穆勒和马歇尔，穆勒提出相互需求理论来解释国际贸易条件的形成，而马歇尔则用提供曲线对此做了进一步的均衡分析。

一、相互需求理论

在李嘉图模型中，国际贸易条件（表现为国际商品交换比例）假设为既定，没有进行分析。国际贸易条件直接影响贸易参加国家的利益分配，那么它是如何形成又会怎样变动呢？穆勒提出相互需求理论，并对此进行了解释。

穆勒是英国的经济学家，也是李嘉图的学生，他在1848年出版的《政治经济学原理及在社会哲学上的若干应用》（一般简称为《政治经济学原理》）一书中提出相互需求理论，解释了国际贸易条件的形成和变动。其理论的主要观点包括以下三点：

（一）比较成本确定贸易条件变化范围

穆勒在李嘉图比较成本理论的基础上，用两国国内交换比例的上下限来确定贸易条件的变化范围。他认为：贸易双方在各自的国内市场有不同的交换比例，在世界市场上，两国商品交换形成了国际交换比例（即贸易条件）。这一比例只有介于两国的国内交换比例之间，贸易双方才能都获利。

以前文中美两国生产布和小麦为例，两国的国内交换比例与国际交换比例的关系见表2-5。

表2-5 中美两国布和小麦的国内交换与国际交换比例范围

国别	每人每年的产量		国内交换比例		国际交换比例范围	
	布 [单位/(人·年)]	小麦 [单位/(人·年)]	布 (小麦/布)	小麦 (布/小麦)	布 (小麦/布)	小麦 (布/小麦)
中国	50	25	1:2	2:1	1:2	2:1
美国	60	100	5:3	3:5	5:3	3:5

从表2-5中可见，布的国际交换比例范围为1单位布交换1/2～5/3单位小麦，而小麦的国际交换比例范围为1单位小麦交换3/5～2单位布。如果布的国际交换比例低于1/2单位小麦（中国的国内交换比例）或高于5/3单位小麦（即美国的国内交换比例），中国就会因亏损而退出交易；同样，如果小麦的国际交换比例低于3/5单位布（美国国内的交换比例）或高于2单位布（即中国的国内交换比例），美国也会因亏损而退出交易。因此，国际交换比例必须介于两国的国内交换比例之间，才会使两国都能从贸易中获益。

（二）相互需求强度决定贸易条件

穆勒将需求因素引入国际贸易理论，创立了相互需求方程式，以说明贸易条件的决定和变动。相互需求方程式的内容是：两国间商品交换比例（即贸易条件）是由两国的相互需求强度决定的，它与两国相互需求对方产品总量之比相等，这样才能使两国贸易达到均衡。如果两国的需求强度发生变化，则两国间的交换比例必然发生变动。

我们仍沿用前例，假设中美两国的商品交换比例为1单位布交换1.2单位小麦，则中国需要12000单位小麦，美国需要10000单位布。这时，相互需求使中美双方收支平衡，其相互需求方程式为

$$10000:12000 = 1:1.2$$

如果两国的相互需求强度发生变化，比如在以上贸易条件下，中国对小麦的需求下降至9000单位，而美国对布的需求不变，此时的贸易条件显然不能满足原有的需求方程式，即

$$10000:9000 \neq 1:1.2$$

在这种情况下，美国不得不降低小麦的国际交换比例以刺激中国对小麦的需求，维持贸易平衡。假设新的交换比例为1:1.5。这时由于布的交换比例上升，美国对布的需求减少至7000单位；相反，由于小麦交换比例下降，中国对小麦的需求增至10500单位。于是，新的相互需求方程式又得以

建立：

$$7000 : 10500 = 1 : 1.5$$

从以上相互需求方程式的变化中，我们可以看出：一国对另一国出口商品的需求越强，而另一国对该国出口商品的需求越弱，贸易条件对该国越不利；反之，则贸易条件对该国越有利。

（三）贸易条件影响贸易利益的分配

国际贸易虽然能给贸易双方带来利益，但贸易利益的分配则取决于具体的贸易条件。国际交换比例越接近于本国的国内交换比例，对本国越不利，且贸易所得越少。这是因为越接近本国的国内交换比例，说明本国从贸易中获得的利益越接近于分工和贸易前本国独立生产时的水平。相反，国际交换比例越接近于对方国家的国内交换比例，对本国越有利且贸易所得越多。这是因为越接近于对方国家的国内交换比例，说明本国从贸易中获得的利益超过分工和贸易前本国独立生产时的水平。例如，上面所举的例子中，国际交换比例若为1单位布交换1.2单位小麦，中国比分工前的国内交换多获得0.7单位小麦，美国比分工前的国内交换节约0.47单位小麦；若1单位布交换1.5单位小麦，则中国获得1单位小麦，美国节约0.17单位小麦。可见，随着布交换小麦数量的增加（即向美国的国内交换比例靠近），中国获取的贸易利益也越来越大。

二、提供曲线与贸易条件

穆勒的相互需求原理虽然解释了贸易条件的形成和变化，但只是一般陈述，对理论的分析尚不够精确。马歇尔则用提供曲线这一分析工具，对穆勒的理论作出了直观的几何图形分析。

马歇尔是19世纪末20世纪初英国著名的经济学家。其经济学理论的核心是建立在边际效用论和生产费用论基础上的均衡价格论。他以均衡价格论为依据描绘出提供曲线，对穆勒的相互需求理论作了进一步分析。

（一）国际贸易条件的范围

按照穆勒的相互需求理论，产品的国际交换会形成国际交换比例，即国际贸易条件，而互利的贸易条件就在两国产品国内交换比例的上下限之间。马歇尔用几何方法表示了这一互利的贸易条件范围，如图2-9所示。

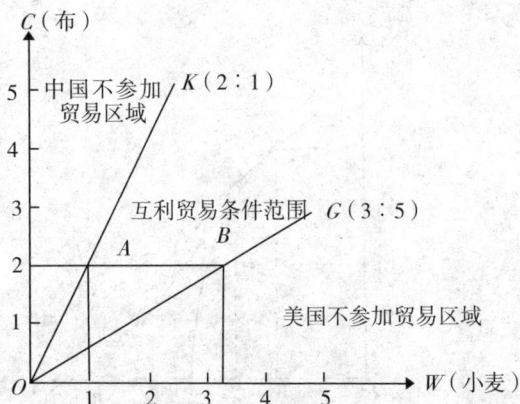

图2-9　互利贸易条件的范围

图2-9中，*OK*的斜率为2∶1，表示布在中国的国内交换比例；*OG*的斜率为3∶5，表示布在美国的国内交换比例。*OKC*为中国不参加布的国际贸易区域，*OGW*为美国不参加小麦的国际贸易区域，*OKG*为中美两国互利贸易区域。这样，从原点引出的通过开区间线段*AB*的任意点的斜率都是互利的贸易条件。而且，实际的贸易条件与*A*点越近，对中国越不利，而对美国越有利；实际的贸易条件与*B*点越近，对美国越不利，而对中国越有利。

（二）用提供曲线解释贸易条件的形成及变动

穆勒用相互需求方程式来证明贸易条件的决定，而马歇尔则用提供曲线解释贸易条件的形成及其变动。提供曲线（Offer Curve），又称相互需求曲线（Reciprocal Demand Curve），它既可以看成一国出口产品的供给曲线，又可以看成一国进口产品的需求曲线。作为出口供给曲线，它表示在不同的贸易条件下一国愿意提供出口产品的数量；作为进口需求曲线，它表示在不同的贸易条件下一国对进口产品的需求量。

1.提供曲线的推导

在前面的分析中，两国世界的贸易结构是：中国向美国出口布以换取美国的小麦，而美国向中国出口小麦以换取中国的布。下面，我们利用生产可能性曲线、社会无差异曲线和一些假定国际交换比例来推导中国的提供曲线，如图2-10所示。

在图2-10（a）中可以看出，当国际交换比例$P_1=1$时，中国在*S*点生产而在*C*点消费，形成贸易三角△*CMS*。*SM*表示布的出口量为C_1C_2，*CM*表示小麦愿意的进口数量为W_1W_2。当国际交换比例$P_2=1.5$时，中国在*S*′点生产

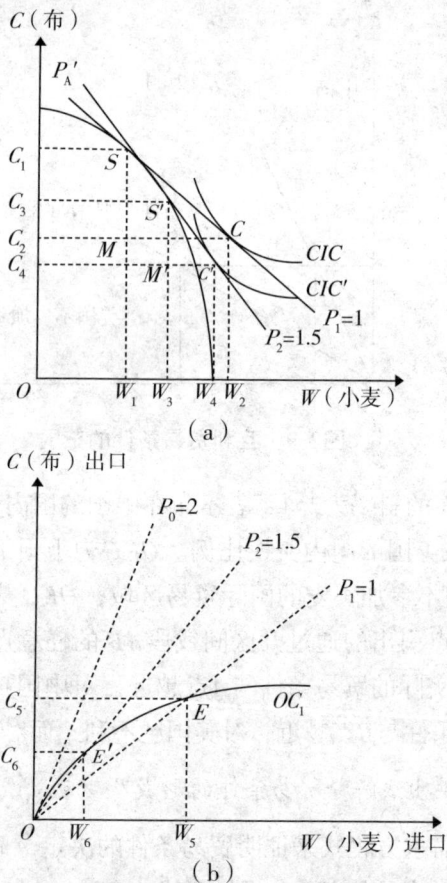

图2-10 中国提供曲线的推导

而在 C' 点消费，形成新的贸易三角 $\triangle C'M'S'$。$S'M'$ 表示布的出口数量为 C_3C_4，$C'M'$ 表示小麦愿意的进口数量为 W_3W_4。

在图2-10（b）中，纵坐标反映中国出口布的数量，而横坐标反映中国进口小麦的数量。当国际交换比例 $P_1=1$ 时，出口布的数量可由 C_5（相当于 C_1C_2）表示，而进口小麦的数量可由 W_5（相当于 W_1W_2）表示，由此得到 E 点；当国际交换比例 $P_2=1.5$ 时，出口布的数量可由 C_6（相当于 C_3C_4）表示，而进口小麦的数量可由 W_6（相当于 W_3W_4）表示，由此得到 E' 点。将图（b）中的原点 O、E 点、E' 点以及用同样方法得到的其他各点连接起来，便得出了中国的提供曲线 OC_1。

从图2-10（b）中可以清楚地看出，中国的整条提供曲线都位于其国内交换比例 $P_0=2$ 之下，这与前面关于贸易条件范围的论述是一致的。同时，中国的提供曲线凸向纵轴并向下弯曲，表示中国生产布有比较优势，且出口数量随着国际交换比例上升而增加。当国际交换比例 P_2=1.5时（此时1单位布换2/3单位小麦），中国出口 C_6 数量的布，进口 W_6 数量的小麦；而当国际交换比例 P_1=1时（此时1单位布交换1单位小麦），中国则出口 C_5 数量的布，进口 W_5 数量的小麦。出现这种现象的原因：一方面，随着中国生产更多的布用来出口，使布的机会成本递增；另一方面，随着中国进口小麦越来越多，小麦对布的边际替代率是递减的。

按照同样方法，我们可以推导出美国的提供曲线。限于篇幅，省略掉具体的推导过程，而直接在图2-11中给出美国的提供曲线。

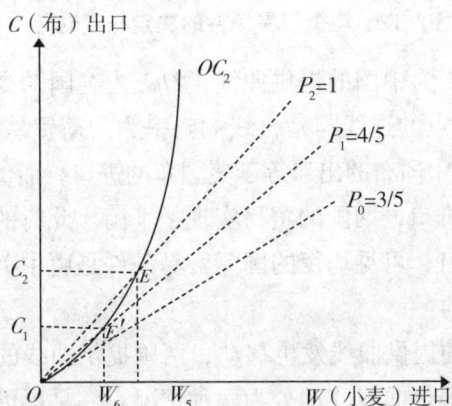

图2-11 美国的提供曲线

从图2-11可以看出，美国的整条提供曲线都位于其国内交换比例 P_0=3/5 之上，这与前面关于贸易条例范围的论述是一致的。同时，美国的提供曲线凸向横轴并向上弯曲，表示美国生产小麦有比较优势，且出口数量随着国际交换比例上升而增加。当国际交换比例 P_1=4/5时（此时1单位小麦换4/5单位布），美国出口 W_1 数量的小麦并进口 C_1 数量的布；而当国际交换比例 P_2=1时（此时1单位小麦换1单位布），美国出口 W_2 数量的小麦并进口 C_2 数量的布。这说明为了使美国出口更多数量的小麦，必须提高小麦的交换比例，因为美国生产小麦同样面临递增的机会成本，且进口布对小麦的边际替代率是递减的。

2.均衡贸易条件的决定与变动

利用提供曲线这一分析工具，国际贸易的一般均衡就可以直观地内生决定。下面，我们将图2-10（b）和图2-11合并成图2-12就会看到，中美两国提供曲线的交点将决定均衡的国际贸易条件。

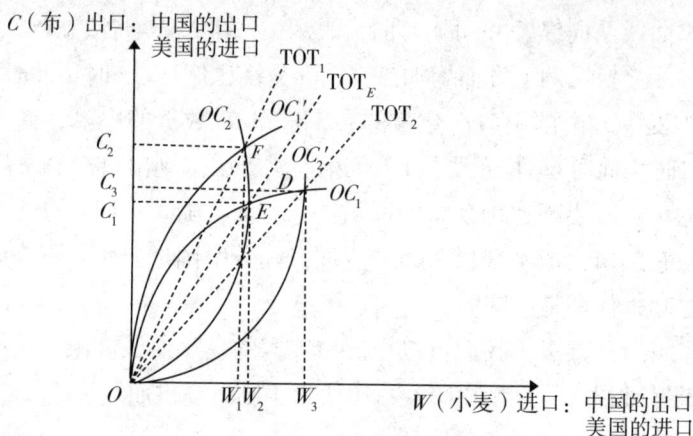

图2-12 均衡贸易条件的决定与变动

在图2-12中，OC_1为中国的提供曲线，OC_2为美国的提供曲线，两国提供曲线的交点E与原点的连线与延长线的斜率为均衡贸易条件TOT_E（Term of Trade）。在E点，中国布的出口等于美国布的进口，而美国小麦的出口也正好等于中国小麦的进口，两国的贸易实现了平衡。此时的均衡国际贸易条件或国际交换比例$P_E=1$，可见均衡的国际贸易条件是由中美两国的供应条件或相互需求共同决定的。

如果一国或两国的提供曲线发生移动，两国提供曲线的交点及均衡贸易条件也会随之变化。提供曲线移动分为两种情况：一是提供曲线外移，这可因一国经济发展导致出口能力提高或进口需求增加而引起；二是提供曲线内移，这可因一国经济停滞导致出口能力降低或进口需求减少而引起。图2-12反映了提供曲线移动对贸易条件的影响。以中国提供曲线移动为例，当OC_1外移至OC_1'时，与美国提供曲线OC_2相交于F点，均衡贸易条件则由TOT_E变为TOT_1，意味着中国贸易条件下降而美国贸易条件提高，即中国在增加小麦进口的同时必须更大比例地增加布的出口（$C_1C_2 > W_2W_1$），才能实现新的贸易均衡。反之，若美国的提供曲线OC_2外移至OC_2'，意味着美国贸易条件下降而中国贸易条件提高。如果两国的提供曲线同时外移，均衡贸易条件的影响则取决于两国提供曲线的相对移动程度。

三、国际贸易的福利分析

穆勒的相互需求理论和马歇尔的提供曲线论证了国际贸易可以给参加贸易的国家带来利益。但在贸易国内部，贸易利益又是如何分配的呢？国际贸易的福利分析为此提供了合理的解析思路。国际贸易的福利分析是指分析进口和出口对一个国家内部利益分配的不同影响。在经济学中，福利指的是一种额外利益，常用"剩余"来表示。当某种剩余被生产者获得时称为生产者剩余，当某种剩余被消费者获得时则称为消费者剩余。当我们假定国际贸易没有政府干预，即处于自由贸易情况时，贸易利益的分配只发生在生产者与消费者之间。

（一）进口对一国贸易利益分配的影响

我们仍以中国进口美国小麦为例来说明对国内生产者集团和消费者集团的影响。这里的生产者集团是指与进口产品竞争的国内生产者利益团体，消费者集团是指消费进口产品的国内消费者利益团体。下面，结合图2-13加以说明。

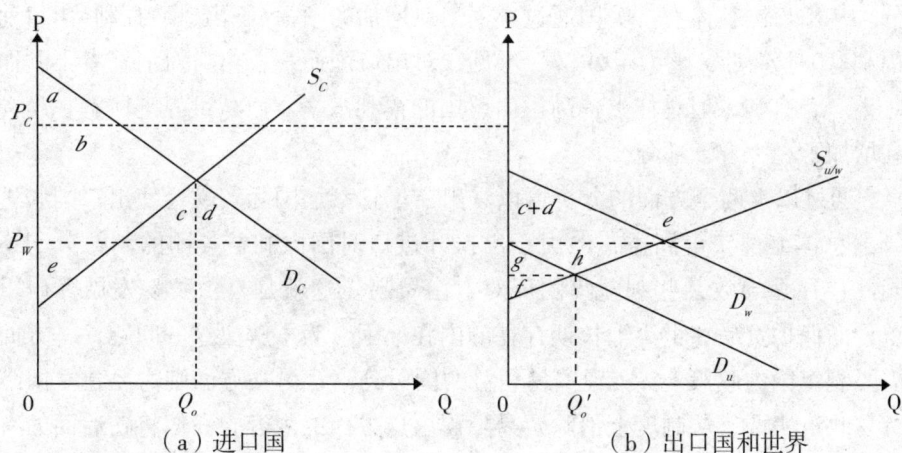

（a）进口国 　　　　　　　（b）出口国和世界

图2-13　进口与出口的福利变动

图2-13中，横轴表示市场上小麦的供求数量，纵轴表示小麦的市场价格。在图2-13（a）中，曲线S_c表示中国的小麦总供给（包括国产和进口的供给），曲线D_c表示中国的小麦总需求（包括对国产和进口的需求）。进口前，中国的小麦供求均衡数量是Q_o，价格为P_c，此时消费者剩余是a部分而生产者剩余是$b+e$部分。进口后，小麦价格由P_c降到P_w（假设没有关税和运输成本等影响，国内价格等于国际价格），因为需求扩大使消费者剩余由a增加到$a+b+c+d$部分，而生产萎缩使生产者剩余由$b+e$减少到e部分。在进口国整体看，中国通过小麦进口增加的净福利=进口后福利－进口前福利

=$[(a+b+c+d)+e]-[a+(b+e)]=c+d$。可见，对进口国而言，进口对消费者有利而对生产者不利，但总体上提高了进口国的福利水平。

（二）出口对一国贸易利益分配的影响

在两国世界进行贸易的情况下，中国进口的小麦等于美国出口的小麦，图2-13（b）则反映了出口国和世界的利益分配变动。在图2-13（b）中，曲线$S_{u/w}$表示美国国内的小麦供给（在实行完全专业分工的两国世界中也可以表示世界市场的小麦供给），曲线D_u表示美国国内的小麦需求，曲线D_W表示世界市场上小麦的需求（包括国内消费和出口的需求）。出口前，美国小麦的供求均衡数量是Q_O'，价格为P_u，此时消费者剩余是g部分而生产者剩余是f部分。出口后，因出口需求增加使小麦价格由P_u升到P_W，此时国内消费者剩余由g部分减少为零，而出口需求扩大使生产者剩余由f增加到$f+g+h$部分。从出口国整体看，美国通过小麦出口增加的净福利=出口后福利–出口前福利=$[0+(f+g+h)]-(g+h)=h$。可见，对出口国而言，出口对消费者不利而对生产者有利，但总体上提高了出口国的福利水平。而从世界整体看，净福利增加了$c+d$和h部分。

通过以上两个方面的分析可以看出，尽管参加国际贸易会使出口国和进口国总体上都获得利益，但由于出口和进口对国内利益集团的利益分配不同，往往会导致某些利益集团反对自由贸易。这就是自由贸易发展障碍重重，而保护贸易在世界上长期存在的内在原因。为了解决这一问题，一方面需要制定国内政策[①]，实现贸易利益的国民分享；另一方面则需要建立国际贸易政策协调，从制度上消除贸易障碍。这方面的内容，我们将在后面的有关章节展开深入讨论。

思考题：

1.比较斯密绝对成本论与李嘉图比较成本论的异同。

2.要素禀赋理论的基本观点是什么？如何理解其理论假定？

3.试用提供曲线分析均衡的贸易条件。

---

① 这方面的国内政策主要是税收、补贴等收入再分配政策，以将一部分贸易利益从获益的社会利益集团转移到受损的社会利益集团。

第三章　现代自由贸易理论

　　现代自由贸易理论又称为国际贸易新理论，它产生于20世纪70年代，是运用新的方法对战后国际贸易发展的理论思考。思考焦点仍然是这一领域最基本的问题，即国际贸易的原因、格局和利益分配。战后国际贸易与战前相比出现了许多重大变化：一是产业内贸易取代产业间贸易，成为主要贸易方式；二是工业制成品取代初级产品，成为货物贸易的主要对象，同时，技术贸易和服务贸易正以超过货物贸易的增长速度快速发展；三是越来越多的国家不按照自然要素禀赋参与国际分工和贸易。对此，传统理论已无法做出合理的解释。面对战后国际贸易的新变化，许多经济学家另辟蹊径，从修正传统理论的前提条件下入手，提出了一些新的观点，并由此形成了现代自由贸易理论。

第一节　以不完全竞争为前提的贸易理论

　　传统贸易理论的一个主要假设是以完全竞争的市场结构为前提的。完全竞争的市场结构具有两个重要特征：一是产品的同质性；二是厂商众多且规模较小，不会影响市场价格。显然，这一假设接近战前国际分工的初级阶段和产业间贸易方式，而远远背离了战后国际贸易现实。一些经济学家从修改这一假设前提入手，从不完全竞争市场结构角度提出了规模经济理论、产业内贸易理论和相互倾销理论等新的贸易理论，从而合理地解释了战后出现的产业内贸易方式和不完全竞争行为。

一、规模经济理论

规模经济理论，也称规模报酬递增理论（Theory of Increasing Return of Scale），是由美国经济学家克鲁格曼与艾翰南在合著的《市场结构与对外贸易》（1985）一书中提出的。其论点为：规模报酬递增也是国际贸易的基础，某一产品的生产发生规模报酬递增时，随着生产规模扩大、平均成本递减而取得比较优势，从而导致一国专业化生产并出口这一产品。

规模报酬指所有投入要素同比例增加，即生产规模扩大时总产量的变化情况。根据总产量的变化，规模报酬可分为三种情况：一是规模报酬不变，即产出水平与生产规模同比例增加；二是规模报酬递减，即产出水平增加小于生产规模增加的比例；三是规模报酬递增，即产出水平增加大于生产规模增加的比例。传统贸易理论以规模报酬不变为假设，这在以初级产品生产为主的前工业化时代是接近现实的。但现代工业生产具有规模报酬递增的特点，在这一情况下意味着规模经济使平均成本下降、生产效率提高，大厂商比小厂商更有竞争优势。在国际贸易中，随着小厂商被挤出市场，少数大厂商逐渐垄断了许多行业的国际市场。因此，战后不完全竞争已取代完全竞争，成为国际市场格局的基本特征。

规模经济分为外部规模经济（External Economies of Scale）和内部规模经济（Internal Economies of Scale）。下面，我们分别从几个方面来证明规模经济与国际贸易之间的关系。

（一）外部规模经济与国际市场结构

外部规模经济，是指由于整个产业的产出水平增加而导致每个厂商的平均成本下降。外部规模经济的实现只依赖于产业规模，而不是单个厂商的规模。外部规模经济产生的原因是集聚效应，即将整个产业集中在一个地理区域内，以利于同一产业内不同生产商的专业协作和专业化供应商的配套服务，同时也有利于资源、信息等方面的共享和转移，从而使整个产业的生产效率得以提高，所有厂商的平均成本下降，如美国硅谷的计算机工业和底特律的汽车工业等。一个国家一旦先行在某个产业建立起大于别国的生产规模，随着时间的推移，就会拥有日益明显的成本优势，成为该产品的出口国并阻止别国进入该产业，这可由图3-1来说明。

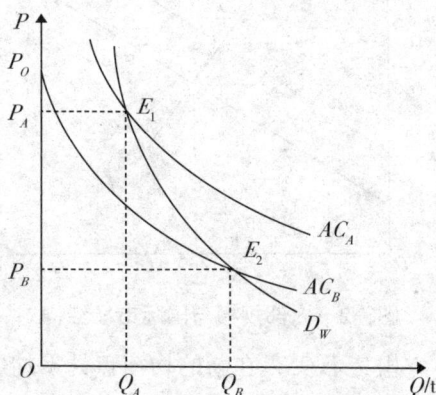

图3-1　外部规模与国际市场结构

图3-1中，D_W 表示某产品的世界需求曲线，该产品可由A国或B国生产，其平均成本曲线分别为 AC_A 和 AC_B（因产业规模扩大会导致平均成本下降，故 AC_A 和 AC_B 都向下倾斜）。如果由于某种原因，A国先行发展该产业而B国没有，那么A国会以 P_A（假定厂商之间完全竞争，$P_A = AC_A$）的价格为世界市场提供 Q_A 数量的产品。虽然B国以后有可能以 P_B 的价格为世界市场提供 Q_B 数量的产品，但因为是后进入，最初只能以 P_O 的价格提供产品，而这是国际市场不能接受的。可见，A国的外部规模经济使得其产品具有先发优势，一举打入国际市场并阻止了B国进入该产业，从而导致了国际市场不完全竞争结构的形成。

（二）内部规模经济与国际市场结构

内部规模经济，是指由于单个厂商自身规模扩大和产出水平增加而导致的平均成本下降。在具有内部规模经济的产业内，大厂商比小厂商具有成本优势，因而能迫使小厂商退出市场，从而控制市场，形成不完全竞争的市场结构。如在国际市场上，计算机行业被IBM、微软所垄断，飞机制造业被波音、空中客车等少数大型企业所垄断。这可由图3-2来说明。

图3-2中，曲线 C_1 和 C_2 反映的是不同经济条件下规模经济对平均成本的影响，曲线 P 代表价格线。在封闭经济条件下，随着厂商数量增加，单个厂商规模变小而平均成本上升，所以曲线 C_1 向上倾斜。曲线 C_1 与曲线 P 相交于 E_1，均衡时的平均成本为 AC_1，国内厂商数量为 Q_1。在开放经济条件下，由于国际市场取代了国内市场，使得厂商数量在增加不多的情况下（$Q_1 \rightarrow Q_2$），单个厂商的规模扩张，规模经济效应使曲线 C_1 向下移动变

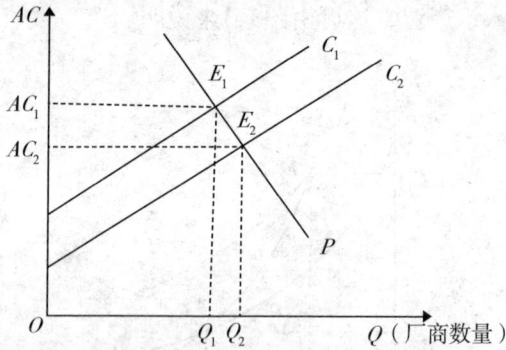

图3-2　内部规模与国际市场结构

为曲线C_2，并与曲线P相交于E_2，在新的均衡点处平均成本，也由AC_1大幅度下降为AC_2。可见，开放经济条件有利于扩展优势企业的内部规模经济并维持国际市场的不完全竞争结构。

（三）国际贸易对规模经济的影响

规模经济与国际贸易存在着双向影响的关系。一方面，规模经济（无论是外部规模经济还是内部规模经济）催生了国际市场不完全竞争结构的产生；另一方面，不完全竞争条件下的国际贸易又给实行规模经济的国家带来了较高的收益。这种收益主要体现在以下两个方面：

1.提高了福利水平

现以A国和B国为例，分析国际贸易对实行规模经济国家福利水平的影响，以图3-3来说明。

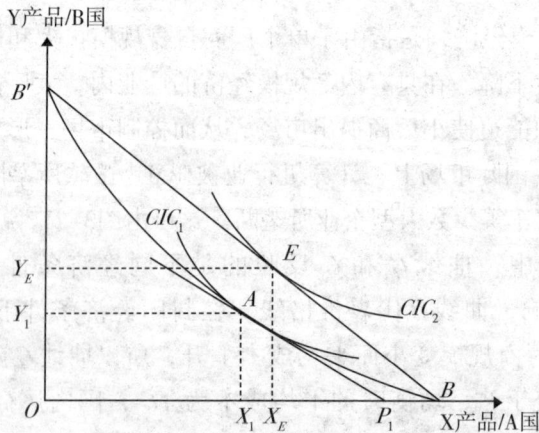

图3-3　国际贸易增加对国民经济福利水平的影响

为了分析方便，现假定A、B两国在各方面（要素禀赋、技术水平、消费偏好等）都完全相同，这样我们可以用同样的生产可能性曲线、社会无差异曲线来表示两国的情况。图3-3中的生产可能性曲线BB'凸向原点，表明两国生产X、Y产品存在规模报酬递增（成本递减），即增加每一单位X产品的生产需要减少Y产品的数量，反之亦然。A点为两国在封闭经济状态下共同的生产点和消费点，国内产品的相对价格（P_A）也相等。显然，这时两国并不存在开展贸易的基础和利益。如果实行开放经济，两国进行专业分工并开展自由贸易，A国可以专门生产X产品，其产量为OB，而B国可以专门生产Y产品，其产量为OB'，若两国各以本国生产的一部分产品进行贸易，即A国以X_EB的X产品与B国的Y_EB'的Y产品进行交换，结果两国的无差异曲线由原来的CIC_1达到较高的CIC_2，A国获益X_1X_E，而B国获益Y_1Y_E，获益就来自各国专业化生产的规模报酬递增。可见，建立在规模经济基础上的国际分工和贸易会通过提高生产率来降低成本，使产业达到更大的国际规模，而参加分工和贸易的国家都提高了福利水平。

2.减少了成本负担

对于一些研究与开发费用等成本比重较大的高新技术产业来说，国际贸易对规模经济的影响更加重要。如果这类产品仅在国内市场销售，因产量有限，其R&D单位平均成本就会很高，厂商难以进行规模生产甚至无法收回投入的R&D巨额费用。如果产品在国际市场销售，因产量增加，其R&D单位平均成本也会大幅减少，使厂商实现规模经济下的生产。图3-4就证明了国际贸易对一个具有高度规模经济产业的重要性。

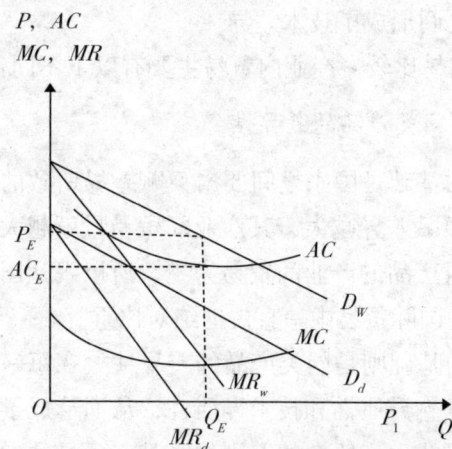

图3-4 国际贸易减少规模经济的成本负担

图3-4中，D_d代表国内的需求曲线。如果仅有国内市场，厂商在任何产量水平上其平均成本AC都高于需求曲线D_d和边际收益MR_d，即厂商不可能盈利只会亏损。如果开展国际贸易，需求曲线就会上移至D_w，这样厂商按由边际收益曲线MR_w和边际成本曲线MC决定的均衡产量Q_E生产，相应的价格为P_E，高于平均成本AC_E，厂商可以获利。可见，国际贸易使厂商实现了内部规模经济，减少了单位产品中的平均成本，保证了巨额R&D费用的回收和产品的不断创新。

二、产业内贸易理论

产业内贸易理论（Theory of Intra-industry Trade）又称差异产品理论（Theory of Differentiated Product），是由格鲁贝尔、劳尔德、兰卡斯特等一批经济学家于20世纪70年代先后提出的。它是解释同一产业内差异产品在不同的国家或地区间双向流动的理论。

差异产品是产业内贸易的基础，而产品的差异性通常分为三种类型：

一是水平差异（Horizontal Differentiation），指产品特征组合方式的差异。如混凝土有几百个品种，黄沙、水泥和碎石混合比例的差异即为水平差异。

二是垂直差异（Vertical Differentiation），指在同类产品中不同等级或质量上的差异。如混凝土中加入钢筋可以增强抗拉程度，加入钢筋的多少即为垂直差异。

三是技术差异（Technological Differentiation），指在同类产品中因采用不同技术而形成的差异。如发明了一种可防止渗水并可在水中凝固的新型混凝土，即与其他混凝土之间形成了技术差异。

与传统的产业间贸易比较，产业内贸易主要有以下不同：

（一）贸易基础：同类产品的差异性

产业间贸易产生的基础是国家之间要素禀赋差异所致的比较成本差异。因此，国家间的要素禀赋差异越大，其产业间贸易量就越大。战前的国际贸易以工业制成品与初级产品的产业间贸易为主，所以发达国家与发展中国家之间的贸易额在战前的国际贸易中一直占据绝对比重。

产业内贸易产出的基础则是同类产品的差异性。在每一个产业内部，产品存在水平异质性、垂直异质性和技术异质性，从而形成了各种差别的产品系列。任何国家都不可能生产所有的差别化产品，而必须专业化生产其中的一部分以获取规模经济利益。与此相关的是产品零部件贸易的增长。为了降低生产成本，一种产品的不同部分往往在不同国家生产。例如，波音777飞机的所有部件，波音公司只生产其中的22%，其余部分则由不同国家生产，然后运到美国组装。这种零部件生产的国际化分工，进一步推动了产业内贸易的扩大。

（二）贸易动因：利用规模经济

产业间贸易的动因是获取因比较成本差异产生的比较利益，而比较成本大小又取决于各国要素禀赋差异。因此，国家间要素禀赋差异越大，其产业间贸易的机会就越大。

产业间贸易的动因则是利用规模经济。产业内贸易是以产业内的国际分工为前提的，因此，国家间的要素禀赋越相似，经济发展水平越接近，其产业内贸易的可能性就越大。产业内的国际专业化分工有助于企业采用更加专业化设备生产单一品种或规格的产品，从而提高效率和降低成本。同时，由于面对世界市场，产业内的国际专业化分工越细，越有利于企业扩大生产规模，充分实现企业生产的内部规模经济利益。从比较利益的角度来看，产业间贸易追求的是自然形成的比较优势和利益，而产业内贸易追求的是获得性的比较优势和利益。

（三）贸易利益：满足消费需求的多样性

传统的贸易利益分析针对以比较成本为基础的产业间贸易。贸易利益可以分为两个部分：交换带来的利益和专业化生产带来的利益。前者主要表现为产业间贸易，会提高本国丰裕要素的报酬（但也降低本国稀缺要素的报酬）；而后者主要表现为通过本国要素的重新配置，从而提高生产效率。

产业内贸易利益的性质与产业间贸易有所不同。从交换带来的利益看，产业内贸易是以规模经济为基础的，所有的要素都可以从中受益。而更重要的是，满足消费需求的多样性才是交换利益的主要方面，这是因为当社会经济高度发展之后，既要满足消费者享受更多的异质性产品，又要实现规模生产，已有产业内贸易的方式才能保证。再从专业生产带来的利益看，产业内贸易尚存在一些不确定的影响因素，主要有：

1.厂商数量

在其他条件既定的情况下，厂商的数量越少，产业内贸易带来的利益越大。这是因为厂商数量直接影响国际市场结构，并进而决定价格的制定方式。

2.生产规模

生产规模决定了随着市场的扩大，其单位平均成本的下降幅度。显然，在别的条件相同时，规模效益越明显的产业，从产业内贸易中受益越大。

3.运输成本

一般在规模经济模型中仅考虑生产成本而未考虑流通环节中的运输成本，但实际上，产业内贸易中的运输成本会部分或全部抵销专业化规模生产所节约的生产成本。

4.创新动力

如果国际市场上的同类产品中品种较少，厂商对产品创新（包括性能升级或规模增加）的动力会很大；如果现有同类产品中品种较多且产品研发的成本较高，厂商的创新动力就会减小，进而对产业内贸易带来消极影响。

从以上分析可见，经济发展水平是产业内贸易形成的重要因素。经济发展水平越高，随着同一产业部门内部分工的细化，异质性产品的生产规模就越大，从而形成异质性产品的供给市场；而经济发展水平越高，随着人均国民收入水平和购买能力的提高，对异质性产品的需求就越强烈，由此又形成对异质性产品的需求市场。当两个国家的收入水平接近时，其需求偏好和消费结构也趋于相似，最终导致产业内贸易的发生。

三、相互倾销理论

相互倾销理论（Theory of Reciprocal Dumping）由布兰德和克鲁格曼提出，并构造了一个差别垄断模型，用以解释寡头垄断企业在不完全竞争条件下进行产业内贸易的行为。该理论认为，垄断企业为了实现规模经济会不断扩展市场，而这一行为也会导致国际贸易的产生。

（一）相互倾销与国际贸易的产生

寡头垄断企业在国内占有一定的市场份额而以后又很难再扩展，于是就将目光转向国外市场。为了打开国外市场，垄断企业在保持国内市场份额不变的情况下，往往以较低的价格向国外销售产品。这种价格差别构成了价格歧视，被称为倾销。一个企业能够实施倾销，需要具备两个基本条件：第一，该产业必须是不完全竞争的，实施倾销的企业不是价格的承担者而是制定者。第二，市场必须是可分割的。在国际贸易现实中，许多工业制成品市场都由少数大型企业所控制,使第一个条件得以满足;而各国存在的关税和非关税壁垒,又使得第二个条件得以实现。下面,我们通过差别垄断模型来说明相互倾销如何引发国际贸易产生,如图3-5所示。

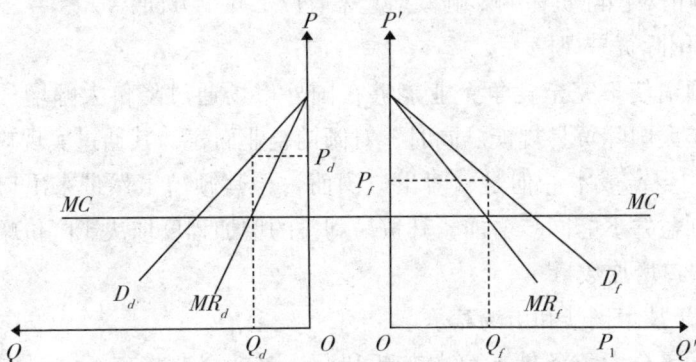

图3-5 差别垄断模型:相互倾销与国际贸易产生

图3-5中,左边表示寡头垄断企业面临的国内市场,而右边表示面临的国外市场;横轴表示产品的供求数量,纵轴表示产品的价格。为了简化分析,假设企业的边际成本 MC 是个常数,且无运输成本,所以无论在国内市场还是在国外市场销售,边际成本都是一样的。在图中可以看到,由于寡头垄断企业在国内市场上有较大的市场控制能力,对市场价格影响很大,所以其面临的国内需求曲线斜率较小(表现为 D_d 较陡)。当 $MC=MR_d$ 时,该产品的国内价格会定在 P_d 的水平上,而其产量则为 Q_d。但 Q_d 的产量使该企业难以达到规模经济,在开放经济条件下扩大出口自然是明智的选择。由于该企业在国外市场上控制能力较弱,对市场价格影响很小,所以其面临的国外需求曲线斜率较大(表现为 D_f 较平缓)。当 $MC=MR_f$ 时,该产品的国外价格会定在 P_f 的水平上,而其销量则为 Q_f。可见,寡头垄断企业通过在国内外市场的差别定价,扩大了国外市场的销售,实现了规模经济,这就是企业出口的动力。只要国外市场上的价格超过产品的平均成本,出口就有利可图,且不论其价格是否低于国内市场。此外,寡头垄断企业还可利用倾销将外国厂商挤出该行业,一旦倾销企业在国外市场取得控制地位就会提高价格,进一步扩大垄断超额利润。

假设国内外该行业各有一个寡头垄断企业,那么这两个企业基于上述原因都会倾向于限制其本国市场的销量而扩大对方市场的销量,并以等于边际成本但低于本国市场的价格销售产品,于是导致了相互倾销的出现,使国际贸易因不完全竞争企业为获取垄断利润而产生。这样,相互倾销理论成了产业内贸易的又一个解释。

（二）相互倾销对国际贸易的影响

相互倾销对国际贸易的影响概括起来有以下几个方面：

1.扩大国际贸易规模

相互倾销使不完全竞争企业能够在国外市场通过降价大幅增加产品销售，从而扩大国际贸易规模。同时，对倾销企业而言，其通过实现规模经济降低了平均生产成本。但是，对出口国而言，其倾销虽然带来出口量的增加，贸易利益并不能同步增加，其贸易利益的增加程度取决于降价幅度和因此导致的出口增加数量。

2.有利于技术创新和市场竞争

由于不完全竞争条件下存在垄断利润，垄断企业将有条件开展技术创新，进一步降低生产成本和价格，从而使本来处于相对优势地位的产品的国际竞争力增强。此外，垄断利润还使垄断企业有条件通过差别产品[①]、销售服务和广告宣传等非价格竞争手段，来增强产品的国际竞争力。

3.对进口国的影响是不确定的

从短期看，相互倾销加剧了进口国国内市场的竞争，使消费者能以较低的价格购买产品，从而提高了消费者的真实收入水平。但从长期看，如果倾销产品价格过低而将进口国该行业的厂商挤垮，一旦倾销企业控制市场之后转而提高价格，就会给进口国带来灾难性后果。因此，相互倾销对进、出口国的具体影响取决于倾销产品的降价幅度和占有的进口国的市场份额。

第二节　以新要素为基础的贸易理论

传统贸易理论最初以劳动力为分析基础（绝对成本和比较成本理论），后来扩展到土地和资本要素（要素禀赋理论）。里昂惕夫之谜从实证上对此提出了质疑，并催生了战后以新要素为基础的贸易理论产生。新要素贸易理论基本上沿用传统贸易理论的要素分析法，强调的仍然是生产要素的供给

---

① 差别产品，指厂商为了适应消费需求和增强产品竞争力，有意使本企业产品与竞争企业产品在品种、规格、性能、包装、款式、商标、品牌及售后服务等方面保持差别。

对国际贸易的影响。所不同的是，它赋予生产要素新的内涵，提出了人力资本、研究与开发、管理及信息等新的生产要素对国际贸易的影响，从而形成了相对独立的理论分支。

一、人力资本理论

人力资本理论（Human Capital Theory）是由美国经济学家舒尔茨创立的。这一理论用人力资本的差异来解释国际贸易产生的原因和流向。

人力资本是指在劳动者身上投入的以提高人力技能的资本。人力资本理论将劳动分为两大类：一类是简单劳动，即任何人都能从事的非技术性体力劳动；另一类是技能劳动，即必须经过学习获得专业技能才能从事的技术性劳动。劳动者要学习技能就要进行投资，所以人力资本是由教育投资产生的。教育投资和实物投资相比，同样可以提高劳动生产率，而且持续作用时间长，因此在现代生产方式中的地位日益提高，并成为影响各国生产率差异的基本因素。

人力资本的投资形式通常包括正规的学校教育、在职岗位培训、合理的人员配备、必备的卫生与营养条件及迁移费用等。而人力资本投资效果的衡量方法主要有：其一，以收入报酬计算[①]；其二，以成本计算[②]；其三，以进出口产品所含的技能比率进行比较。这种方法是将劳动要素细分，并结合进出口产品所含某种劳动要素密集的特点进行国与国的比较，由此证明资本充裕从而人力资本充裕的国家趋于出口技能劳动密集型产品，资本缺乏从而人力资本缺乏的国家则出口简单劳动密集型产品。

后来，一些西方学者对此开展实证研究，证明"技能禀赋"，即人力资本充裕是国际贸易产生和流向的重要决定因素。他们认为，资本充裕的国家往往同时也是人力资本充裕的国家，其比较优势实际上是人力资本的充裕，这是它们参与国际分工和贸易的基础。在贸易流向上，这些国家往往是出口技能劳动密集型产品而进口简单劳动密集型产品。基辛把劳动技能分为五类，并以此计算美国制造业中每单位进出口产品中所需的劳动技能比率，结果证明美国出口产品的技能劳动密集比率高于其他国家。这就决定了美国出口中必然以技能劳动密集型产品占主体（如飞机制造、通信设备等），并合

---

① 这种方法以工资差别衡量各种人力资源的收益水平，比较简单直观。
② 这种方法先分别求出不同行业劳动者的人力资本收入，然后进行比较。

理地解释了里昂惕夫之谜。

二、研究与开发要素理论

传统的贸易理论以技术不变为假设前提，它只能证明战前的初级产品贸易而难以解释战后的工业制成品贸易情况。格鲁伯、梅达、弗农及基辛等西方经济学家则重视技术进步对国际贸易的影响，试图从产品的研究开发方面找出国际贸易产生的原因，从而提出了研究与开发要素理论。

研究与开发要素是指研制和开发新产品所投入的费用，它不同于生产过程中其他形式的要素投入，是规模报酬递增的主要源泉。衡量各国研究与开发要素的差异，常用的指标有：研究与开发费用占销售额的比重，从事研究与开发的科技人员占就业人员的比重，研究与开发费用占国民生产总值或出口的比重等。这些指标可以反映出研究与开发要素在各国生产贸易中的地位和差别。

格鲁伯和弗农根据1962年美国19个产业的相关资料，按照上述指标进行了统计分析，得出的结果是美国5个技术水平较高的产业（飞机制造、电器、工具、化学和机械）的研发费用和科技人员分别占19个产业的78.2%和85.3%，同时其出口量亦占72%。基辛也通过实证研究发现，美国在10个主要工业国中所表现的出口产品竞争优势，与其研究与开发要素指标有很高的相关性。可见，研究与开发要素对一国的贸易结构有着十分重要的影响。一个国家投入研究与开发活动中的资金越多，其产品中知识与技术的密集度就越高，因而有能力在国际贸易中获得更多的比较利益。

三、信息与管理要素理论

西方经济学家认为，随着经济全球化及网络化时代的到来，现代企业除了需要劳动、土地和资本这些传统的生产要素，更需要信息和管理等越来越重要的生产要素。

作为生产要素的信息，是指各种经济活动和相关环境的数据、资料、情报的统称。与传统的生产要素相比，信息要素是无形的、非物质的，然而它能够创造价值并能进行交换。随着市场从国内向世界范围延伸，国际市场信息对企业的作用日益重要，它正在影响企业生产经营的决策和行为方式，甚至决定企业的命运。国际市场信息包括国际市场环境信息、产品信息、价格信息、销售渠道信息和竞争对手信息等。由于信息能够创造价值并具有强烈的时效性，所以加强对相关信息的收集和分析显得十分重要。企业应借助现代信息技术手段，特别是利用互联网来提高信息收集的效率；应重视对信息的开发和利用，以提高信息创造的价值。大量的事实已经表明，对信息利用的状况能够影响一个国家的比较优势，从而改变该国在国际分工和国际贸易中的地位。

管理是指在一定技术条件下对各种生产要素间的比例进行组织、配置和调节。与其他生产要素不同，管理是生产要素的补充而不是替代，即它与其他生产要素之间不存在相互替代的关系。管理要素的重要性随生产经营规模扩大而增强，并通过相应管理人员的工作而体现。西方经济学家认为，管理水平的高低反映了劳动生产率的差异。一般而言，经济水平落后的国家，管理要素也相对稀缺，表现在管理人员比重小且管理水平低下。哈比逊曾指出，20世纪50年代，埃及的工厂在工艺技术上与美国类似，但劳动生产率仅为美国的20%左右，其原因就在于埃及的管理要素稀缺。可见，管理要素的丰缺也会影响企业的生产效率和生产成本，并进而影响一国产品的比较优势。

第三节　以动态分析为方法的贸易理论

传统贸易理论的一个主要假设是采用静态分析方法，即假定技术水平不变、生产要素禀赋和要素密集度固定，从而静态地分析国际贸易的格局和利益。这对于分析已经标准化的产品和初级产品贸易尚能满足，却难以解释战后差别产品比较优势的国际转移和各国比较利益结构的动态变化。因此，用动态的观点和方法来分析比较利益并进而分析国际贸易格局的变化，成为新贸易理论的又一研究方向。

一、产品生命周期理论

产品生命周期理论（Theory of Product Life Cycle），是由美国经济学家弗农于1966年在《产品周期中的国际投资与国际贸易》一文中首先提出来的。后来，威尔斯、赫希哲等人进一步充实和发展了该理论，使得这一理论成为解释战后工业制成品贸易流向最有说服力的理论。其主要论点：在产品生命周期的不同阶段，由于各国技术水平和消费水平的差异，产品的要素密集度会发生动态变化，进而导致比较利益的动态转移。

（一）产品生命周期

弗农把产品生命周期分为导入期、成长期和成熟期，产品在各期有其各自的特点。

1.导入期

新产品刚刚问世，由少数垄断技术的厂商所控制。由于生产技术尚未定型，生产过程中主要是投入先进技术和大量研发费用，因此导入期的产品技术密集度高。同时，因产品成本高，价格也高，只能在经济发展水平高的国家存在消费需求。

2.成长期

产品进入批量生产，生产技术开始扩散并出现竞争厂商。由于技术仍未稳定，许多新的生产方法还在不断出现，机器设备也需不断改造，因此成长期的产品技能密集型和资本密集度随之提高。同时，因生产规模增加，成本减少，产品价格下降，使一些经济发展水平稍低的国家也产生消费需求。

3.成熟期

产品采用大规模生产方式，同行业竞争对手日益增多。由于生产技术基本定型并采用专业化设备流水线生产，成熟期的产品资本和劳动密集度高。同时，因产品价格大幅下降，更多的国家产生消费需求。

（二）产品生命周期贸易模式

1967年，赫希哲从贸易参加国角度对产品生命周期理论进行了验证，把世界贸易国分成三组：一是出口新产品的发达国家，如美国等；二是较小的工业发达国家，如大多数欧洲国家；三是已开始工业化的发展中国家或地区，如印度、中国香港等。他认为，工业制成品的创新一般首先发生在美国，一是因为美国科技发达，用于研究与开发的投资充裕并拥有丰富的人力资本，具有新产品的供给条件；二是因为美国消费群体收入水平和文化层次较高，具有新产品的需求条件，所以在工业制成品创新上总是走在其他国家前面。据此，弗农以美国首先推出新产品为例，提出了如下产品生命周期贸易模式（图3-6）：

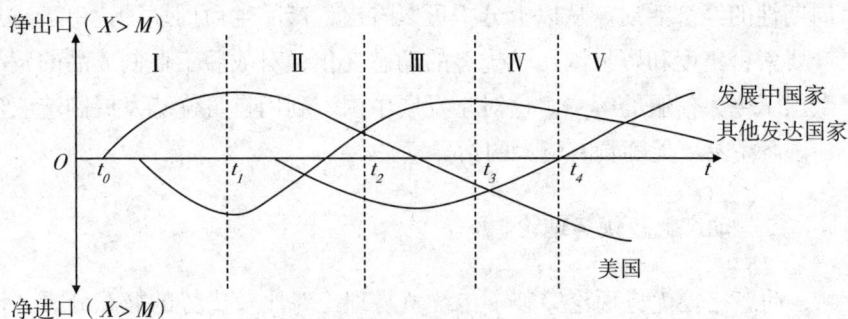

图3-6　产品生命周期贸易模式

第一阶段，美国垄断了新产品的生产和出口。这一阶段处于产品的导入期。新产品的生产技术为美国所垄断，初时生产仅能满足美国国内市场需求。随着生产规模的扩大，美国开始出口，其他发达国家为新产品提供了较大市场。

第二阶段，其他发达国家开始生产。这一阶段处于产品的成长期。由于新产品的不断普及，生产技术差距在美国和其他发达国家之间逐渐缩小乃至消失，这些国家开始生产。但美国仍控制新产品市场，一方面通过降低价格和向发展中国家出口来扩大出口，另一方面为了占领市场会在原进口国家直接投资就地生产和销售。

第三阶段，其他发达国家出口取代美国。这一阶段，新产品的生产技术已扩散到国外竞争企业，随着生产技术的相对稳定和生产规模扩大，其他发达国家凭借资本、管理优势和拥有大量高级熟练劳动者等条件而取代美国，成为新产品的主要出口国，并控制了发展中国家的需求市场。

第四阶段，美国成为净进口国。这一阶段产品进入成熟期。其他发达国家的生产规模进一步扩大，成本显著下降，致使美国无力与之竞争。同时，发展中国家通过引进技术也开始生产该产品，产量逐步增长以替代进口。美国由于竞争优势丧失，由净出口国转而成为净进口国。

第五阶段，发展中国家成为出口国。这一阶段，该产品已经完全标准化，市场竞争主要体现在价格上。其他发达国家的竞争优势逐步降低，发展中国家凭借劳动力优势大幅降低成本取得比较优势，开始成为出口国，并向美国和其他发达国家出口。由此完成工业制成品贸易的一个周期。

事实上，在第二、三阶段时，美国又开始了其他新产品的创新和生产，即开始了另一新产品的贸易周期。因此，工业制成品的国际贸易表现为一种周期性的经济活动。从以上分析可以看出，产品生命周期理论由于注意了生产要素密集度和贸易国比较优势的动态变化，对战后工业制成品的贸易模式做出了令人信服的解释。这对于发展中国家利用自身优势发展制造业生产参与国际贸易，无疑具有较大的指导意义。

二、动态比较优势理论

动态比较优势理论突破了传统贸易理论对比较优势的静态分析，认为决定比较优势的比较成本是动态变化的，许多因素都会引起比较成本的变化，进而改变一个国家在国际贸易中的地位。比较有影响的动态优势理论主要有动态比较成本说、雁行形态理论和国际互补原理。

（一）动态比较成本说

动态比较成本说是由日本经济学家筱原三代平提出的，是对日本战后经济贸易发展的理论概括。其理论是：比较成本具有动态性，一个国家要建立动态比较成本优势必须与产业结构调整相结合。

该理论的主要内容为：

1.静态比较成本会使贫富国家差距扩大

筱原认为，一个国家如果根据静态的比较成本参与国际分工，将会不利于产业结构的合理化。他指出，如果按静态比较成本进行国际分工，必然会使发达国家与落后国家的差距扩大。因此，应用动态、长期、发展的观点修正传统的静态比较成本理论，将比较成本优势的形成视作一个动态的过程。

2.动态比较成本的形成应与产业结构调整相结合

筱原认为，动态比较成本不能完全依靠市场机制自发形成，而应与产业结构调整结合起来。为此，必须运用国家干预力量扶植和促进重点产业发展，以培育新的比较优势。对于有发展前途而处于幼小阶段的产业，应实行保护政策，当具有比较优势和竞争能力后才可采用自由贸易政策。

3.产业结构和贸易结构应不断调整

随着国民经济的发展，一国的比较成本优势是不断变化的，所以应根据这种变化及时调整产业结构和贸易结构，这样才能充分发挥贸易优势。可见，产业结构和贸易结构的相互适应及动态合理化是形成一国比较优势的重要途径。正因如此，筱原的理论又被称为产业—贸易结构论。

（二）雁行形态理论

雁行形态理论是由日本学者赤松要提出的。这一理论基于日本自然资源严重短缺的现实，提出利用生产要素移动来建立国际竞争优势的动态贸易理论。

赤松要在对日本棉纺工业发展史的研究中发现了产业结构促进贸易发展的现象。19世纪60年代末到70年代初，日本实行门户开放，西方棉纺产品大量流入，从而扩大了日本国内市场，为国内棉纺工业发展准备了条件；之后，西方棉纺技术与日本低工资相结合，加上需求旺盛的国内市场，日本棉纺工业应运而生；随后，由于规模经济和低工资优势，日本棉纺产品在国际市场上具有价格竞争优势，从而推动了日本棉纺产品大量出口。如果将日本棉纺产品从进口、国内生产到出口的发展过程用图形表示，就犹如三只大雁，第一只雁为进口浪潮，第二只雁为国内生产浪潮，第三只雁为出口浪潮，如图3-7所示。

后来，许多学者发现，日本的其他产业也存在雁行形态的发展过程，如汽车、钢铁、电子等产业莫不如此。因此，他们将这一理论加以推广，来证明后进国家动态贸易优势的建立。他们认为，应按照世界贸易结构的发展趋势和各国产业比较成本的差异，从国外引进成熟技术建立本国优势产业，进而促进贸易增长。

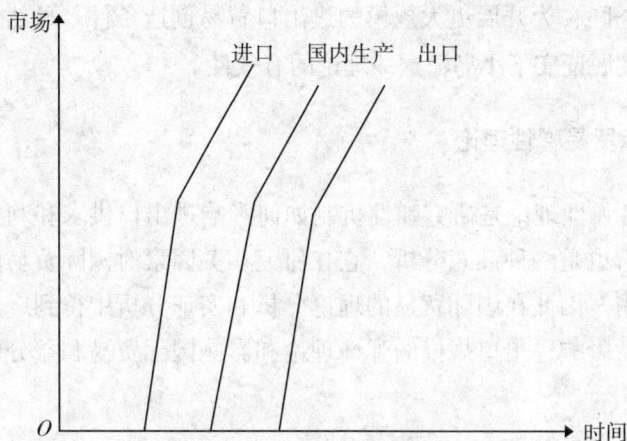

图3-7　产业与贸易发展的雁行形态

（三）国际互补原理

国际互补原理是由日本经济学家小岛清在《对外贸易论》一书中提出来的。这一理论实际上是雁行形态理论的深化，其论点是：生产要素的移动不仅可以弥补一国资源禀赋的稀缺，还可以通过生产要素的优化组合形成比较优势，促进贸易扩大。

小岛清的理论重视生产要素的国际移动对一国形成动态比较优势的重大作用。他发现，日本重化工业的建立及其产品比较优势的形成，就与国外自然资源和先进技术的进口密切相关。这种通过自由贸易下生产要素移动以形成比较优势的机制，小岛清称之为"推进国民生产过程的国际互补原理"。小岛清认为，国际互补的途径主要有：与贸易相关的生产设备和原材料的进口（比国内生产更便宜），对外直接投资，技术转让，开放性援助等。但上述各种途径都可导致相关国家产业结构的调整和比较优势的变动。因此，国际互补又分为顺国际分工和逆国际分工两种类型的国际互补：顺国际分工型的国际互补由本国比较劣势产业对外直接投资，通过增强东道国的产业比较优势来扩大两国比较成本差距，从而扩大国际贸易规模；而逆国际分工型国际互补由本国比较优势产业对外直接投资，结果只能缩小两国比较成本差距，从而减少国际贸易规模。

小岛清主张国际分工型的国际互补，因为这不仅可以扩大贸易规模，还可以通过对外直接投资转移国内比较劣势产业，从而为培育新的比较优势产业提供发展空间，为开展更大规模的进出口贸易创造条件。显然，日本战后对外贸易的发展证实了小岛清这一理论的有效性。

三、国际贸易弹性理论

国际贸易弹性理论是研究弹性机制如何影响进出口供求和利益分配的理论。弹性分析也是一种动态分析，它在研究相关因素对国际贸易的影响方面具有重要作用，因此在国际贸易的理论分析和实证分析中得到广泛运用。其主要内容包括影响进出口规模的弹性理论和影响国际贸易利益分配的弹性理论。

（一）影响进出口规模的弹性理论

1. 进口需求价格弹性和出口需求价格弹性

进口需求价格弹性是指一国进口需求变动率与进口价格变动率的比率。用公式表示，即为

$$d_m = \frac{\Delta M}{M_0} \Big/ \frac{\Delta P_m}{P_{m0}} = \frac{\Delta M}{\Delta P_m} \cdot \frac{P_{m0}}{M_0}$$

式中，M_0 和 P_{m0} 分别表示变动前的进口量和进口价格水平，ΔM 和 ΔP_m 分别表示进口和价格的变动量。

不同的商品其进口需求弹性亦不同，一般来说，制成品的进口需求弹性大于初级产品。另外，由于进口价格水平不仅与国际市场的价格相关，而且与一国的进口关税及汇率水平有关，因此研究一国进口数量的变化还应考虑上述因素的变化，而影响程度则可用进口需求价格弹性来表示。

出口需求价格弹性是指一国出口需求变动率与出口价格变动率的比率，用公式表示，即为

$$d_x = \frac{\Delta X}{X_0} \Big/ \frac{\Delta P_X}{P_{X_0}} = \frac{\Delta X}{\Delta P_X} \cdot \frac{P_{X_0}}{X_0}$$

式中，X_0 和 P_{X_0} 分别表示变动前的出口量和出口价格水平，ΔX 和 ΔP_{X_0} 分别表示出口和价格的变动量。

如果换一个角度看，本国的出口需求价格弹性实际上就是外国的进口需求价格弹性，因此其指标意义和分析方法与进口需求价格弹性相同。

与出口需求价格弹性和进口需求价格弹性相对应，自然存在出口供给价格弹性（s_x）和进口供给价格弹性（s_m）。进口供给价格弹性实际上就是外国的出口供给价格弹性。在西方经济学理论中，通常假设出口供给的弹性无限大，就是说，即使价格不变动，一国的出口供给也是趋于增加的。而实际出口供给的增加主要取决于国外的进口需求，所以对价格弹性通常注意的是需求价格弹性的分析。

2.进口需求收入弹性和出口需求收入弹性

许多西方经济学家通过计量分析，发现一国进出口量的变动还与国民收入的变动密切相关。

进口需求收入弹性是指一国进口商品变动率与其国民收入变动率的比率，用公式表示，即为

$$d_m = \frac{\Delta M}{M_0} \Big/ \frac{\Delta Y}{Y_0} = \frac{\Delta M}{M_0} \cdot \frac{Y_0}{M_0}$$

式中，M_0 和 Y_0 分别表示变动前一国进口商品需求量和国民收入水平，ΔM 和 ΔY 分别表示进口商品需求量和国民收入的变动量。

而出口需求收入弹性是指一国出口量变动率与其国民收入变动率的比率，用公式表示，即为

$$d_x = \frac{\Delta X}{X_0} \Big/ \frac{\Delta Y}{Y_0} = \frac{\Delta X}{\Delta Y} \cdot \frac{Y_0}{X_0}$$

式中，X_0 和 Y_0 分别表示变动前一国出口量和国民收入水平，ΔX 和 ΔY 分别表示出口量和国民收入的变动量。

霍撒克等人通过实证研究发现，不同国家的进出口需求收入弹性差异很大。经过进一步的深入分析得出结论：如果一国进口需求收入弹性大于出口需求收入弹性（$d_m > d_x$），则国民收入的增长将导致进口大于出口，从而使贸易逆差加大；相反，如果一国进口需求收入弹性小于出口需求收入弹性（$d_m < d_x$），则国民收入的增长将导致出口大于进口，从而使贸易顺差加大。

（二）影响国际贸易利益分配的弹性理论

1.进出口弹性与贸易商品结构

一国的出口需求价格弹性（或外国对该国商品的进口需求价格弹性）与其出口商品结构密切相关。如果一国出口商品结构中初级产品占主导地位，就会降低其总体出口需求价格弹性。这是因为随着进口国经济发展和收入提高，由于恩格尔定律和替代效应，对进口初级产品的需求（无论是食品还是生产原料）会相对减少。在这种情况下，出口供给的扩大会导致价格猛跌，从而会使该国的贸易条件趋于恶化，即"贫困化增长"。因此，对于发展中国家而言，要提高贸易利益不能依靠盲目扩大初级产品出口规模，而应通过发展工业化改善出口商品结构才行。

2.进出口弹性与汇率政策效应

一些国家在面临国际收支逆差较大时，往往采用汇率政策（本币贬值），但其政策效应取决于该国的进出口供求价格弹性。一般来说，进出口需求弹性越大，本币贬值会改善国际收支状况；反之，则会使国际收支状况进一步恶化。其基本规律是：如果一国进口需求价格弹性和出口需求价格弹性之和的绝对值大于1，即 $|d_x + d_m| > 1$，本币贬值将改善国际收支状况；如果 $|d_x + d_m| < 1$，本币贬值将使国际收支进一步恶化；如果 $|d_x + d_m| = 1$，本币贬值对国际收支不会产生任何影响。这就是所谓"马歇尔–勒纳条件"。根据这一条件，一国在决定是否采用汇率政策时应事先估算本国的进出口弹性。另外，本币贬值还会影响贸易条件，其具体影响与进出口弹性的关系是：$d_x d_m > s_x s_m$，则本币贬值改善贸易条件；$d_x d_m < s_x s_m$，则本币贬值恶化贸易条件；$d_x d_m = s_x s_m$，则本币贬值对贸易条件没有影响。

3.进出口弹性与关税政策效应

关税是一国用以保护国内工业和市场的贸易限制措施。关税对进口国具有双重效应：一方面保护了国内厂商，另一方面损害了消费者利益。为使关税的政策效应损失最小、收益最大，确定最适度关税率则极为重要。西方经济学家认为，一国最适度进口关税率应等于进口供给价格弹性[①]值的倒数，即 $T=1/s_m$。这意味着，进口供给价格弹性超低，最适度关税率就越高，关税政策的收益越大、损失越小；否则，关税的政策效应正好相反。

4.进出口弹性与补贴政策效应

出口补贴是一国用于鼓励出口的贸易政策。出口补贴的目的在于刺激国内供给，但其政策效应取决于所补贴商品的出口需求价格弹性。如果某商品的出口需求价格弹性（d_x）较小，即出口价格的变动对国外进口需求的影响小，则出口补贴政策的效果不大；相反，如果某商品的国外进口需求弹性（d_m）较大，则出口补贴政策能起到扩大出口的效果。

第四节　国际技术贸易理论

二战以后，由于科技进步的加速，技术不仅成为国际货物贸易中一个新的生产要素，而且以技术为交易对象的新的贸易方式——国际技术贸易也应运而生。一些经济学家对国际技术贸易的产生原因、贸易格局及利益分配开展研究，提出了许多新的观点，从而进一步扩充了现代自由贸易理论。

一、技术差距论

技术差距论（Theory of Technological Gap），是由波斯纳于1961年在其论文《国际贸易和技术变化》中首先提出的。该理论的创新性观点是把技术创新和技术转移视为国际贸易的一个决定性因素，从而合理地解释了国际技术贸易的产生。

---

① 进口供给价格弹性，是指本国进口数量变动率与国外供应价格变动率的比率。

传统的贸易理论认为，如果两国要素禀赋和需求偏好相同，则两国之间不可能产生贸易。对此，技术差距论认为，技术创新可以提高生产要素的使用效率，影响要素禀赋的比率，从而改变各国的比较优势。因而，技术差距也会导致国际贸易的产生。这一论点可以用波斯纳的模仿差距模型来说明（图3-8）。

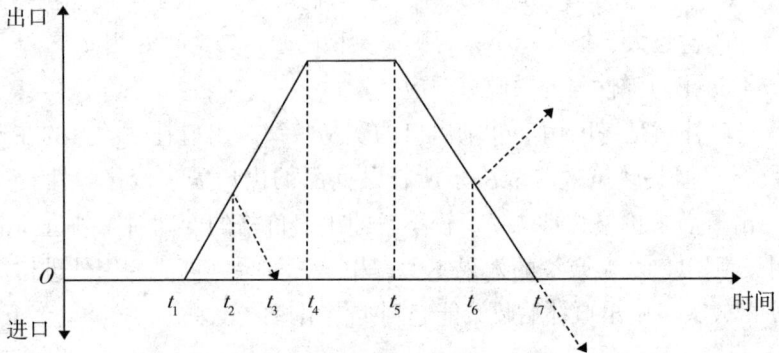

图3-8　模仿差距模型

假设世界有A、B两国，A国为技术创新国，B国为技术模仿国。从图3-8中可见，从 O 点起开始技术创新，生产新产品并在国内销售；$O \sim t_1$ 阶段为需求滞后期，B国对新产品没有需求，因而A国不可能将新产品出口到B国；在 t_1 时，B国的消费者了解了新产品并开始从A国进口，同时A国的新技术也开始逐渐向B国扩散；如果B国的生产者不能很快模仿新技术生产这种产品，则A国对B国的出口就会不断增加，直至 t_4 达到最大，故 $t_1 \sim t_4$ 阶段为反应滞后期；如果B国的生产者反应较快，在 t_2 时能够模仿新技术，开始生产该产品并扩大销售规模，就会减少A国的出口，A国的出口从 t_2 开始下降，到 t_3 完全停止；如果技术差距较大，B国的模仿滞后期较长，A国的出口就能在最高水平上持续到 t_5，此后，随着B国生产规模的扩大，A国的出口不断下降，直到 t_7 完全停止。图中还显示了另外两种可能：一种可能是如果A国在 t_6 再进行技术创新并开发出另一种新产品，就会使A国的出口重新扩大，开始新的周期；另一种可能是A国没有继续技术创新，而B国通过模仿不仅完全掌握了新技术而且在此基础上进行技术开发，那么就会出现由B国向A国出口的情况。

由此可见，技术创新和技术转移也可以成为国际贸易产生的原因。技术创新扩大了国家间的技术差距，创造了新的需求，推动了国际贸易的开展。

一般而言，技术创新国的出口增长期（$t_1 \sim t_4$）就是技术模仿国的反应滞后期（Reflection Lag），而此后到出口停止（$t_4 \sim t_7$）则为技术模仿国的掌握滞后期（Mastery Lag），波斯纳把反应滞后期和掌握滞后期合称为模仿滞后期（Imitation Lag）。反应滞后期的长短主要取决于企业家的技术意识和规模经济、关税水平、运输成本、国际市场容量等因素，掌握滞后期的长短主要取决于技术模仿国吸收新技术的能力大小。显然，技术差距越大，技术模仿能力越弱，将使得国际技术贸易的周期拉长，相反则否。

二、技术转移论

技术转移论是由日本经济学家斋藤优在其《技术转移论》《技术开发论》等著作中提出来的。该理论对技术模仿国如何利用技术转移进行技术开发从而发展本国经济提出了深刻的观点，为日本20世纪80年代"技术立国"基本国策的确立提供了理论基础。

技术转移论认为，技术创新者可以利用三种方式进行技术转移，即出口新技术产品、对外直接投资和技术转让，而这三种方式是按照一定周期进行的。一般而言，技术创新者会凭借技术垄断优势，首先选择出口新技术产品，以获取最大利润；当出口出现下降趋势时，技术创新者会选择对外直接投资，在国外生产和销售，从而使下降的收益得到提升；当模仿产品大量涌现，创新技术收益又一次下降时，技术创新者便会转向技术转让，从而充分利用该技术的价值。可见，技术创新者的利益变化决定了技术转移方式的选择，从而从企业微观层次解释了国际技术转移的内在机制。

斋藤优还从国家宏观层次解释了国际技术转移的外在机制。他认为，一国的经济发展需要该国的需求（Needs，简称N）与资源（Resources，简称R）相适应，但一国国民的需求N往往很难与资源R相吻合，即NR关系不适应，因此会阻碍该国经济的正常发展。解决NR关系不适应的途径有两个：技术创新和技术转移。通过技术创新，可以节约生产要素并开发出新的原材料和新产品，实现需求与资源的相互适应；而通过技术转移，一方面可以引进本国缺乏的技术以提高生产效率，另一方面可以将充裕的技术转移到其他国家以获取更高的收益。可见，一国的国民经济就是在需求和资源的不断适应中向前发展的，各国之间的NR关系也是如此，国际技术转移机制就是在这种NR关系的不断循环互补中形成的。

三、南北贸易模型

南北贸易模型是美国经济学家克鲁格曼于1979年在《创新、技术转让和世界收入合成的模型》一文中提出来的。这一理论模型对发达国家与发展中国家之间技术贸易的格局和利益分配进行了阐述。

克鲁格曼假定世界上只有两个国家——发达国家（北方）和发展中国家（南方），只有一种生产要素——劳动，所有的产品按技术程度都被分为两类——新产品和旧产品，从而建立了一个国际技术贸易的一般均衡模型。在这个模型中，假定北方国家是技术创新国，因此总是生产和出口新产品，而南方国家只能生产和出口旧产品（技术已标准化的产品）。由于北方国家的工资水平高于南方国家，这种生产成本的差异驱动北方国家将新产品扩散到南方国家生产和出口。假定北方国家和南方国家对新产品和旧产品都有需求，就会形成北方国家向南方国家出口新产品，同时又从南方国家进口旧产品的贸易格局。在这一贸易格局中，技术创新和技术转移会大量增加。从贸易利益分配的角度看，技术创新的增加可以给北方国家带来消费品多样化、劳动力工资相对上升、贸易条件改善等多种利益；而技术转移的增加也可以给南方国家带来消费品多样化、劳动力工资相对上升和贸易条件得以改善的结果，但同时会降低北方国家的收入水平和丧失部分产业。因此，北方国家和南方国家对技术转移常持相反的态度。

克鲁格曼的南北贸易模型具有较强的政策含义：对于发达国家来说，为了在国际技术贸易中保持领先地位，就必须不断进行技术创新以提高本国的福利水平；而对于发展中国家来说，为了缩小技术差距和提高经济效益，就必须扩大技术引进并在此技术上开展自主创新，才能切实改善本国的贸易条件。

第五节　国际服务贸易理论

20世纪70年代以来，国际服务贸易以超过货物贸易的增长速度迅猛发展，已由以往国际货物贸易的附属独立出来，成为一个新的贸易领域。传统的国际贸易理论建立在货物贸易的基础上，而服务贸易尚未形成自己的理论体系。从目前国际服务贸易领域的研究倾向上看，将传统的货物贸易理论延伸到服务贸易领域，再用新的假定和概念进行适当的修正。西方经济学家先后提出了一些理论模型，从不同角度对国际服务贸易的原因、格局和影响进行了初步探讨。

一、迪尔道夫模型

1985年，迪尔道夫对国际服务贸易的比较优势进行了开创性研究。他沿用H-O模型建立了自己的 $2 \times 2 \times 2$（两国、两要素、一种商品和一种服务）模型，用以分析比较优势理论在国际贸易中的适用性。他的分析包括以下三种类型的服务贸易：

（一）与货物贸易互补的服务贸易

这种类型的服务贸易是由国际货物贸易需求派生出来的，如国际运输、国际保险等。该类服务贸易存在三种可能的状态：封闭状态（无商品和服务贸易发生）、半封闭状态（只有商品可自由贸易）和自由贸易状态（商品和服务都可自由贸易）。经理论分析证明：在封闭状态和自由贸易状态下，出口价格均低于进口价格，与传统比较优势论相符；而在半封闭状态下，虽然服务不可贸易，但不影响比较优势论在服务贸易分析中的适用性。

（二）要素移动型服务贸易

这种类型的服务贸易与某种生产要素的国际移动有关。比如，法国的餐饮服务需要两种因素：技术劳动力（厨师）和非技术劳动力（服务员）。在封闭状态下，其餐饮服务的价格较高；如果允许厨师跨国移动，法国厨师到中国与充裕的非技术劳动力结合，就能以较低的价格提供餐饮服务。显然，这是由比较优势决定的，因为实际进行贸易的不是这种餐饮服务，而是服务的生产要素之一——厨师。

（三）要素非移动型服务贸易

这种类型的服务贸易在某种生产要素不流动的情况下也能发生。比如，在金融服务中，一个经理完全可以通过各种现代通信工具对国外的金融活动进行操作，而不必要求管理要素——经理的国际移动。在封闭状态下，一国优秀管理者的工资水平将高于外国同行；在资源贸易状态下，将允许该国优秀管理者向外国提供金融服务，这意味着管理要素价格高的一方成为该要素的出口国。从表面看，这与比较优势论相矛盾。对此，迪尔道夫的解释是，这种国家之间管理者工资的差异并没有完全体现技术差异，因此这一矛盾实际上也不影响比较优势论的适用性。

总之，迪尔道夫模型通过改变H-O模型的若干约束条件，揭示了比较优势理论在国际服务贸易中的某种适用性，并进一步证明了商品与服务贸易的不可分性，进而为两者的联系提供了全新的研究思路。

二、伯格斯模型

1990年，伯格斯通过对标准H-O模型的简单修正而得出服务贸易的一般模型。该模型说明了不同国家的服务技术差别如何形成比较优势从而决定服务贸易格局。

假设市场完全竞争，规模报酬不变，用两种要素（资本K和劳动力L）生产两种产品和一种服务，则可以得出以下三个成本价格方程：

$$C^1(w, r, p_s) = p_1 \qquad （1）$$

$$C^2(w, r, p_s) = p_2 \qquad （2）$$

$$C^3(w, r,) = p_s \qquad （3）$$

式中，C^i代表一单位商品i的最小生产成本，w和r分别为工资和租金，$p_i(i=1,2)$是两种可贸易产品的价格；p_s是服务的价格。

将式（3）代入式（1）和式（2），可得到使用两种最初投入生产、两种最终产出的简单模型。因该模型与标准的H-O模型相同，故可认为H-O模型可在一定程度上解释服务贸易。应当指出，服务部门的产出一方面作为中间投入参与最终产品的生产，另一方面其使用的全部要素同样可以用于产品生产部门。劳动与资本要素市场的均衡条件为：

$$Q_1 C_w^1(\bullet) + Q_2 C_w^2(\bullet) + Q_s C_w^3(\bullet) = L \qquad （4）$$

$$Q_1 C_r^1(\bullet) + Q_2 C_r^2(\bullet) + Q_s C_r^3(\bullet) = K \qquad （5）$$

其中，$Q_i(i=1, 2, s)$表示两种生产部门和一个服务部门的产出水平。如果技术和政策壁垒阻碍国际服务贸易，服务的供给则等于部门需求的总和，即

$$Q_1 C_{p_s}^1(\bullet) + Q_2 C_{p_s}^2(\bullet) = Q_s \qquad （6）$$

式（4）、式（5）、式（6）构成了一个含有三个未知数的线性方程组，可以由此解出唯一的一组作为要素禀赋的函数的产出。如果经济分散化，则要素存量的任何变化只会导致产业部门产出的变化，而不会影响要素价格和国内服务价格的变化。如果技术相同的两国产品可以自由贸易（服务

不可贸易），即使没有要素的国际流动，两国的要素价格和国内服务价格的差距也会缩小。因此，当服务存在于消费者效用函数而非存在于厂商生产函数的情况下，随着贸易壁垒的减少，厂商参与服务贸易的欲望将降低。

在该模型中，伯格斯指出，一个厂商是选择服务贸易还是自我服务，取决于服务市场价格与要素价格的比较。如果前者较高，生产厂商就会较少依赖服务部门而倾向于自我服务，但用于服务的支出将因要素间替代程度不同而变化。如果技术或政策壁垒阻碍了服务贸易，则提供服务的技术差异将成为一国商品比较优势的重要决定因素。考虑到作为各部门中间投入的服务需求，若两个部门的要素密集度与两种产品的要素密集度相反，且各国只在服务技术上存在差异，那么具有服务优势的部门支付要素报酬也越高，并可能会抵销技术优势带来的收益，所以技术先进国家的服务相对昂贵。即使技术先进国家的服务相对低廉，但密集使用服务的部门可能也不会存在比较优势，因为服务低廉会使服务部门扩大规模，同时也会使密集使用服务部门的厂商扩大规模，当然两者的扩张程度不会一样。如果服务部门只使用劳动力一种要素且技术满足里昂惕夫条件（投入产出系数不受价格影响），那么服务部门的中性技术进步将导致劳动密集型产品增加而资本密集型产品减少；如果技术满足柯布–道格拉斯函数（各部门要素分配与价格无关），那么相对于其他部门，密集使用服务部门的厂商将增加产品的生产数量。

三、克鲁格曼模型的应用

规模经济和不完全竞争是战后世界市场结构的主要特征，正是由于存在报酬递增和垄断竞争，不同国家在要素禀赋相同的情况下开展产业内贸易，以实现产品差异化的目标。克鲁格曼为此提出了规模经济条件下的报酬递增贸易模型。由于服务贸易领域服务消费需求的差异更加明显，后来有人又根据克鲁格曼模型提出了规模经济条件下的产品差异贸易模型，这实际上是克鲁格曼模型在服务贸易理论方面的拓展与应用。

研究服务贸易，我们同样假设服务的生产厂商在垄断竞争的市场环境中具有报酬递增效应，且服务消费者还满足兰卡斯特偏好。由于服务产品的生产和消费受其自身发展的专业化程度和发展规模的制约，因此，分析规模经济条件下国际服务贸易的产生和格局，也应从服务的生产方和消费方两个方面入手。从服务生产方来看，国内服务生产企业需求规模经济从而向国际市场扩张时，其专业化水平、产品种类和产品价格必将随之变化，同时，因服务专业化带来的报酬递增效应也由此引发。而从服务消费方来看，对于服务产品差异性的敏感要远远大于物质产品，因此，在自由贸易状态下，消费者可以选择国内和国外两种服务。在服务贸易领域，市场竞争的结果必然是提供服务的厂商数量会减少，生存下来的厂商无疑是市场竞争中的强者，这些服务厂商或者通过兼并扩大生产规模，或者实行更高水平的专业化分工，以在国际竞争中获取更多的利益。这一过程带来贸易机会的增加会促进市场规模的扩大，使服务部门进一步扩张。总之，服务产品的生产和专业化水平的提高与报酬递增存在互相促进的关系，服务部门和专业化促使规模经济的出现，而专业化生产的应用程度又依赖于服务厂商的规模。所以，当服务生产规模受到市场限制时，服务市场的扩张就成为一种必然。当然，服务贸易自由化的同时也会带来服务产品的种类增加、生产规模扩大及专业化水平提高诸多好处。

思考题：

1.什么是外部规模经济和内部规模经济？它们与国际贸易是怎样相互影响的？

2.产业内贸易与产业间贸易的基础有何不同？请据此分析当代国际贸易的格局（贸易地理方向和贸易商品结构）。

3.以新要素为基础的贸易理论与传统自由贸易理论有何不同？

4.我国一些家电产品从以前大量进口转为现在的大量出口，试用相关贸易理论说明这一现象。

5.请联系实际说明进出口弹性对国际贸易利益的影响。

6.国际技术贸易理论主要有几种？请联系实际说明其对国际贸易的影响。

7.国际服务贸易理论主要有几种？请联系实际说明其对国际贸易的影响。

第四章　马克思主义贸易理论

马克思主义贸易理论在国际贸易理论的发展中占有重要地位，它从另一个角度阐释了国际贸易的一些基本问题。马克思主义贸易理论包括马克思、列宁的国际贸易理论以及斯大林的经济思想。从其历史作用来看，它深化了对一些国际贸易问题的认识，由于存在某些偏见又对社会主义国家的对外贸易发展带来消极影响。

第一节　马克思的国际贸易理论

对国际贸易的研究，是马克思经济理论中的一个重要内容。在《资本论》等著作中，马克思就国际分工、国际价值、世界市场、国际汇率、关税制度等问题进行了初步阐述，其中影响较大的是国际价值理论和世界市场理论。

一、国际价值理论

国际价值理论是马克思贸易理论的基础，它用于解释商品价格在国际交换中是如何决定的。这一理论从另一个角度说明了国际贸易的原因和国际贸易格局的形成。马克思的国际价值理论主要包括以下几个方面内容：

（一）国际价值及其决定

商品在市场上的交换必然涉及价格，那么价格又是由什么来决定的？对此，李嘉图在《政治经济学及赋税原理》中科学地提出了劳动价值论，即认为商品价格取决于商品价值，而商品价值又是由生产商品时所耗费的社会必要劳动量所决定的。马克思继承和发展了李嘉图的劳动价值论并将其推广到国际市场的商品交换，从而创立了国际价值理论。马克思认为，劳动价值论不仅在国内市场起作用，也同样适用于国际市场上的商品交换，在国际市场上，商品价格取决于国际价值，而国际价值是由世界劳动的平均单位所决定的。所谓"世界劳动的平均单位"，是指在世界的平均劳动生产率与平均劳动强度下，生产某种商品所需要的国际社会平均必要劳动时间。通过这个计量单位，可以将生产某种商品的国内社会平均必要劳动时间折算成国际单位必要劳动时间，由此将商品的国别价值转化为国际价值。

商品的国别价值在多大程度上表现为国际价值，取决于一国的科技水平、劳动生产率水平和劳动强度等因素。对于一个国家而言，这些因素越强，其生产单位商品的劳动时间就会低于国际社会平均必要劳动时间，其国别价值也会低于国际价值，反之则否。因此，"不同国家在同一劳动时间内所生产的同种商品的不同量，就有不同的国际价值，从而表现为不同的价格，即表现为按各自的国际价值而不同的货币额"[1]。

（二）国际价值与国际市场价格

在现实的国际贸易中，商品交换按照国际市场价格进行。国际市场价格是以国际生产价格为中心变动的，而国际生产价格则是商品国际价值的货币表现。

在资本主义生产方式建立以前，国内的商品交换是按照其价值进行的，商品价值一直是价格变化的中心。随着资本主义的发展和国内市场的形成，利润转化为平均利润，商品价值转化为生产价格。而在世界市场上，随着商品国别价值的国际价值转化，商品交换则以国际生产价格为基础的国际市场价格来进行。对此，马克思指出："商品按照它们的价值或接近于它们的价值进行的交换，比那种按照它们的生产价格进行的交换，所要求的发展阶段要低得多。而按照它们的生产价格进行的交换，则需要资本主义的发展达到一

---

① 马克思.资本论：第1卷［M］.北京：人民出版社，1975:614.

定的高度。"①

国际生产价格为各国商品的平均成本和平均利润之和，它与国际商品价值的变动方向是一致的。如果各国生产某种商品所耗费的社会必要劳动时间减少，其国际价值和国际生产价格也会随之降低。但对于具体国家，商品的生产价格会因以下情况而变化：一是商品的国别价值不变，但平均利润率发生了变化；二是平均利润率不变，但商品的国别价值发生了变化；三是商品的国别价值和平均利润率都发生了变化。

国际市场价格围绕国际生产价格上下波动，而国际市场价格是由国际市场的供求关系决定的。当国际市场处于完全竞争状态时，市场力量的自动调节会使得国际市场价格接近国际生产成本。这是因为某种商品供不应求将引起国际市场价格上涨，许多国家厂商会因此而增加生产，于是供给增加而促使国际市场价格下落。相应地，供大于求则会引发相反的过程。但是，当国际市场处于不完全竞争状态时，市场的调节力量就会大为削弱，从而导致国际市场价格偏离国际生产成本。这是因为少数垄断厂商可以凭借对国际市场的控制，推出高于国际生产成本的垄断价格以谋求超额利润。垄断价格的出现，使得各国的利润率不再保持平均化，而是不断拉大差距。在这种情况下，国际贸易中不可避免地会发生价值或剩余价值的国际转移现象，导致了不等价交换的产生和落后国家贸易条件的恶化。

（三）国际价值与比较利益

从商品的国际价值形成，可以看出同一种商品在国内外不同的交换空间具有不同的价格衡量尺度：当商品在国内交换时以国别价值为衡量尺度，而在世界市场交换时则以国际价格为衡量尺度。由于同一种商品的两种价值尺度存在"比较差异"，因此开展国际贸易就会产生"比较利益"，即在自由、平等的贸易条件下参与贸易的各方都有可能获取贸易利益。

在国际价值规律作用下，参与国际贸易的国家可以通过以下方式获取比较利益：一是参与贸易的国家在生产上存在绝对优势产品，其国别价值因生产成本最小而低于国际价值，因此通过国际贸易就可以以较少的国内社会必要劳动换取较多的国际社会必要劳动；二是参与贸易的国家在生产上存在比较优势产品，即其生产成本虽不是世界最低但低于本国的其他产品，因此也可以通过国际贸易节约本国的社会必要劳动；三是参与贸易的国家在生产要

---

① 马克思.资本论：第3卷［M］.北京：人民出版社，1975:197–198.

素方面存在互补情况，这样也可以通过国际贸易使贸易双方的生产要素实现优化配置，提高劳动生产率水平，从而提高经济效益。可见，由国别价值与国际价值差异而形成的比较利益才是国际贸易产生和商品进出口流向的根本原因。

二、世界市场理论

世界市场理论在马克思的经济学理论体系中具有十分重要的地位。马克思不仅从国际贸易角度对世界市场进行了分析，更从资本主义生产方式发展的宏观视野揭示了世界市场的本质和作用。马克思的世界市场理论主要包括以下几个方面内容：

（一）世界市场的概念和形成

在马克思的相关著作中，对世界市场概念的使用分为两种情况：一是将世界市场视为各国相互之间进行商品交换的场所，即把世界市场看作各国国内市场相互延伸而形成的有机整体，是商品交换突破国家界限扩展到世界范围的结果；二是用世界市场表示发展为世界规模的资本主义经济关系的总体，即用世界市场表示在各国资本主义社会基础上形成的世界资本主义社会的总体，是资本主义生产关系突破国家界限扩展到世界范围的结果。

在马克思看来，世界市场的形成是一个客观的历史过程。推动这一历史过程发展的主要因素有生产力进步、国际分工深化、国际贸易扩大及资本主义生产方式的发展。从历史发展的顺序看，是生产力进步推动了国际分工不断深化，而国际分工的发展水平又推动了国际贸易的扩大和世界市场的形成；反过来，国际贸易和世界市场也是国际分工的实现手段和转换空间。总之，国际分工、国际贸易和世界市场既是社会生产力进步的产物，又是资本主义生产方式得以确立和发展的前提条件。18世纪80年代以蒸汽机发明和应用为标志的第一次科技革命，是机器逐渐普及纺织、采掘、冶金、交通运输等产业，形成以英国为中心的工业国与农业国之间国际分工和国际贸易的普遍开展，并导致了世界市场的初步形成。而19世纪70年代开始的以电力发明和应用为标志的第二次科技革命，催生了钢铁、冶炼、化工、汽车制造等许多工业部门，形成各工业国部门间分工占主导地位的国际分工，国际贸易的范围大大扩展，统一的世界市场正式形成。二战以后兴起的以原子能、电子计算机和空间技术发展及应用为标志的第三次科技革命，不仅催生了一系列高新技术产业部门，而且促使国际分工从部门间分工向部门内分工发展，从而使大多数国家的企业与世界市场紧紧联系在一起。可见，世界市场的形成是以资本主义生产方式的建立和资本主义的商品生产、交换为前提的。马克思深刻地揭示了资本主义生产方式在世界市场形成中的作用："资本主义生产方式是发展物质生产力并且创造同这种生产力相适应的世界市场的历史手段。"[①]

（二）世界市场的本质和作用

在马克思看来，资本主义生产方式以追求剩余价值为唯一目的，必然要不断扩大生产规模。但大量生产会使已有的市场产生商品过剩，为此，资本必须不断突破市场的界限才能生存和发展。世界市场的不断扩大，是资本主义生产方式以越来越大规模进行生产的必然结果。基于此，马克思从资本产生的社会历史过程和社会历史条件角度揭示了世界市场的本质，并明确指出：世界市场是资本主义生产方式的基础和生活条件。关于世界市场的作用，马克思更看重的是对社会革命的推动，因为随着统一的世界市场的形成，各国之间的民族隔绝将日益消失，导致资产阶级和无产阶级成为世界上两个起决定作用的阶级。马克思和恩格斯曾经指出："资产阶级，由于开拓了世界市场，使一切国家的生产和消费都成为世界性的了。"[②]而恩格斯则进一步指出："大工业便把世界各国人民互相联系起来，把所有地方性的小市场联合成为一个世界市场，到处为文明和进步作好了准备，使各文明国家里发生的一切必然影响到其余各国。因此，如果现在英国或法国的工人获得解放，这必然会引起其他一切国家的革命，这种革命迟早会使这些国家的工人也获得解放。"[③]显然，按照马克思和恩格斯的理论分析，世界市场的历史作用是促进了资本主义生产方式的发展，为过渡到共产主义创造了物质基础；同时，世界市场把各民族紧紧联系在一起，从而为世界性的无产阶级革命准备了必要条件。

① 马克思.资本论：第3卷［M］.北京：人民出版社，1975:279.
② 马克思恩格斯选集：第1卷［M］.北京：人民出版社，1995:276.
③ 马克思恩格斯选集：第1卷［M］.北京：人民出版社，1995:234.

三、对自由贸易与关税的认识

对于当时各国存在的自由贸易与保护贸易政策之争，马克思同样从资本主义生产方式发展的角度进行了深刻分析。

（一）关于自由贸易

针对古典经济学家提出自由贸易可以降低商品价格从而增加各国福利的观点，马克思指出，如果自由贸易使一切商品价格下降，那么劳动力商品的价格即工资也将降到最低，这就是最低工资规律。最低工资是劳动这种商品的自然价格，"随着经济学家们的前提，即自由贸易的实现和成为现实，劳动商品的这一规律，即最低工资的规律也就显现出来"[①]。因此，马克思指出："在现在的社会条件下，到底什么是自由贸易呢？这就是资本的自由。"[②]可见，在马克思看来，自由贸易政策的实质无非是为资产阶级倾销商品和提高利润开辟道路而已，而对于无产阶级和资产阶级的关系而言，自由贸易只能使这两个阶级的对立更加显著。

马克思还进一步分析了自由贸易政策对世界经济的影响。他认为，自由贸易一是为资本主义国家大工业发展提供了充足和廉价的原料来源，开拓了广阔的产品销售市场，从而促进了其经济发展；二是又把资本主义的生产方式扩展到落后国家，在世界范围内实现了阶级剥削；三是把资本主义生产方式的垄断性和盲目性在世界范围内迅速扩展开来。鉴于此，马克思表明了对自由贸易政策的态度："我们赞成自由贸易，因为在实行自由贸易以后，政治经济学的全部规律及其最惊人的矛盾将在更大的范围内，在更广的区域内，在全世界的土地上发生作用；因为所有这些矛盾一旦拧在一起相互冲突起来，就会引起一场斗争，而这场斗争的结局将是无产阶级的解放。""总而言之，自由贸易制度加速了社会革命。先生们，也只有在这种革命意义上我才赞成自由贸易。"[③]

---

① 马克思恩格斯选集：第1卷［M］.北京：人民出版社，1995:227.
② 马克思恩格斯选集：第1卷［M］.北京：人民出版社，1995:227.
③ 马克思恩格斯选集：第1卷［M］.北京：人民出版社，1995:229.

（二）关于关税保护

马克思所处的时代是资本主义上升时期，一些后起的资本主义国家为了保护本国的新兴工业纷纷实施高关税壁垒政策，时称保护关税制度。对此，马克思认为关税不过是国际资本斗争的武器，从而揭示了关税保护的本质。

当然，马克思也看到保护关税制度的历史作用：在资本主义初期，关税保护促进了处于萌芽状态的资本主义工商业的发展，有助于资产阶级积聚力量战胜封建势力；而在一些后进的资本主义国家，关税保护则有助于尽快建立本国的工业。对此，马克思曾指出："保护关税制度不过是为了在某个国家建立大工业的手段，……此外，保护关税制度也促进了国内自由竞争的发展。因此，我们看到，在资产阶级开始以一个阶级自居的那些国家里（例如在德国），资产阶级便竭力争取保护关税。保护关税成了它反对封建主义和专制政权的武器，是它聚集自己的力量和实现国内自由贸易的手段。"①

综上所述，我们可以看出，马克思国际贸易理论的一个显著特征是注重分析国际商品交换中人与人（阶级对阶级）的社会关系，这与西方贸易理论（无论是传统自由贸易理论还是现代自由贸易理论）只分析物与物或人与物的交换关系形成了鲜明的对照，充分表明两者的研究角度大不相同：马克思的国际贸易理论把人与物的关系（商品在不同国家的生产与消费）作为社会经济关系的"物质承担者"加以肯定，然后着重考察的是人与人（无产阶级对资产阶级）的社会关系及其对资本主义生产方式发展的内在作用；而西方贸易理论则在将资本主义经济制度当作既定条件的前提下，着重分析各国商品生产和需求以及资源配置的过程，并主要用物与物或人与物的交换关系来说明经济变量和经济现象。另外，两者的研究目的也大不相同：马克思的国家贸易理论是其政治经济学理论的重要组成部分，而马克思当年研究政治经济学的目的即要说明资本主义制度发生、发展和消亡的必然规律；而西方贸易理论的研究目的则在于解释国际贸易产生和发展的各种现象，为解决各种贸易问题和维持资本主义经济制度提供良方。

应该说，作为国际贸易理论，研究对象——国际商品交换活动是一个复杂的多面体，它不仅体现了人与人之间的社会关系，也体现了物与物或人与物的交换关系，因此国际贸易理论也应包含多方面的内容。从研究角度的差

---

① 马克思恩格斯选集：第1卷［M］.北京：人民出版社，1995:229.

异来看，马克思国际贸易理论与西方贸易理论具有一定的互补性，应该将两者有机综合起来，以形成统一的贸易理论体系，从而更加全面而科学地解释国际贸易领域中的各种经济现象。而从研究目的的差异来看，我们应从现实出发，在承认资本主义生产关系长期内仍然适应生产力发展的客观前提下，更注重国际贸易理论对现实问题的经济分析，否则很容易以偏概全得出错误的结论。

第二节　列宁的国际贸易理论

列宁所处的时代，资本主义已完成了从自由竞争阶段向垄断阶段的过渡。列宁根据马克思主义基本原理，分析了资本主义发展的新变化，就国际市场、商品输出、贸易垄断和社会主义外贸制度等国际贸易方面问题做了深入研究，提出了自己的独特理论。

一、国际贸易理论和世界市场的意义

列宁对国际贸易和世界市场意义的认识仍然着眼于两者对资本主义生产方式的作用。他认为，资本主义发展是离不开国际贸易和世界市场的，其依据是：

第一，维持资本主义生产方式的需要。资本主义生产方式受资本积累和竞争的影响，追求生产技术的不断改进和生产规模的不断扩大。"与一切受村社、世袭领地、部落、地域或国家的范围所限制的旧的生产方式相反，资本主义生产具有无限扩大的趋向。"①这种"自然趋向"迫使所有资本主义国家不断寻求国外市场，以突破国内市场的限制。

第二，扩大资本主义再生产的需要。正常的社会再生产以两大部类产品生产的均衡发展为前提。但在资本主义生产方式下，因劳动收入不断降低，生活资料的生产远远落后于生产资料的生产。这就迫使资本家大力开拓国外市场，以摆脱国内市场生产的束缚。

第三，减少资本主义经济危机的需要。在资本主义社会中，相互孤立的

---

① 列宁全集：第2卷［M］.北京：人民出版社，1984:133–134.

生产商难以把握市场需求，因而资本主义生产是盲目的、无政府状态的。这种供求矛盾在国内市场的条件下，只能通过经常性的经济危机来调整各生产部门之间的比例。如果有了国外市场，发展较快的生产部门就会把过剩商品对外输出，以减少经济危机的发生。

正因如此，列宁概括性地指出："没有对外贸易的资本主义国家是不能设想的，而且的确没有这样的国家。"①

二、垄断对国际贸易和世界市场的影响

19世纪末20世纪初，在主要的资本主义国家出现了生产集中和资本积聚，产业资本开始与金融资本相结合，于是资本主义的发展由自由竞争阶段进入垄断阶段。在垄断资本主义阶段，国际经济的形式也发生了很大的变化："自由竞争占完全统治地位的旧资本主义的特征是商品输出。垄断占统治地位的最新资本主义的特征是资本输出。"②

垄断对国际贸易和世界市场的影响，主要体现在以下几个方面：

第一，资本输出推动商品输出。列宁指出，资本输出和商品输出虽然是资本主义国际经济的两种不同形式，但它们不是截然分离的。资本主义的垄断组织往往利用资本输出来推动商品输出，以代替国际市场上的自由竞争。最普遍的现象就是向落后国家贷款时作为附加条件，规定输出资本中的一部分必须用来购买债权国的商品，结果使"资本输出成了鼓励商品输出的手段"③。

第二，资本输出使世界市场形成垄断。在资本主义的自由竞争阶段，任何资本主义国家的企业都不可能对世界市场产生影响。资本主义进入垄断阶段后，资本日益高度集中，垄断资本开始从不同程度上控制本国某些工业部门的生产并瓜分国内市场。"在资本主义制度下，国内市场必然是同国外市场相联系的。资本主义早已造成了世界市场。所以随着资本输出的增加，随着最大垄断同盟的国外联系和殖民地联系以及'势力范围'的极力扩张，'自然'就使得这些垄断同盟之间达成全世界的协定，形成国际卡特

---

① 列宁选集：第1卷［M］.北京：人民出版社，1972:186.
② 列宁选集：第2卷［M］.北京：人民出版社，1972:782.
③ 列宁选集：第2卷［M］.北京：人民出版社，1972:786.

尔。"①

第三，垄断加剧殖民地争夺。列宁指出，垄断决不能全面地、长久地排除世界市场上的竞争。相反，各国垄断资本为了控制世界原料来源和击败竞争对手，日益加剧对殖民地的争夺。"资本主义愈发达，原料愈缺乏，竞争和追逐全世界原料来源的斗争愈尖锐，那末占据殖民地的斗争也就愈激烈。"②

由此，列宁得出结论：帝国主义之间争夺殖民地和重新瓜分世界的斗争，必然导致帝国主义战争，而战争的结果将是打躬作揖战线的削弱，使一个或几个国家在帝国主义的薄弱环节取得社会主义革命胜利。

第四，社会主义国家的对外贸易制度。十月革命胜利以后，俄国不仅国内工业十分落后，小农经济占重要地位，在国际上还面临各帝国主义国家的经济封锁。在这种历史条件下，俄国应该实行什么样的对外贸易制度呢？列宁极力主张实行对外贸易的国家垄断制，即俄国的所有对外贸易活动只能由国家指定的国营外贸机构进行，当时管理这些外贸机构的国家机关是苏维埃工商业人民委员部。列宁认为，俄国实行对外贸易的国家垄断制是非常必要的。首先，俄国当时的社会环境还不稳定，国内的资产阶级和小资产阶级不断破坏苏维埃的经济建设，政府颁布的法令不能在全国顺利执行。对外贸易如果不实行国家垄断，就不可能保护国内经济的独立。第二，俄国当时与资本主义国家工业水平差距很大，如果仅仅实行保护关税制度而不实行国家垄断，国内幼小的工业就会面临被外国工业打垮的危险。第三，当时的苏维埃政权财政状况制度困难，而对外贸易是国家预算收入的重要来源，对外贸易实行国家垄断制可以比征收关税得到更多的利润。

从以上列宁提出的国际贸易理论的内容看，列宁沿袭了马克思国际贸易理论的研究角度和研究目的，即在国际商品交换活动中仍然着重考察人与人（无产阶级对资产阶级）的社会关系以及对资本主义生产方式发展的历史作用。其发展之处是根据新的历史条件提出了资本主义垄断与国际贸易、世界市场的相互影响。显然，这些分析对于当时为十月社会主义革命寻求理论根据是十分必要的，但对于国际贸易理论自身问题（产生原因、贸易格局和利益分配）的研究却是远远不够的。此外，列宁提出的社会主义对外贸易

---

① 列宁选集：第2卷［M］.北京：人民出版社，1972:788.
② 列宁选集：第2卷［M］.北京：人民出版社，1972:802-803.

垄断制，如果出于俄国当时的特殊情况作为无奈之举或权宜之计，是可以理解和接受的；但如果作为社会主义国家对外贸易的制度模式无疑是错误的，因为这有悖于市场经济的运行机制和基本规律，必然会导致行为主体错位和贸易低效。这一体制弊端已为后来所有传统社会主义国家的外贸实践所证实。

第三节　斯大林的经济思想

斯大林虽然没有提出成型的国际贸易理论，其经济思想却对所有传统社会主义国家的对外贸易产生了重大影响，并成为这些国家后来实行经济转轨和外贸体制改革的主要思想障碍。

斯大林的经济思想，集中体现在《苏联社会主义经济问题》一书中。其中，对社会主义国家对外贸易影响较大的主要有两个理论，一是社会主义条件下商品和价值规律有限论，二是两个平行的世界市场理论。

一、社会主义条件下商品和价值规律有限论

斯大林的经济思想从根本上说，是把社会主义经济视为产品经济。为此，他提出了一系列错误观点：

第一，不承认社会主义制度下生产资料是商品。斯大林认为，在社会主义制度下，只有个人消费品是商品，而生产资料不是商品，因为商品是不同所有者之间交换的产品，而在社会主义国家中，生产资料只是在不同国有企业之间流通，并没有改变所有权（国家所有）。因此，生产资料的流通仅仅具有商品交换的形式而不具备其实质，只能视为"商品外壳"。

第二，不承认价值规律对社会主义经济的调节作用。斯大林认为，在社会主义经济中，劳动力和生产资料在各个生产部门的分配，都是由国家计划规定的，不受价格制约，即社会主义经济是由有计划按比例发展规律来调节，而不受价值规律调节。后来，斯大林也承认价值规律对社会主义生产有一定影响（因国有企业内部还实行经济核算），但他认为在社会主义经济中，价值规律的作用仅严格地限制在一定范围内。

可见，斯大林实质上否定了社会主义条件下存在商品经济，这也从根本

上取消了社会主义国家开展对外贸易的经济制度前提。

二、两个平行的世界市场理论

二战结束以后，西方国家与苏联和东欧等国进入冷战。斯大林在《苏联社会主义经济问题》一书中指出，第二次世界大战使中国和东欧等国家脱离了资本主义阵营，并与苏联一起形成了社会主义阵营，其经济上的结果就是统一的世界市场瓦解了，取而代之的是两个平行的而且对立的世界市场。因此，只要发展社会主义的世界市场就可以缩小资本主义的世界市场，最后消灭资本主义。

冷战时期，社会主义国家与资本主义国家的经济关系处于隔离状态，相互贸易额急剧下降。如苏联与美国的贸易额，从1946年的0.50亿卢布下降至1955年的0.22亿卢布。与此同时，社会主义国家之间的经济关系迅速发展。经济互助委员会（简称经互会）就是由苏联组织建立的社会主义国家之间开展经贸合作的组织。但经互会的内部贸易是按计划协调和计划价格进行的，与资本主义国家之间的贸易有本质的区别。

可见，斯大林的这一理论催生了两个平行的市场形成，从此统一的世界市场一分为二。应该说，这是国际贸易发展历史上的一次严重倒退。直到20世纪90年代初，随着社会主义国家经济转轨，经互会解体，一个统一的世界市场终于在市场经济制度的基础上重新统一起来。从此，原计划经济国家在对外贸易上才开始逐渐步入正轨。

总之，从斯大林的上述经济思想来看，斯大林放大了马克思和列宁贸易理论中原有的局限性，并将之推向极端，使之严重背离了社会主义经济发展的现实。而建立在这一思想基础之上的计划经济模式和对外贸易的国家垄断制，更是成为所有传统社会主义国家长期经济停滞和外贸萎缩的体制根源。后来历史的发展向我们昭示：战后国际政治经济新秩序的建立（主要表现为联合国和相应国际经济组织的成立），使世界发展的主旋律由战争与革命变为和平与发展，我们现阶段面临的主要任务不再是搞阶级斗争和世界革命。因此，摆脱和克服列宁、斯大林经济贸易理论中一些教条主义的、非马克思主义的狭隘偏见，充分利用世界上国际贸易理论研究中的一切有益成果，建立和发展适合我国需要的国际贸易理论体系，大力推动对外贸易，促进社会主义经济发展，才是我们应当为之努力的。

思考题：

1.试述马克思主义贸易理论与西方贸易理论的联系和区别。

2.列宁和斯大林的经济理论对计划经济体制国家的对外贸易带来哪些消极影响？

第五章　保护贸易理论

在国际贸易理论的演进中，西方自由贸易大多数时期居于主流地位，而作为其对立面，保护贸易理论始终如影相随。虽然在理论主张上，保护贸易理论与自由贸易理论针锋相对，但在理论渊源上，两者都始于重商主义，在现实中都是为国家经济利益而服务的。

第一节　传统保护贸易理论

当产业革命在英国蓬勃开展的时候，许多资本主义国家的工业发展才刚刚起步。为了保护本国的幼小工业，与古典自由贸易理论相对立的传统保护贸易理论形成，其中影响最大的是汉密尔顿的关税保护论和李斯特的幼稚产业保护论。

一、关税保护论

关税保护论是由美国的首位财政部部长汉密尔顿提出来的。美国独立前是在英国的殖民统治下，仅仅是英国初级产品的供应地和工业品的销售市场，经济发展比较落后。1776年，美国宣告独立后，面临两条道路的选择：一条是实行关税保护，独立自主地发展本国工业；另一条是实行自由贸易，继续向英、法、荷等国出口小麦、棉花、烟草、木材等农林产品来换取工业品，以满足国内市场的需求。前者是北方工业资产阶级的要求，后者是南方种植园主的愿望。汉密尔顿站在北方工业资产阶级一边，于1791年向国会递交了《关于制造业的报告》，阐述了他的关税保护理论。

（一）主要内容

汉密尔顿的关税保护论从保护和发展本国制造业出发，力主加强国家干预，实行关税保护政策。

汉密尔顿的理论是围绕制造业展开分析的。他认为制造业在一国的经济发展中具有极为重要的意义，主要表现在：一是可生产更多的机器供各行业使用，提高整个国家的机械化水平，促进社会分工的发展；二是可以解决大批工人就业和国外移民迁入，加速美国的中西部开发；三是制造业能提供开创各种事业的机会，因而使个人才能得到充分发挥；四是制造业相当一部分投入品来自农业，这就保证了农产品销路和价格稳定，从而刺激农业发展。同时，汉密尔顿也着重指出，美国工业起步晚，基础薄弱且技术落后，难以同西欧国家抗衡，在这种情况下实行自由贸易将断送美国工业，进而威胁到美国经济和政治上的独立地位。

据此，汉密尔顿认为，保护和发展制造业的关键在于加强国家干预，实行关税保护政策。其具体措施是：向私营工业发放政府信用贷款，扶持其发展；以高关税限制国外工业品输入，保护国内新兴工业特别是制造业的发展；限制重要原材料出口，同时免税进口国内急需的原材料；政府以发放津贴和奖金的形式鼓励各类工业发展；限制国内先进设备出口；建立联邦检查制度，保证和提高工业产品质量。汉密尔顿的上述主张，虽然仅有一部分被国会采纳，但对美国政府的内外经济政策产生了重要和深远的影响。

（二）简要评析

汉密尔顿的关税保护论对美国早期外贸政策的制定具有深刻影响。后来的事实证明，依据其理论制定的政策措施对于发展美国工业并增强国家经济实力，起到了积极作用。恩格斯曾在《保护关税制度与自由贸易》一文中肯定了当时美国选择保护贸易道路的重要意义，并指出：假如美国也必须变为工业国，……那美国面前摆着两条道路：或者以比它先进一百年的英国工业为对手，在自由贸易之下用五十年的功夫作牺牲极大的竞争战；或者实行保护贸易，在二十五年之内拒绝英国工业品进口，而在二十五年之后，美国工业在世界公开市场上能够居于强国的地位是有绝对把握的。

从世界范围看，汉密尔顿的理论对于落后国家赶超先进国家也具有普遍的借鉴意义。它向人们昭示：一个落后国家在经济发展初期只有通过保护贸易政策来发展本国工业，才能取得成功。当然，在当时的历史条件下，汉密尔顿没有进一步分析关税保护的经济效益，忽视了关税保护对本国经济发展的消极影响是其理论上的不足。尽管如此，汉密尔顿关税保护论的提出标志着保护贸易理论体系开始建立，因而在国际贸易理论发展中具有里程碑式的重要意义。

二、幼稚产业保护论

幼稚产业保护论是由德国经济学家李斯特提出来的。李斯特所处时代的德国是一个政治上分裂、经济上落后的农业国，工业中工厂生产的比重很小，仍然是工场手工业和分散的小手工业占主导地位。经济发展水平不但远远落后于已经完成产业革命的英国、法国，而且与早已进入产业革命阶段的荷兰和美国等也存在相当差距。在这种情况下，李斯特受汉密尔顿关税保护理论的启发，于1841年在其代表作《政治经济学的国民体系》中提出了幼稚产业保护论。

（一）主要内容

李斯特的幼稚产业保护论以生产力理论为基础，以英国、西班牙、荷兰、美国等国的经济兴衰为佐证，力主通过关税保护国内的幼稚产业以提高生产力水平。

李斯特的理论是围绕生产力展开分析的。他认为，生产力应是国家综合生产力，而国家综合生产力中最具有决定意义的是国家的工业生产力，因此高水平的生产力是国家强盛的基础。他还认为，古典自由贸易理论只重视交换价值和财富增加，而忽视生产力提高和国家利益。如果各国按照自由贸易理论行事，那么比较落后的国家将不得不屈从于强大的国家。据此，李斯特提出幼稚产业保护论以发展德国的生产力。与汉密尔顿的关税保护论相比，李斯特的理论具有以下特点：保护对象应是受到外来冲击的有前途的幼稚产业，而不是所有的产业，对农业则不需要保护；保护程度对不同的工业部门应有所区别，对影响本国生产力发展和国计民生的工业部门给予较高程度保护，对其他次要工业部门则给予较低程度保护；保护期限应以30年为限，如果幼稚产业没有强有力的竞争者或者预期经过一段时期的保护仍不能自立，则不应继续被保护。

李斯特还强调指出，关税税率在不同时期应有所不同。在实行保护制度初期，关税税率应定得较低以免突然完全割断与外国的经济联系，导致本国企业不求进取。随着本国工业生产能力和技术水平提高，关税税率可逐渐提高。而在从禁止进口转变到温和的保护制度的过程中，关税税率则应从高到低，为逐步实行自由贸易做准备。

李斯特也承认，保护制度在短期内会使国内商品价格提高和消费者支出增加。但从长期看，一旦本国建成了发达的工业，商品价格水平反而会低于进口商品的价格，消费者也会获得更多的好处。因此，李斯特一再强调，要用长远的眼光衡量国家的根本利益，正确对待保护关税制度。

（二）简要评析

李斯特继承和发展了汉密尔顿的关税保护论，从国家利益和生产力发展角度进一步论证了保护贸易对落后国家经济发展的重大意义，并具体分析了保护关税制度的实施方法和步骤，从而形成了保护贸易的理论体系并确定了在国际贸易理论发展中的地位。

李斯特的理论不仅有力地推动了德国工业的发展和经济实力的增强，还对所有落后国家开展对外贸易具有启示意义：自由贸易如果只是依据现有的比较优势而进行，其后果只能是先进国家得利而落后国家蒙受损失。落后国家想要从根本上改变这一状况，只有着眼于提高本国的生产力水平来培育比较优势，在这一过程中，国家利用关税保护是不可缺少的政策条件。

总之，李斯特的幼稚产业保护论反映了经济落后国家自主发展本国经济以提高国际竞争力的正当要求，不是主张消极的贸易保护，而是着眼于国家的长远利益和优势的动态发展，对不同生产部门且在不同时期实行不同的贸易政策。这就为经济落后国家指明了一条比较切合实际的发展道路，因此在国际贸易理论发展史上具有斐然的历史功绩。当然，李斯特的理论也存在一些问题，如他对于经济发展阶段的划分是不科学的，其生产力的含义过于宽泛，对自由贸易的分析有些偏颇等。然而，瑕不掩瑜，他的许多观点还是相当有价值的。直到今天，他的观点对发展中国家如何制定贸易政策仍然具有重要的指导意义。

第二节　超保护贸易理论

20世纪30年代出现的资本主义大危机，使资本主义国家陷入长期萧条，又使世界市场中垄断代替了自由竞争，这导致了传统自由贸易理论的动摇和超保护贸易理论的盛行。

一、新重商主义

面对资本主义危机造成的经济萧条和贸易萎缩，凯恩斯在《劝学记》（1932年出版）和《就业、利息和货币通论》（1936年出版）中对重商主义极力推崇，力主国家干预对外贸易，利用贸易顺差来实现国家宏观经济稳定。因此，他的理论被称为"新重商主义"。

（一）主要内容

凯恩斯的新重商主义并非专门针对国际贸易问题，而是着眼于解决当时严重的资本主义经济危机。对于经济危机带来的大量人员失业和经济萧条，凯恩斯认为传统贸易理论忽略了国际市场对一国国民收入和就业的调节作用，且其理论前提"充分就业"与现实中的大量失业相背离，所以已不适用于现代资本主义。

凯恩斯认为危机和失业是由社会有效需求不足所引起的。社会有效需求由消费需求和投资需求组成，而投资需求又分为国内投资需求和国外投资需求。从消费需求方面看，因其受边际消费倾向递减①的影响，一般总是不足的；从投资需求方面看，国内投资需求受利率影响，而国外投资由贸易顺差决定。资本边际效益递减②和人们对货币需求的"流动

---

① 边际消费倾向，指消费增量与收入增量之比（即 $\Delta C/\Delta Y$）。消费由收入所决定，人们出于各种动机，往往只消费部分收入而不是全部。凯恩斯根据实际经验假定，人们收入增加时消费会增加，但总不及收入增加得那样快，即边际消费倾向是递减的。凯恩斯把它说成是人类天生就有的一条基本心理规律。

② 资本边际效率，指每增加一个单位投资预期可得到的利润率。一般来说，资本的边际效率会随着投资量的增加而递减。这是因为：资本增加会使产品供给增加而导致收益减少；同时，资本增加又会使资本供给价格（利率）提高以进一步减少收益。

偏好"①，使得预期利润率低于利率，储蓄难以转化为投资，这又造成国内投资需求不足。根据以上分析，凯恩斯认为通过贸易顺差来扩大国外投资是扭转这一困境的可行之路。他认为，贸易顺差将带来国外黄金流入，导致国内物价上涨和利率下降，从而扩大国内的消费需求和投资需求，有利于提高就业率并促进经济繁荣；贸易逆差，情况则正好相反。

因此，凯恩斯积极主张追求贸易顺差，反对贸易逆差。他极力提倡政府加强对外贸交易活动的干预，实行保护贸易政策，通过各种方式和途径扩大出口，以促进就业和国民收入的增加。

（二）简要评析

凯恩斯的新重商主义与传统保护贸易理论的区别在于：后者说明的是落后国家如何通过贸易保护来保护国内幼稚产业，以增强其国际竞争能力；前者说明的是发达国家如何通过贸易保护来保护国内优势产业，以增强其国际垄断地位。新重商主义的政策目标不是消极抵制外国商品进口以保护本国市场，而是依靠大规模扩大出口以最大限度地占领国际市场，进而保持贸易顺差，以提高国内就业和收入水平。正因如此，这种保护贸易理论又被称为超保护贸易理论。

超保护贸易理论代表了垄断资本的利益，是建立在凯恩斯的宏观经济理论基础上的，该理论认为，经济危机仅仅是社会有效需求不足，没有科学地揭示出经济危机产生的深层原因。它力图通过扩大贸易顺差来解决经济危机，从根本上来讲这是不可能的，因为在短期内扩大出口可以缓解一国的危机压力，但在长期内，一国限制进口必然会遭到其他国家报复而引发贸易战，从而导致经济危机的转移和扩大。

尽管如此，新重商主义的一些具体观点仍然有理论上的研究价值和实践上的借鉴意义。比如，对外贸易与一国宏观经济变量（就业水平、投资水平、国民收入等）的相互依存关系、"流动偏好"对货币供给及利率的影响等，在一定程度上揭示了对外贸易与国民经济发展之间的内在规律，值得我们重视和进一步展开研究。

---

① 货币需求的"流动偏好"，指人们以货币形式持有自己一部分财富的偏好。一般来说，人们出于交易动机、谨慎动机和投机动机愿意持有现金。凯恩斯强调指出，投机的影响会使货币供给产生"流动性陷阱"，使得利率下降是有限度的。

二、贸易乘数论

贸易乘数论是由美国经济学家马克洛普和英国经济学家哈罗德等人提出的。这一理论是将凯恩斯的投资乘数理论引申到国际贸易领域的产物。

（一）主要内容

贸易乘数论说明的是对外贸易与国民收入相互作用的机理，并通过数学公式进一步论证了两者之间的数量关系。

马克洛普等人认为，出口与国内投资一样属于"注入"，对就业和国民收入有倍增效应；而进口与储蓄一样属于"漏出"，对就业和国民收入有倍减效应。因此，只有当贸易顺差时，对外贸易才能增加一国的就业量和国民收入，而且国民收入的增量将是贸易顺差增量的倍数。

上述内容可以用公式表达为

$$\Delta Y = (\Delta I + \Delta X) \cdot K$$

式中，ΔY 为国民收入增量；ΔI 为投资增量；ΔM 为进口增量；K 为贸易乘数，$K = 1/(\Delta M/\Delta Y + \Delta S/\Delta Y)$；$\Delta S$ 为储蓄增量。

从上式可见，在 ΔI 和 K 一定的条件下，贸易顺差越大，则国民收入增加越大，增加倍数为 K；反之，贸易逆差则会带来国民收入减少，其减少的倍数亦为 K。还应注意，贸易乘数取决于两大因素：一是边际进口倾向（$\Delta M/\Delta Y$），二是边际储蓄倾向（$\Delta S/\Delta Y$）。这两个比率越大，K 值就越小，反之则越大。因为贸易乘数为边际进口倾向与边际储蓄倾向的倒数，要扩大贸易乘数效应，除了要保持贸易顺差，还应减少进口和储蓄。

后来，哈罗德在此基础上，进一步提出了世界贸易乘数论，他从超宏观的角度，把全世界看成一个整体，来说明贸易乘数对国际收入的影响，其公式表达为

$$\Delta Y' = \frac{1}{S'} \cdot \Delta I'$$

式中，$\Delta Y'$ 为世界收入增量，S' 为世界边际储蓄倾向，$\Delta I'$ 为世界投资增量。

（二）简要评析

在开放经济体制下，国民经济平衡不仅受投资乘数原理和加速原理的影响，还受贸易乘数原理的制约。贸易乘数论在一定程度上揭示了对外贸易与

国民经济发展之间的内在规律，因而具有一定的科学性。

从方法论上看，贸易乘数论把贸易流量与国民经济结合起来，分析贸易顺差对国民经济的倍增作用，从而将对外贸易纳入宏观经济分析的框架，这在贸易理论上是一种突破。而从实践上看，出口增加对国民收入提高确实有积极的推动作用，战后许多国家（包括改革开放后的中国）通过对外贸易实现经济起飞无疑也证明了这一点。

但我们也应看到这一理论的局限性。一是贸易顺差与国内投资的作用是不同的。国内投资会形成新的生产能力而增加供给，而贸易顺差只是出口相对增加，本身并不能形成生产能力，因此两者增加对国民收入增量的乘数作用并不等同。二是贸易乘数的作用发挥需要外部条件。只有世界经济繁荣，一国（尤其是大国）才能持续扩大出口，从而增加国内就业和国民收入。如果出现国际经济危机，必然导致出口规模减小和出口商品价格下降，则贸易乘数作用是难以显现的。

第三节　发展中国家的保护贸易理论

二战以后，随着殖民体系的瓦解，一大批原帝国主义的殖民地或半殖民地在政治上赢得了独立，但经济上仍然十分落后，被称为发展中国家。这些国家迫切需要发展本国经济，但因受到旧的国际分工和贸易体系阻碍而困难重重。为此，一些发展中国家的经济学家和发达国家的激进学派站在发展中国家的立场上，在对西方自由贸易理论进行批判的基础上提出了自己的贸易理论和政策主张。其中，在世界上影响较大的是"中心-外围"论和不平等交换说。

一、"中心-外围"论

"中心-外围"论是由阿根廷经济学家普雷维什于20世纪50年代提出的。他的理论和政策主张反映了战后发展中国家的利益和要求。

（一）主要内容

普雷维什把世界分为两个体系：由发达国家构成的中心体系和由发展中国家构成的外围体系。他认为，两个体系在经济上是不平等的：中心是技术的创新者和传播者，外围则是技术的模仿者和接受者；中心主要生产和出口工业制成品，外围则主要生产和出口初级产品；中心居于主导地位，外围则居于依附地位并受中心的控制和剥削；中心享有国际贸易的主要利益，则外围贸易条件日益恶化。显然，这种不合理的国际经济格局是中心国家和外围国家经济发展水平存在巨大差距的根本原因。

普雷维什还用英国60多年（1876—1938年）的进出口价格推算了初级产品和制成品的价格指数之比，来说明外围国家和中心国家贸易条件的变化情况。计算结果表明：主要出口初级产品的外围国家贸易条件呈现长期恶化的趋势，这就是著名的"普雷维什命题"。

基于以上分析，普雷维什提出：要打破不合理的国际经济格局，外围国家就必须实行工业化。根据拉美各国的实际情况，他还进一步提出，工业化应分阶段进行，即第一阶段主要发展进口替代工业（Import Substitution Industry），待条件成熟后再适时转入第二阶段，发展出口导向工业（Export-oriented Industry）。这样，外围国家的工业品不仅能满足本国需要，还可向中心国家出口，一举改变传统的国际分工体系并改善贸易条件。

普雷维什认为，为了保证实现工业化，外围国家应在一个相当长的时期内实行保护贸易政策。在出口导向阶段，为了鼓励工业品出口，除了实行关税保护外，还应采用出口补贴，以增强外围国家工业品在国际市场上的竞争力。

（二）简要评析

"中心–外围"论是以发展中国家为研究对象的贸易理论，与以发达国家为研究对象的西方自由贸易理论相比，无疑是一种开拓性的理论探讨，它丰富了国际贸易的理论体系。

普雷维什理论的突出贡献就在于从理论上揭示了发达国家与发展中国家之间贸易关系不平等的本质。西方贸易理论往往撇开生产关系和生产方式，单纯对国际贸易中物与物的交换关系进行分析，这就很难揭示国际贸易关系的本质特征。普雷维什从分析发展中国家在国际经济体系中不公平的地位开始，探讨了其贸易条件趋于恶化的原因，并提出了通过贸易保护实现工业化的应对之策。应该说，其出发点是积极的，主要论点和政策主张也是有意义的，它为发展中国家争取建立新的国际经济秩序提供了思想武器。

但是，我们也应看到这一理论存在的局限性。按照"中心-外围"论的观点，发展中国家与发达国家处于一个两极分化的"结构"中，发展中国家的落后是由发达国家的先进所造成的，因此，两类国家的关系不是相互依存和相互合作，而是激烈对抗与持续冲突。由此得出的结论必然是：发展中国家应摆脱这种由发达国家控制的"结构"，通过贸易保护寻求独立的发展模式。正是这种理论导致了"进口替代"战略的产生，而战后发展中国家实施这一战略的普遍失败，从实践上证明了在现有的生产力基础上否定市场机制而仅有美好的愿望是远远不够的。此外，普雷维什把初级产品与工业品之间的交换关系等同于发展中国家与发达国家之间的贸易关系，对发展中国家贸易条件恶化的原因分析在理论上也显得过于粗糙。

二、不平等交换说

不平等交换说是由法国经济学家伊曼纽尔于20世纪60年代提出的，后来又有其他学者从不同角度对国际贸易中不平等交换的含义、原因、表现形式及后果进行了阐述，但至今尚未形成统一的认识。

（一）主要内容

伊曼纽尔的不平等交换说是以国际资本可自由流动而劳动力不可流动为假设前提的。他认为，产品价格是由要素的报酬决定的，而作为劳动力要素的报酬——工资对产品价格更具有决定性的作用。他指出，由于历史和制度上的原因，富国的工人工资高出穷国工人工资的几十倍，使得富国产品的价格远远高于穷国产品。这样，由于各国劳动力报酬差距悬殊且劳动力在国际上不能自由流动，在世界市场上富国以高于国际价值的价格出售产品，而穷国以低于国际价值的价格出售产品，形成了不平等交换。在这种不平等的国际交换中，富国实际上无偿占有了穷国更多的物化劳动，富国成了穷国的剥削者。

伊曼纽尔进一步分析指出，不平等交换分为广义的不平等交换和狭义的不平等交换，前者产生于两国工资率相同而资本有机构成不同的情况，后者则产生于两国工资率和资本有机构成都不同的情况。这两种国际交换的结果虽然都是不平等的，却有着质的区别：广义的不平等交换是因资本有机构成不同，即技术条件差异造成的剩余价值转移；狭义的不平等交换是因工资水平差异而造成的剩余价值转移，是真正意义上的不平等交换。

由此，伊曼纽尔得出结论：在当今的世界上，富国和穷国差距日益扩大的根本原因就在于国际的不平等交换。

（二）简要评析

伊曼纽尔的观点有助于我们理解国际贸易中不同国家间存在的矛盾和利益冲突，进一步认识发达国家在国际贸易中比发展中国家处于有利地位的根本原因。但是，我们不能因此得出发展中国家应闭关锁国，以免遭发达国家剥削的片面结论。事实上，尽管今天的国际贸易中存在着不平等交换，但发展中国家仍然可以通过对外贸易获得比封闭经济状态下更高的利益，并推动国民经济的强劲增长。关键是发展中国家应制定正确的经济政策，努力提高生产力水平以改善其在国际贸易中的不利地位。

此外，伊曼纽尔对不平等交换的论证方法依然存在不科学之处。马克思在论述利润率转化为平均利润率、价值转化为生产价格时，设立了三个基本假定：资本可以在各行业间自由转移，劳动力可以在各行业间自由转移，不同资本有机构成的行业，其剩余价值率完全相同。伊曼纽尔论证不平等交换的产生只符合第一个假定，这种情况下国际价值不可能转化为国际生产价格，因此其论证也难以成立。

第四节　保护贸易新理论

保护贸易新理论是指20世纪70年代以来出现在欧美等国的保护贸易思潮。其中在世界上影响较大的，一是新保护主义，二是战略贸易理论。

一、新保护主义

新保护主义产生于20世纪70年代。这一时期资本主义各国经济普遍增长缓慢，出现了通货膨胀和失业率上升的"滞胀"现象，从而导致了新保护主义思潮的形成，其主要代表人物是英国剑桥大学教授高德莱。

（一）主要内容

新保护主义以凯恩斯经济理论为依据，提出了保护国内就业和维持国际收支为主要目标的保护贸易主张。据此，高德莱提出了保护贸易的理论模式。[①]

高德莱认为在国际贸易存在的情况下，国民收入为

$$Y=G+\Delta S+PE+X-M \qquad (1)$$

式中，Y 为国民收入，G 为政府支出，ΔS 为存货变量，PE 为私人支出（包括个人消费和固定资产投资），X 为出口，M 为进口。

由于存在政府税收，故式（1）两边分别减去税收 T，经整理后可得

$$G-T=(Y-T-\Delta S-PE)+(M-X) \qquad (2)$$

其中，税收 T 和进口 M 与国民收入 Y 的关系分别表示为

$$T=tY \qquad (3)$$

$$M=mY \qquad (4)$$

式中，t 为税率，m 为进口倾向。

高德莱进一步指出，一国国民收入的决定和该国的 G、X、t、m 等经济变量密切相关，其关系可以表述为

$$Y=\frac{G+X}{t+m} \qquad (5)$$

如果一国财政收支平衡，即 $G=T$，则有

$$T=ty=G \qquad (6)$$

如果一国经常项目国际收支平衡，即 $X=M$，则有

$$M=mY=X$$

$$Y=\frac{X}{m} \qquad (7)$$

因此，一国财政收支平衡和经常项目国际收支平衡条件下的国民收入可以表述为

$$Y=\frac{G}{t}=\frac{X}{m} \qquad (8)$$

式（8）表明了对外贸易差额对一国国民收入的重要作用，当一国财政政策的实施受制于国际收支状况时，其对外贸易差额将是决定国民收入的唯一决定因素。

据此，高德莱强调指出：应实行奖出限入的保护贸易政策扩大出口，以推动国内生产扩张，形成较多的税收；而财政收入增加使政府有能力增加公共投资，并有可能减税以刺激投资增加；最终这两种投资增加会提高就业水平和国民收入，从而实现国内经济繁荣。

---

① 许心礼.西方国际贸易新理论［M］.上海：复旦大学出版社，1989:215-216.

（二）简要评析

新保护主义主要是为当时欧美资本主义国家出现的"滞胀"现象提供对策，带有较多的实用主义色彩，其理论中并没有太多的新思想，而是更注重政策研究。20世纪70年代以后，非关税壁垒代替关税壁垒成为贸易保护的主要手段，就与新保护主义主张强化贸易限制有关。

尽管高德莱并不把新保护主义视为"以邻为壑"，认为保护贸易不一定会减少世界贸易规模，但实际上，新保护主义是为欧美资本主义国家转嫁经济危机服务的，它使得发展中国家的贸易条件进一步恶化，南北矛盾更加突出。

二、战略贸易理论

战略贸易理论产生于20世纪80年代，这一时期世界产业结构和贸易格局发生了重大变化。一些发展中国家经济增长迅速，并在纺织、家电、钢铁等原来发达国家垄断的行业呈现出比较优势；传统的产业间贸易逐步被发达国家之间的产业内贸易所取代，这使得各国之间在工业品市场上的国际竞争日益激烈。对此，西方一些经济学家力图从新的角度探寻通过政府干预以增强国际竞争实力的理论依据。1983年布朗德和斯潘塞最先提出以补贴促进出口的论点，1984年克鲁格曼又提出不完全竞争理论模型，后来格罗斯曼、赫尔普曼和狄克西特等人加以完善，从而形成了完整的战略贸易理论。

（一）主要内容

战略贸易理论是以规模经济和产品差别化为基础的不完全竞争条件下的保护贸易理论，其实质是主张通过政府对贸易活动的战略干预创造和凸现比较优势，从而提高本国产业和企业的国际竞争力。

战略贸易理论由两部分内容构成：一是以内部规模经济为基础的利润转移论，二是以外部规模经济为基础的外部经济论。

1. 利润转移论

利润转移论认为，一国政府可以通过制定经济政策来剥夺外国厂商的出口利润并转移到本国厂商身上，以促进国内产业发展，迅速打开国际市场。利润转移的主要措施有：

（1）利用出口补贴为本国厂商争夺市场份额。当本国厂商与外国厂商在第三国市场出现寡头竞争时，政府可通过向本国厂商提供出口补贴，使其采取进攻性战略，从而迫使外国竞争对手做出让步。

（2）利用关税抽取外国厂商的垄断利润。当本国面临外国寡头厂商潜在进入的情况时，政府可通过高关税以抽取外国厂商的垄断利润，从而达到阻止其进入本国市场的战略目的。

（3）以进口保护作为促进出口的手段。当本国战略产业处于实力不强的发展初期时，政府可赋予本国厂商在国内市场的销售特权以获取规模经济优势，从而改变不完全竞争下的产业格局。

2. 外部经济论

外部经济论认为，某些战略产业能够促进相关产业发展，从而形成庞大的外部经济效益，但由于自身条件所限难以实现。在这种情况下，一国政府应该向其提供充分的支持，以帮助这些产业和相关产业加速发展，增强在国际市场上的竞争力。这在许多国家的高新技术产业发展中尤为明显。

（二）简要评析

战略贸易理论放宽了传统贸易理论中世界市场是完全竞争的假定，从而更加接近现实，可以为各国发展本国经济和对外贸易提供有益的指导。战略贸易理论仍然保持了传统贸易理论的比较优势原则，又将传统贸易理论向前推进了一大步，即认为在工业品制造领域，资源禀赋的相对差异仅仅是比较优势的来源之一，更重要的是规模经济带来的比较优势，而规模经济的形成在很大程度上取决于政府的干预。战略贸易理论强调不完全竞争条件下政府行为的重要性，摆脱了纯粹自由主义的影响。美国、日本、韩国在计算机、汽车、钢铁等行业的发展壮大，美国波音公司与欧洲空中客车公司的博弈，都证明了该理论在实践上的成功。

尽管到目前为止，对战略贸易理论仍然存在很多争议，但其学术价值和实践意义得到了广泛的认可。这主要体现在：第一，战略贸易理论论证了一国可以在不完全竞争条件下，通过政府干预转移别国的贸易利润来加速本国战略产业发展，从而为战略性贸易政策的制定提供了理论依据；第二，战略贸易理论修正了传统贸易理论的假定前提，其提出的政策主张尽管在纯理论上不是最优却是现实中的次优选择，因而有较强的现实意义；第三，对贸易政策的政治经济学和相关产业政策制定产生了长远影响，战略贸易理论不仅影响了美国和欧盟20世纪90年代以来的贸易政策，也影响了一些发展中国家对战略产业政策的制定。

思考题：

1.关税保护论和幼稚产业保护论对落后国家有哪些启示意义？

2.请联系实际，分析新重商主义和贸易乘数论对国际贸易的影响。

3.请对"中心-外围"论和不平等交换说进行简要分析。

4.请联系实际对战略贸易理论的适用性进行说明。

第六章　走向整合的贸易理论

从20世纪80年代末90年代初开始，世界兴起了经济全球化浪潮①。经济全球化提高了各种资源的全球配置水平和各国经济的相互依赖程度，也推动了各种流派的国际贸易理论走向整合。由于经济全球化是一个过程，所以国际贸易理论的整合也先后在不同的经济层面上形成了区域经济一体化理论、国际贸易体系理论等，这些理论构成了经济一体化理论。

第一节　不同流派融合的贸易理论

20世纪中后期开始形成的经济全球化浪潮不仅改变了世界贸易格局，还推动不同流派、不同领域的理论走向融合，从而产生了新的贸易理论。其中，影响较大的当属新兴古典贸易理论、竞争优势理论、贸易与投资一体化理论。

---

① 关于经济全球化的起始时间，目前理论界存在五种观点：一是认为始于15世纪末、16世纪初的地理大发现，二是认为始于18世纪中叶的英国工业革命，三是认为始于20世纪初世界市场的最终形成，四是认为始于二战以后国际贸易和国际投资的加速发展，五是认为始于20世纪80年代末、90年代初原计划经济国家的经济转轨。经济全球化形成至少需要满足四个条件：资源的全球配置水平，技术进步使资源在全球配置的成本大幅降低，各国经济的紧密联系和高度依存，市场经济制度成为全球统一的资源配置制度。其中最后一个条件是实现经济全球化的基础性因素和最根本的条件。

一、新兴古典贸易理论

新兴古典贸易理论是由澳籍华人经济学家杨小凯在2000年出版的《新兴古典经济学和超边际分析》一书中提出来的。他运用超边际分析对原有不同的贸易理论进行了全新的诠释并融合在新兴古典贸易理论的框架中。其主要理论贡献包括以下三个方面：

（一）融合了传统自由贸易理论和现代自由贸易理论

杨小凯认为，原有的国际贸易理论是按两个路径发展的：一是沿着李嘉图技术差距比较优势—俄林资源差异比较优势的路径发展，即外生的比较优势论；二是沿着斯密源自分工的绝对利益诱发的规模经济路径发展，即内生的比较优势论。但在现实中，国际贸易发生的原因可能既不完全是比较利益，也不完全是规模经济，而是两种因素的综合。杨小凯通过把外生比较利益的因素引入基于规模报酬递增的新兴古典贸易理论模型，从而将传统自由贸易理论和现代自由贸易理论融合在一起。

（二）融合了国内贸易与国际贸易

原有的贸易理论将国内贸易与国际贸易截然分开，认为两者的基础是不同的：国内贸易基于消费者与生产者的分离，消费者只有向生产者购买才能实现消费，因此，即使没有比较优势和规模经济也会存在国内贸易；国际贸易基于消费者与生产者的同一，各国既是消费者也是生产者，因此，如果没有比较优势和规模经济就不会发生国际贸易。杨小凯认为，国内贸易和国际贸易的基础是相同的，即认为生产者与消费者是一体的，而国内贸易与国际贸易产生的原因不同，仅在于交易效率的差异：在经济发展过程中，存在着专业化经济和交易费用的两难冲突。当交易效率低下时，分工的利益会被较高的交易费用所抵销，这时人们就会选择低水平即自给自足而不需任何贸易；若交易效率有了提高，分工的利益就会因交易费用下降而显现出来，从而产生国内贸易；若交易效率进一步提高，因国内市场规模限制了分工的发展，国内贸易必然向国际贸易转变。这样，新兴古典贸易理论通过交易效率将国内贸易与国际贸易统一到一个理论体系中。

（三）突破了新贸易理论中的"两难困境"

在新贸易理论中，一直存在着专业化生产与多样化消费造成的贸易"两难困境"：专业化生产意味着高效率会带来生产成本的下降，多样化消费意味着高效用会导致交易费用的上升，随着社会经济的发展，专业化生产和多样化消费所产生的矛盾就会日益明显。克鲁格曼等人认为，高人口增长率会形成较大经济规模，有利于专业化生产和多样化消费，从而促使经济增长。索洛等人则持相反的观点。在现实中，这两种观点都可找到相应的支持例证。对此，杨小凯认为，是交易效率而不是人口增长决定经济和贸易的发展。他列举在非洲一些国家，由于没有健全的商法和发达的交易技术及组织，市场不发达且交易效率低下，结果众多人口与低生产率并存。而在中国香港，由于良好的法律制度保证了较高的交易效率，高人口密度为贸易增长和专业化生产提供了更多的余地，使高人口增长率与高经济增长率得以共存。这样，杨小凯就用交易效率的概念成功解决了新贸易理论中的"两难困境"。

当然，新兴古典贸易理论也存在一定的局限性。杨小凯的理论以分工和专业化为基础，而分工的演进是一个极其缓慢的过程，所以这一理论在解释长期的贸易现象上具有优势，与人们千百年来对贸易发展的经验观察比较吻合，但在解释现实问题上缺乏足够的解释力。因此，新兴古典贸易理论的理论意义要大于现实意义，同时这也说明这一理论还有着较大的发展空间。

二、竞争优势理论

竞争优势理论是由美国经济学家波特在其三部著作《竞争战略》（1980年）、《竞争优势》（1985年）和《国家竞争优势》（1990年）中提出的。波特从国家角度将影响国际贸易的诸多条件组合在一起，构成"钻石模型"，来说明国家整体竞争优势的决定要素，如图6-1所示。

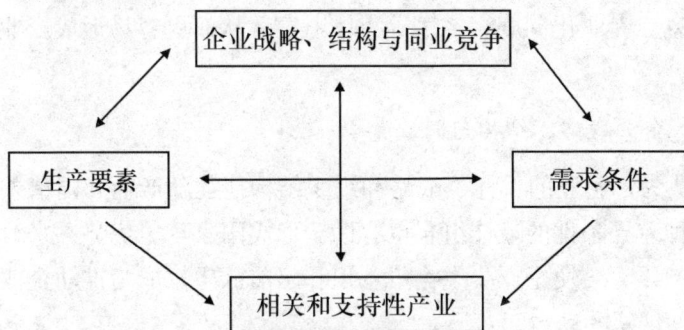

图6-1　国家竞争优势的决定因素

波特认为，决定国家竞争优势的关键因素有四个：

（一）生产要素

波特把生产要素分为初级生产要素和高级生产要素两种。初级生产要素包括自然资源、气候、地理位置、非熟练劳动力等，这些要素是被动继承或简单投资就能拥有的，与比较优势中外生性生产要素概念基本相同；高级生产要素包括信息、技术、高级人才等，这些要素需要后天开发或长期投资才能创造出来，与比较优势理论中内生性生产要素概念基本相同。波特指出，随着产业结构升级，初级生产要素的重要性已日益下降，一国想建立产业竞争优势首先应发展高级生产要素，但也不能忽视初级生产要素的基础作用。同时他还强调对生产要素进行动态开发和升级以获得持续性的竞争优势。可见，竞争优势论的生产要素观不仅整合了传统和现代自由贸易理论中的各种要素理论，还与动态优势理论的观点不谋而合。

（二）需求条件

波特认为，市场的需求会刺激企业的技术改进和创新，是产业发展的动力，同时市场大小对企业能否形成规模经济有重要影响。他还指出，即使需求结构相似的国家仍然存在需求差异，从而使不同国家在不同产品或产业上具有竞争优势。这些观点与相互需求理论不仅颇为相似，还有所发展。

（三）相关和支持性产业

波特开创性地把产业集聚理论与国家竞争力的形成联系在一起。他认为，如果一个国家能在特定区域内为某个产业建立完善的相关及支持性产业，形成强大的产业集聚，则不仅有利于降低交易成本，还有助于改进激励方式，创造出信息、专业化制度、名声等集体财富，从而更容易形成产业的竞争优势。

（四）企业战略、结构与同业竞争

波特认为，企业的目标、战略和组织结构往往随产业和国情差异而有所不同，各种差异条件的最佳组合也有助于形成国家竞争优势；来自国内外同业竞争者的压力会使企业产生竞争意识和超前欲望，成为推动企业进行技术创新和制度创新的动力。

需要指出的是，以上四个决定国家竞争优势的关键要素不是彼此独立的，而是相互制约和相互强化的一个系统。波特认为，每个关键要素的效果都建立在其他要素的配合之上，每个要素都会强化或改变其他要素的效果。这就表明，波特的竞争优势理论是一个融合的整体。它不仅整合了传统和现代自由贸易理论中的众多理论，将其归结到国家竞争优势的创造上并统一到国家市场的一般均衡分析中，在某些方面还有一定的发展。但是，波特的理论也存在明显的局限性，主要是没有揭示出各种要素转化为国家竞争优势的内在机制，没有从理论上解释各种要素统一的基础和提出现实的切入点。此外，这一理论过于强调企业和市场的作用，而对政府在一国竞争优势形成中的作用重视不足。

三、贸易与投资一体化理论

20世纪80年代中期以来，随着经济全球化的兴起，国际贸易与国际投资相融的趋势日益明显，这也要求人们必须将国际经济活动中的贸易和投资统一起来考虑。

最早关于国际贸易和国际投资之间选择的理论是蒙代尔提出的国际贸易与国际投资相互替代模式。他的基本观点是：如果两国生产函数相同，按照要素禀赋理论的推论要素价格均等化定理，可以得出自由贸易与国际投资是完全替代关系的结论。蒙代尔将国际投资即资本的移动视为两国资源禀赋数量发生变动时通过市场机制对资源进行再分配的结果。后来马库森和斯文森通过对要素流动和商品流动之间价格关系的进一步分析，提出国际贸易与国际投资之间不仅存在替代关系，还存在互补关系。

希尔施从成本角度建立了企业对出口贸易和对外投资的决策模型。该模型以比较简洁的方式说明了企业在选择出口还是选择对外投资时的条件：当企业的国内生产成本与出口销售成本之和小于国外生产成本与额外协调成本之和，且小于国外生产成本与技术风险成本之和时，企业应选择出口贸易；而当企业的国外生产成本与额外协调成本之和小于国内生产成本与出口销售成本之和，且小于国外生产成本与技术风险成本之和时，则应选择对外投资。后来，邓宁在此模型的基础上，将俄林的要素禀赋论、海默的垄断优势论、巴克莱和卡森的内部化理论结合起来，从而形成了国际生产折中理论。而日本一桥大学教授小岛清则认为国际贸易和国际投资的基础是一致的，都是国际分工，国际分工既能解释国际贸易也能解释国际投资，因此可以将国际贸易和国际投资的综合理论建立在比较优势的基础之上。据此，他创造性地提出国际投资可以形成新的比较成本差异，从而能够补充和创造对外贸易。

此外，跨国公司的内部贸易也被视为国际贸易的一种表现形式，内部化理论当然也就成了国际贸易理论的一部分。内部化理论将海默的垄断优势理论进一步延伸，在市场缺陷的讨论中加入了对交易成本的影响分析一面，被视为对一种新的国际贸易形式——公司内贸易进行解释的理论。

虽然到目前为止，尚未出现具有重大影响而又为理论界广泛承认的国际贸易与国际投资完全融合的理论，但上述理论发展的进程又足以显示：这种完全融合的理论是未来国际贸易理论发展的一个方向。

第二节　区域经济一体化理论

区域经济一体化（Regional Economic Integration），是指地理区域内较接近的两个或两个以上的国家或地区通过政府主导，消除相互间生产要素流动的壁垒，以形成超国家的区域经济体。它是全球经济一体化条件不成熟情况下的过渡形式和次优选择。在实践中，区域经济一体化根据一体化程度主要分为优惠贸易安排、自由贸易区、关税同盟、共同市场和经济联盟五种形式。其中，关税同盟和共同市场是比较成熟和稳定的一种形式，因此众多学者对此展开研究并由此形成了关税同盟理论和大市场理论。

一、关税同盟理论

关税同盟理论是由美国经济学家维纳和李普西提出来的。完全形态的关税同盟应具备三个条件：完全取消各成员国之间的关税，对来自非成员国的进口设置统一关税，通过协商方式在成员国之间分配关税收入。可见，关税同盟的主要特点是"对内自由，对外保护"。关税同盟理论就是研究这一特点所带来的静态和动态经济效应。

（一）静态经济效应

关税同盟的静态经济效应是指形成关税同盟后对贸易流向和成员国福利的影响。它主要表现在贸易创造效应和贸易转移效应两个方面。

1.贸易创造效应

贸易创造效应（Effect of Trade Creation）是指关税同盟对内实行自由贸易后，导致成员国之间贸易规模的扩大和福利水平的提高。这可用图6-2来说明。

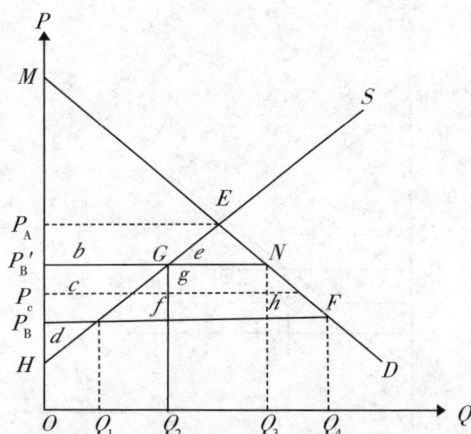

图6-2　贸易创造效应

图6-2中，假设有A、B、C三国共同生产某种产品，P_A、P_B、P_C分别表示三国在封闭状态下的产品价格且 $P_A > P_C > P_B$；S 和 D 分别表示A国对该产品的供给曲线和需求曲线。如果在没有关税同盟的情况下，A国会选择从B国进口该产品。设关税水平为 $P_B P_B'$，则进口产品价格为 P_B'，并在A国国内按此价格进行销售（假设不考虑利润）。在 P_B' 的价格水平下，A国的国内产量为 OQ_2 而需求量为 OQ_3，其差额 Q_2Q_3 由A国从B国进口；此时，A国的社会福利是消费者剩余 $\triangle MP_B' N$、生产者剩余 $\triangle HP_B' G$ 和关税收入 $\square g$ 三者之和。

如果A国和B国结成关税同盟，则意味A国会取消对B国的进口关税并同时维持对C国继续征收关税。这样，A国从B国的进口产品价格及国内售价都将从 P_B' 降至 P_B。在 P_B 的价格水平下，A国的国内产量将由 OQ_2 减少到 OQ_1，而需求量将由 OQ_3 增加到 OQ_4，其差额 Q_1Q_4 由A国从B国进口。从图中可见，$Q_1Q_4 > Q_2Q_3$，即为关税同盟带来的成员国贸易规模的扩大。同时，关税同盟还增加了A国的福利水平：结成关税同盟后，A国的社会福利由消费者剩余 $\triangle MP_B F$ 和生产者剩余 $\triangle d$ 构成，比结盟前增加了 $f+h$ 部分。其原因是A国从价格较低的B国进口该产品，节约了生产成本 $\triangle f$，同时又因扩大消费增加了消费者剩余 $\triangle h$。而从B国来看，也可从扩大出口中获取规模经济效益，从而进一步降低生产成本。

2.贸易转移效应

贸易转移效应（Effect of Trade Diversion）是指关税同盟对外实行保护贸易后，导致从低成本的非成员国进口转向从高成本的成员国进口，从而降低了福利水平。这可用图6-3来说明。

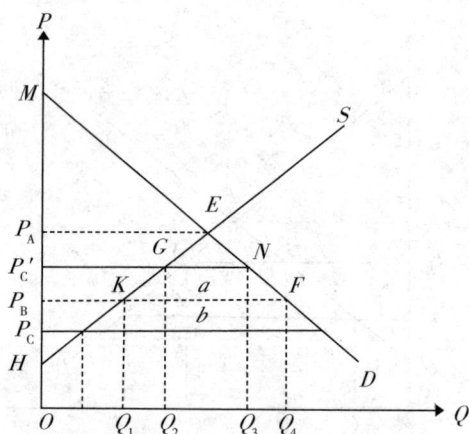

图6-3　贸易转移效应

图6-3中，P_A、P_B、P_C和S、D的含义与图6-2相同，但是假设P_B高于P_C。因此，在没有关税同盟的情况下，A国会从C国进口产品。设关税水平为$P_C P_C'$，则进口产品价格为P_C'并A国国内按此价格销售（假设不考虑利润）。在P_C'的价格水平下，A国的国内产量为OQ_2，而需求量为OQ_3，其差额$Q_2 Q_3$由A国从C国进口。此时，A国的社会福利是消费者剩余$\triangle MP_C'N$、生产者剩余$\triangle HP_C'G$和关税收入$a+b$三者之和。

如果A国和B国结成关税同盟，由于A国对B国取消关税而对C国仍然征收关税，则A国市场上B国的产品价格反而会低于C国（$P_B < P_C'$）。这样，A国的进口就会由C国转向B国。在P_B价格水平下，A国的产量为OQ_1，而需求量为OQ_4，其差额$Q_1 Q_4$改由B国进口。$Q_1 Q_4 > Q_2 Q_3$，这说明A国在贸易转移时贸易规模也有所扩大，其社会福利水平却有所下降。贸易转移后，A国的社会福利由消费者剩余$\triangle MP_B F$和生产者剩余$\triangle HP_B K$构成，两相比较，A国丧失了$a+b$的关税收入。其中，a部分转化为A国的消费者剩余，而b部分则成为A国的福利净损失。这是因为B国的成本高于C国。A国为此付出了低效的资源转移成本。

3.贸易创造与贸易转移的权衡

一般来说，各国在考虑是否加入区域经济一体化组织时，首先要权衡贸易创造效应与贸易转移效应的大小。影响贸易创造效应和贸易转移效应的因素主要有以下几点：

（1）关税水平：如果成员国原有的关税水平较高或关税同盟的共同对外关税低于成员国原有关税，则贸易创造的效应就会超过贸易转移而提高成员国福利水平。

（2）供求弹性：如果进口国供给曲线和需求曲线的价格弹性越大（表现为供给曲线和需求曲线较平坦），则贸易创造减去贸易转移所带来的净福利收入就越大。

（3）需求数量：如果对成员国的商品需求数量较大，对非成员国的商品需求数量较小，则贸易创造就有可能占据优势。

（4）生产效率：如果成员国之间生产效率差距较大，而与非成员国之间的生产效率差距较小，则因成本因素导致的贸易创造就会超过贸易转移，否则结果相反。

（5）成员国数量：参加关税同盟的成员国越多，则贸易转移的可能性就越小。当全世界所有国家都加入一个关税同盟即各国之间实现自由贸易之后，贸易转移将不复存在。

（6）成员国距离：如果成员国彼此相近，则较低的运输成本使贸易创造机会扩大，否则容易发生贸易转移。

（7）厂商数量：如果同一产业中厂商数量越多，一体化所面对的阻力和产业调整的成本越小，则贸易创造的机会越大。

（8）成员国的产业结构：如果成员国对同类商品有着相似的生产成本，即具有竞争性的产业结构，则贸易创造效应越大；如果成员国对同类商品的生产成本相差较大，即具有互补性的产业结构，则也可能带来贸易创造效应，但不如前者明显。

上述静态经济效应分析虽然有助于认识关税同盟对贸易流向和成员国福利的影响，但忽略了关税同盟对成员国比较优势动态变化的影响。因此，我们有必要继续分析关税同盟的动态经济效应。

（二）动态经济效应

关税同盟的动态经济效应，是指形成关税同盟后因市场扩大和生产资源重新组合而产生的经济影响。它主要表现为出口收入效应、规模经济效应、促进竞争效应等。

1.出口收入效应

在前面的静态效应分析中，只讨论了形成关税同盟后成员国进口的增加及福利变化。实际上，一国参加关税同盟还会带来出口收入的增加，这对于高度依赖外部市场的小国而言，意义更加重大。这可用图6-4来说明。

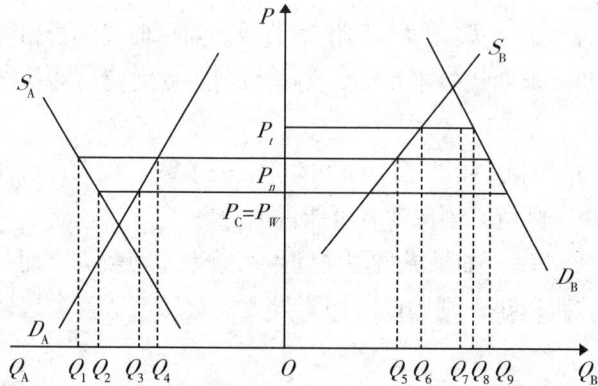

图6-4　出口收入效应

图6-4中，S_A、D_A、S_B、D_B分别表示A国、B国的供给曲线和需求曲线。这是假设A国不仅是进口国也是出口国，并假设C国的生产成本不变且等于关税同盟形成前的世界价格。图6-4的左半部分为A国的生产、消费和出口情况，右半部分为B国的生产、消费和出口情况。在关税同盟形成前，B国对来自所有国家的进口商品全部征收关税，征税的价格为P_t。此时，A国的出口量为Q_2Q_3而B国的进口量Q_6Q_8。其中从A国进口的数量为Q_6Q_7（$Q_6Q_7=Q_2Q_3$），从C国进口的数量为Q_7Q_8。

当A、B两国结成关税同盟后，由于B国对A国免税而对C国仍然征税，在B国市场上A国产品的价格将低于C国，故B国全部从A国进口。此时，因B国的进口需求大于A国的出口供给（对应于P_W），导致A国的出口价格上升，当升至P_n时，A、B两国的出口和进口达到平衡，即$Q_1Q_4=Q_5Q_9$。由此可见，加入关税同盟对小国尤为重要，因为这可以利用区域市场提高出口数量和价格，增加出口收入，从而带动本国的经济发展。

2.规模经济效应

关税同盟可以扩大区域市场，使成员国实现规模经济，表现在外部规模经济和内部规模经济的同时实现。一方面，外部规模经济使得成员国整个产业的成本水平降低；另一方面，内部规模经济又使得成员国厂商的生产成本降低。图6-5显示了关税同盟对成员国内部规模经济的影响。

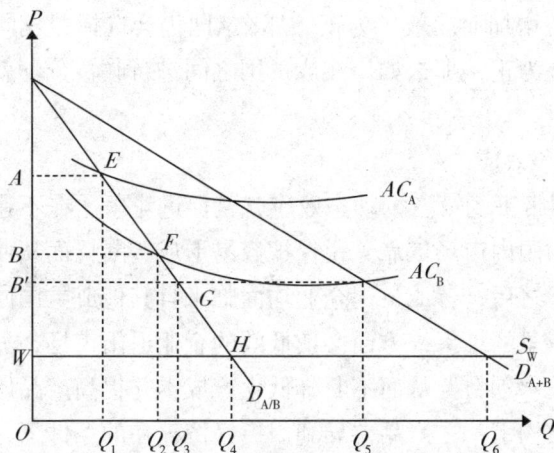

图6-5　规模经济效应

　　图6-5中，假设有A、B两国，两国都消费某种商品且需求曲线相同。在图中，D_{A+B}表示两国的总需求曲线，$D_{A/B}$表示A国或B国的国内消费曲线，S_W表示世界的供给曲线，AC_A、AC_B分别表示该种商品在A国和B国的平均生产成本。从图中可见，A国和B国的平均生产成本高于世界市场价格（$AC_A > AC_B > S_W$），自由贸易应是A国和B国的最佳政策，这可使两国的消费者能以OW的价格消费OQ_4数量的商品，两国进口该商品的数量之和为OQ_6。

　　如果A、B两国对进口该商品征收关税，则最优关税率应是其国内生产正好等于国内消费而不会使厂商获取垄断利润的水平，即图中AC_A、AC_B与$D_{A/B}$的交点E和F。因此，A、B两国分别征收WA和WB的关税。在这一价格水平下，A、B两国的国内生产量分别为OQ_1和OQ_2。

　　如果A国和B国结成关税同盟，与同盟外进口商品价格OW征税后的价格OA或OB相比，B国由于较低的生产成本且免税具有优势，故为整个关税同盟提供该商品，其商品价格为OB'。在这一价格水平下，B国的产量为OQ_5；A、B两国的国内消费都增至OQ_3；而同盟的共同对外关税可以调整到WB'，低于同盟成立之前的水平。从图中可以看到，关税同盟使A、B两国的福利分别增加了$B'AEG$和$B'BFG$部分。其中，A国的$B'AEG$和B国的$B'BFG$来自生产规模扩大带来的成本下降。但应该看到，规模经济为B国的生产者带来了收益，而A国生产者由于放弃本国生产而遭受了损失。因此，规模经济能否成为关税同盟成立的原因，取决于成员国的净效应，又取决于关税同盟的总体效应。在本例中，B国获得了净效应，A国的生产者利益损失如果小于消费者利益增加而净效应为正，那么A国仍会选择关税同盟；如果关税同盟的总体效应为正，那么如何在成员国之间进行收益分配就成为关税同盟必须考虑的问题。

3.促进竞争效应

关税同盟带来的第三个动态效应就是促进竞争。在不建立关税同盟的情况下，各国的国内市场依靠关税保护容易形成垄断局面从而阻碍技术进步。建立关税同盟之后，各成员国企业均面临来自其他成员国同类企业的竞争。这样，市场竞争的结果一方面会使低效的企业退出市场，另一方面会使高效的企业开展技术创新，从而不断降低生产成本并提高产品质量。即使在寡头垄断的市场结构下，在产品差异和规模经济存在的条件下，市场竞争也将限制"寻租""串谋"等非市场行为带来的影响，推动先进技术的广泛应用和产业结构、公司组织的不断优化，从而提高经济效益和社会福利。

二、大市场理论

大市场理论主要是针对共同市场的研究。共同市场是比关税更高一级的区域经济一体化形式。共同市场允许生产要素在各国之间自由流动，从而使资源在区域范围内合理配置以提高经济效益。系统提出大市场理论的是经济学家西托夫斯基和德纽，其理论是建立在对西欧共同市场长期研究基础上。

大市场理论的核心内容：区域经济一体化可以扩大市场范围，从而获取规模经济效益；而市场扩大可以创造激烈的竞争环境，有利于实现规模经济的目标。

西托夫斯基认为，以前各国推行贸易保护政策，把国际市场分割得狭小又缺乏弹性，无法实现规模经济。他针对当时西欧国家的现状，提出了"小市场恶性循环"命题。他认为，与美国、日本等国相比，西欧各国厂商满足于狭窄的国内市场和受保护而缺乏外部竞争的局面。在这样一种情况下，商品价格偏高不能诱使公众大量购买，导致企业资本周转率低无法继续批量生产，为获得高利润又不得不采取高价格的策略，这样就陷入了高利润率、高价格、小市场、低资金周转率的恶性循环之中。西托夫斯基由此提出，打破这种恶性循环只有通过建立共同市场推进贸易自由化，才能促使厂商转向大批量生产以降低生产成本，规模经济效益使得商品价格降低，从而扩大消费，加快资本周转形成良性循环。

德纽则提出，大市场可以激活竞争而推动成员国经济进入良性循环。大市场的建立为企业展开自由竞争和技术创新提供了良好的外部环境。大市场带来的规模经济效应和关税取消，将使成员国的产品价格大幅下降，由此带来的购买力提高，促进投资的增长。这样，就会形成价格下降、消费扩大、投资增加的滚雪球式扩张。在这样的环境下，规模小、实力弱的企业将逐渐被淘汰，而那些坚持不断创新的企业才能不断扩大规模，进入良性竞争的发展循环中。

从以上内容看，大市场理论是对关税同盟理论的一种补充，更具有动态性。作为其研究对象的西欧各国，一是国内市场狭小，二是经济实力相近，因此能适用于大市场理论。如果改变这两个前提条件，由国内市场较大且经济实力悬殊的国家形成一体化，这一理论是否适用尚需实践来检验。

第三节　国际贸易体系理论

国际贸易体系是协调各国对外贸易政策的法规、机制和机构，其表现是世界贸易组织（前身为关税与贸易总协定），其目标是建立一个开放[①]、公平[②]和无扭曲竞争[③]的国际贸易环境。为了实现这一目标，世贸组织制定了相关的基本原则，主要有非歧视原则、贸易自由化原则、允许正当保护原则、公平竞争原则、鼓励发展和经济改革原则、例外与免责原则等，这些原则是一系列贸易协定确立的基础。世界贸易组织的建立及其目标、原则制定的依据是国际贸易理论体系，尽管目前这一理论体系尚不完善，但主要内容应包括共同贸易自由化理论、管理贸易理论和公平贸易思想。

---

① 所谓开放，是指在货物贸易和服务贸易领域逐步自由化，扩大市场准入度。
② 所谓公平，是指在市场经济条件下，按照供求规律形成的价格进行贸易，对知识产权加强保护。
③ 所谓无扭曲竞争，是指任何国家贸易企业不得借助垄断和特权进行经营活动。

一、共同贸易自由化理论

共同贸易自由化理论是由美国经济学家齐利·巴格威尔和罗伯特·斯泰格1997年在《GATT的一个经济学理论》一文中提出来的，其目的在于解释国际贸易体系产生和发展的原因。该理论的要点为：

（一）一国贸易政策的目标

巴格威尔和斯泰格认为，任何一国贸易政策的目标都在于谋求本国福利最大化。

假定将贸易政策归结为关税政策，则任何一国政府都会通过制定最佳关税率来使本国福利最大化。在这种情况下，一国福利能否达到最大化主要取决于两个价格水平：一是由本国关税水平和世界均衡价格水平共同影响而形成的本国完税后的价格水平，二是由本国关税水平和外国关税水平所决定的世界均衡价格水平（假定世界由本国和外国两个国家构成）。因此，如果从一个国家的角度看，最好的情况是当本国征收进口关税时，由外国出口商全部承担，从而改善贸易条件使本国福利最大化。但应该看到，这种利得是从外国，即贸易伙伴国那里转移而来的。

（二）两国贸易政策的妥协

政府总是试图通过征收进口关税使本国福利最大化，如果两国都制定同样的贸易政策则必然使国际贸易无法进行下去。因此，通常出现的情况是两国从纳什均衡出发，向互惠方向调整自己的关税水平，同时使本国和外国的福利水平达到最大化。这就要求两国必须同时降低自己的关税水平，因为任何单边降低关税的行为相当于另一国提高关税，使得率先降低关税的国家遭受福利损失。为此，需要两国政府进行贸易谈判，相互妥协并订立调整关税的双边协议，其协议达成的原则是关税调整不能改变能使本国福利最大化的贸易条件。

（三）国际多边贸易协议

在整个世界存在多个国家的情况下，贸易自由化仅仅靠双边协议是远远不够的。一方面双边协议所产生的利益会"外溢"到那些没有做出任何让步的国家，另一方面双边协议不可能对参与国际贸易的所有国家做出约束，因此一个必然的选择就是，各国通过多边谈判达成相互减让关税的协议，推进共同贸易自由化来实现各国福利水平的提高。当然，多边协议达成的关税水平必须建立在共同贸易自由化的基础上，即所有参与谈判的国家同时对等地降低关税率，以使贸易朝自由化方向移动。这一结论成立的基本前提是，贸易自由化与贸易保护相比，它可以使资源在世界范围内得到有效的配置，从而更有利于各国福利水平的提高。世界贸易组织（WTO）的前身关税与贸易总协定（GATT）在建立以后48年的成功运营，从实践上证明了这一选择的正确性。

二、管理贸易理论

管理贸易理论是由美国经济学家瓦尔德曼1986年在《管理贸易》一书中系统提出来的。他认为，管理贸易是政府在贸易与投资领域直接介入和加强控制，以更好地管理本国经济和国家间的经济。管理贸易在实践上的主要表现在两个层面：一是在国内，各国政府通过产业政策、财政政策和货币政策对本国经济进行管理；二是在国际上，各国政府对国际贸易政策和国际贸易关系进行协调。而在国际层面上的协调范围也不相同，有的是两国或几国之间的协调，有的是区域经济组织内部进行的协调，而最重要的协调是全球范围的协调，多边贸易体制的产生和发展正是这种国际贸易政策协调的结果。

多边贸易体制推动的国际贸易政策协调，其目标是建立一个全球统一的贸易体制，由于各国政治经济环境及经济发展水平不同，其利益得失和贸易政策存在较大差别，在统一的贸易体制下实施没有任何干预的自由贸易政策是不可能的。现实可行的做法就是调和各国之间的贸易矛盾，以折中的结果来兼顾不同国家的利益，即经济学意义上的"次优选择"。多边贸易体制现实的次优选择就是在倡导自由贸易的同时，允许实施一些"暂时性的"或以"例外"为名义的贸易保护措施。当然，这些保护措施受到相应规则的制约，如提倡采用透明的关税保护与关税减让，取消数量限制等行政干预，并提出发展中国家例外、区域经济一体化例外、保障措施例外等规则，这些在GATT时期制定的规则在WTO成立后仍然存续。

多边贸易体制的形成机制是多边贸易谈判，是各国之间贸易政策的博弈。一旦得出均衡解，这个解一定是妥协的结果。威廉姆斯曾指出，GATT规则是两个方面妥协的结果：一方面是全球经济一体化、多边主义及依赖市场的力量，另一方面是对国内稳定、经济私利及双边主义的要求。因此，建立在GATT下的贸易体制是一个双边主义和多边主义的混合体。这种折中的选择决定了多边贸易体制的实质，既非自由贸易亦非保护贸易，而是管理贸易。

三、公平贸易思想

迄今为止，公平贸易尚未形成系统的理论，但作为一种思想深刻地体现在多边贸易体制的原则中。

多边贸易体制首先是一个贸易规则体系，是各国从事国际贸易活动的行为守则，其规则导向的核心是制定一套公平的竞争规则。公平性主要体现在竞争起点、竞争过程和竞争结果三个方面：在国际贸易的竞争起点上，多边贸易体制关注的是市场准入的公平，这主要在非歧视原则上通过最惠国待遇和国民待遇两个条款，使得任何国家在国内外市场环境中都处于同样的竞争地位；在国际贸易的竞争过程中，多边贸易体制关注的是贸易条件的公平，这主要体现在关税保护与递减原则、公平竞争原则、地区贸易原则（不允许区域经济组织对非成员方的贸易壁垒）和透明度原则等，以确保任何国家在贸易保护手段、保护程度等方面处于同样的竞争条件；在国际贸易的竞争结果上，多边贸易体制关注的则是贸易利益分配的相对公平，这主要体现在鼓励发展与经济改革原则、例外与免责原则等，以改善发展中国家和经济转型国家在国际贸易格局中的不利地位。

当然，我们也应清醒地认识到，尽管基于多边谈判的协商一致使得多边贸易体制成为一个相对公平的贸易体制，但在现实中同一体制和贸易规则应用于不同发展水平的国家本身就是不公平，开放的贸易体制总是对发达国家和新型工业化国家更为有利。事实上，国际贸易体制的建立和发展始终反映国家之间经济、政治实力对比的变化，使强势国家的理念和利益得到最大体现，这是所有非强势国家必须认真考虑的问题。

第四节 国际贸易理论演进的分析

从以上几章对不同流派国际贸易理论的描述中，如果我们从历史发展的角度深入分析，就会发现国际贸易理论的演进规律，并从中得到一些重要启示。

一、国际贸易理论的演进规律

纵观国际贸易理论的发展历程，其演进规律是由合而分、分而又合。

（一）由合而分

国际贸易理论源于重商主义。产生于15世纪并持续至18世纪初的重商主义作为一种贸易思想和政策，孕育着自由贸易和保护贸易两种理论倾向：从自由贸易的倾向看，它高度重视国际贸易对一国经济发展的重大作用，大力主张扩大对外贸易来增加国家财富，早期重商主义者法国的博丹还第一次提出了贸易应该自由的主张；从保护贸易的倾向看，它认为国家财富来自贸易顺差，因此力主国家积极干预实施"奖出限入"政策。显然，与封建制度下各国长期推行的闭关锁国或重农抑商政策相比，重商主义是人类社会发展史上的重大思想进步。尽管其一些观点有失偏颇，但它开始了对资本主义经济现象的研究。对此，马克思也肯定了重商主义是对资本主义生产方式最初的理论考察。此后，随着对国际贸易的深入探讨，基于不同的认识而形成了两大对立的理论体系：自由贸易理论与保护贸易理论。

自由贸易理论体系的基础是市场经济制度，而核心则是比较优势。自由贸易理论认为，各国在自由竞争的市场制度下只要按照比较优势进行国际分工和贸易，就能提高经济效益并增进国民福利。根据对比较优势产生原因的认识和分析方法的不同，自由贸易理论体系衍生出传统自由贸易理论和现代自由贸易理论中各种分支理论。总的来看，传统自由贸易理论注重自然因素在比较优势形成中的作用，运用的是静态分析方法；现代自由贸易理论重视科学技术、人力资本、规模经济及经营管理等新要素在比较优势形成中的作用，运用的是动态分析方法。这突出地反映出随着资本主义生产方式在世界范围内的扩张、国际分工深化和生产力进步对国际贸易发展的深刻影响。一般来说，自由贸易理论往往为世界上先进国家所推崇并成为其制定贸易政策的理论依据。尽管自由贸易理论认为自由贸易会给所有贸易参与国带来福利，但现实中先进国家的贸易所得要远远大于落后国家。

与自由贸易理论相反，保护贸易理论往往为世界上落后国家所坚持并成为其制定贸易政策的理论依据。保护贸易理论着眼的是国家利益，根据对国际贸易的保护理由、保护范围及保护手段的不同，保护贸易理论又衍生出传统保护贸易理论、超保护贸易理论、保护贸易新理论及发展中国家保护贸易理论等分支。值得注意的是，脱胎于古典贸易理论的马克思贸易理论，尽管其出发点是论证资本主义生产方式的世界扩张，但对国际贸易的主导倾向还是自由主义的；列宁和斯大林的贸易理论（思想），对资本主义和社会主义都认识不足，加上对马克思主义基本原理的曲解，在国际贸易的主导倾向上转为保护主义，并成为世界上前计划经济国家实行对外封闭政策的理论基础。

（二）分而又合

20世纪后期，随着全球市场开放和世界新科技革命兴起，开始了经济全球化浪潮。经济全球化不仅使各国经济加深相互依赖，而且使各种流派的贸易理论走向整合。国际贸易理论的整合主要体现在两个方面：一是不同体系理论的融合，二是研究对象的扩展。

从不同体系理论的整合来看，以新兴古典贸易理论、竞争优势理论、贸易与投资一体化理论尤为典型。杨小凯的新兴古典贸易理论运用超边际分析方法对绝对成本理论和比较成本理论进行了整合，从而将传统自由贸易理论和现代自由贸易理论统一到一个理论框架中。波特的竞争优势理论综合了企业行为、产业组织、市场结构、宏观调控及国际分工等方面的理论，将各种贸易利益统一到国家—市场的一般均衡分析中，从而提出了将单一的比较优势发展为综合性竞争优势的国家战略。贸易与投资一体化理论则从企业组织和市场结构分析入手，通过生产成本与交易成本的比较，将国际贸易与国际投资融入一体化的理论框架中。

从研究对象的扩展来看，区域经济一体化理论和国际贸易体系理论大大扩大了研究对象的范围。以往的国际贸易理论以国家为研究对象，以特定的国家为出发点来探讨贸易的原因、格局和利益。区域经济一体化理论将着眼点扩大到整个经济区域组织，而国际贸易体系理论注重的是世界经济的整体发展，从而使自由贸易理论和保护贸易理论相互兼容在一个理论框架中。

二、重要启示

国际贸易理论的演进规律对我们有以下几点重要启示：

（一）国际贸易理论由合而分是世界经济不断深化的反映

以自由贸易理论的演变为例，比较优势论是其理论核心，从李嘉图创立至今有了很大发展。其演变轨迹是：决定比较优势的因素由单一同质要素转向多种不均质要素的综合作用，由从供给角度分析比较优势转向供求结合的综合分析，由静态的比较优势分析转向动态的比较优势分析，由自然要素的比较优势模型转向综合企业行为、产业组织、市场结构和国家战略的国家竞争优势模式。导致这种演变的原因是：随着国际分工的扩大，贸易模式由产业间贸易转向产业内贸易，同时市场结构也由完全竞争转向不完全竞争，因此国际贸易中比较优势的要素基础不断扩展且比较优势的"外生性要素"和"内生性要素"此消彼长。可见，国际贸易理论由合而分是世界经济不断深化的反映。

（二）国际贸易理论分而又合体现了经济全球化的方向

经济全球化通过国际贸易、国际金融和国际投资三条纽带加强了各国之间的经济联系，同时也加深了各国之间的相互依赖。在经济全球化背景下，任何国家都不能脱离外部世界而发展，而采取贸易保护主义最终伤害的还是自己。推进各国共同贸易自由化以实现共同发展，才是人类社会的理性选择。鉴于各国经济发展水平的差异，完全贸易自由化的实现尚需要较长的过程，在这种情况下，区域贸易自由化和国际贸易体系的适度自由化目标成为现实选择。可见，国际贸易理论分而又合正是体现了经济全球化的方向。

（三）市场经济是实现经济全球化的制度基础

经济全球化的核心是资源配置全球化，而推动资源全球配置的动力是使各独立经济主体的利益最大化。它要求有一定的制度框架，确保经济活动获得稳定的预期收益并使得总收益大于总成本。市场经济制度保护私有产权，鼓励各经济主体按照"成本—收益"比较原则进行自由贸易以获取最大利益，已被历史证明是现有生产力条件下最有效率的经济制度。前计划经济体制国家的经济转轨扫清了经济全球化的制度障碍，这不仅使统一的世界市场真正形成，而且使这些国家占统治地位的贸易理论正在融入以市场经济为前提的主流贸易理论。

（四）参与经济全球化是发展中国家的积极选择

经济全球化意味着主权国家开放国内市场，以实现贸易自由化。人们往往主观地认为，由于经济发展水平的落后，全球化对弱势经济体是不利的，而实际上却有许多弱势经济体通过参与全球化进程实现了跳跃式的发展[1]，于是人们对发展中国家开放和自由化的后果感到迷茫。其实经济全球化对发展中国家既是机遇又是挑战：一方面，经济全球化为发展中国家实现跳跃式发展提供了机遇，若不利用外部的资金、市场和贸易机会，这些"后发者"的经济起飞是不可能实现的；另一方面，发展中国家又因经济实力较低、内部市

---

[1] 如在20世纪初，按人均收入计算，全球排名前10位的经济体没有一个在亚洲，其中最富有的是英国。而到20世纪末，全球排名前10位的经济体有3个在亚洲，分别是日本、新加坡和中国香港，而英国只位居第17位。

场制度不完善、对国际经济规则不适应而面临很大的困难。因此，发展中国家应采取积极的态度，克服困难，抓住机遇，否则只能被经济全球化的浪潮所淘汰。

（五）发展中国家应从比较优势向竞争优势转变

按照比较优势理论，参与国际分工和贸易的国家都会得到比较利益。但在国际贸易现实中，对于处于国际分工不同地位的国家来说，获得的比较利益是大不相同的，即使同一国家随着产业结构和贸易结构的调整，其比较利益也在不断变化。因此对于发展中国家来说，要想在国际分工中占据有利地位并在国际贸易中获取较多的比较利益，就应尽快从比较优势战略向竞争优势战略转变。为了实现这种转变，从政府角度应制定战略性贸易政策和产业政策①，并应大力推进市场经济制度的建立与完善，尽快与国际经济规则接轨。只有这样，发展中国家在经济全球化条件下才有可能获得国际竞争优势，逐步缩小与发达国家的差距。

思考题：

1.新兴古典贸易理论对贸易理论发展的意义何在？

2.请分析竞争优势理论的意义与不足。

3.影响贸易创造和贸易转移的因素有哪些？请联系实际简要分析。

4.国际贸易体系理论的主要内容有哪些？请联系实际说明其现实意义。

5.试析国际贸易理论的演进规律与重要启示。

---

① 战略性贸易政策和产业政策，即战略性地在短期内违背现有的外生性比较优势，大力培育本国暂不具有优势但有发展潜力的产业，通过人力资源投资、技术模仿、规模经济等手段进行技术积累，以获得内生性比较优势，从而创造未来较大的贸易比较优势利益。

第二篇　国际贸易政策

第七章　国际贸易政策概述

国际贸易政策是为了实现一定目标而制定的对国际贸易活动进行管理的总方针和原则，它是国际贸易理论在现实中的体现。在国际经济活动中，国际贸易政策是一个宏观的概念，它只能反映在特定时期内大多数国家政府对国际贸易活动的态度和干预程度。因此，在涉及具体国家或地区对进出口贸易活动的管理方针和原则时，应称为对外贸易政策。

第一节　国际贸易政策的内涵

国际贸易政策的内容是指贸易政策的具体指向，主要包括国际贸易政策的分类和对外贸易政策的结构。

一、国际贸易政策分类

按照性质的不同，现实中的国际贸易政策可分为以下三种基本类型：

（一）自由贸易政策

自由贸易政策是指国家减少甚至取消对进出口的各种限制和障碍，以实现商品（包括有形商品和无形商品）自由进出口，并在国内外市场上进行自由竞争。显然，自由贸易政策的理论依据是自由贸易理论。

（二）保护贸易政策

保护贸易政策是指国家制定和实施各种限制进口的措施，以保护本国商品（包括有形商品和无形商品），避免在国内市场上同外国商品竞争。显然，保护贸易政策的理论依据是保护贸易理论。

由于保护贸易政策和自由贸易政策一般对出口都持鼓励态度，所以二者的根本区别在于是否限制进口。

（三）互惠贸易政策

互惠贸易政策是指当事国之间相互提供贸易优惠待遇，同时对非当事国实行贸易保护，实际上是一种半自由贸易半保护贸易性质的政策。互惠贸易政策的理论依据是区域经济一体化理论和国际贸易体系理论。

如果按照对进口的限制程度，自由贸易政策和保护贸易政策还可以进一步细分为不同等级，如图7-1所示。

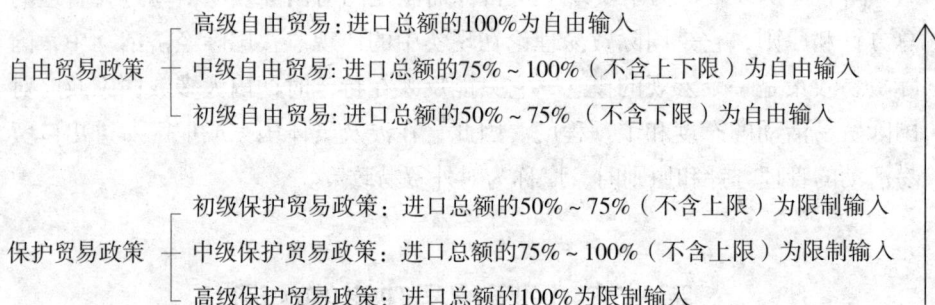

自由贸易政策
- 高级自由贸易：进口总额的100%为自由输入
- 中级自由贸易：进口总额的75%～100%（不含上下限）为自由输入
- 初级自由贸易：进口总额的50%～75%（不含下限）为自由输入

保护贸易政策
- 初级保护贸易政策：进口总额的50%～75%（不含上限）为限制输入
- 中级保护贸易政策：进口总额的75%～100%（不含上限）为限制输入
- 高级保护贸易政策：进口总额的100%为限制输入

图7-1　不同贸易政策的等级划分

根据以上的划分标准，从总体上判定一个国家实行的是自由贸易政策还是保护贸易政策，最基本的界限就是看其进口额的50%是否在限制的状态下输入。另外，当一个国家进行经济转轨时，由保护贸易政策转向自由贸易政策也是一个渐进的过程，它应按照图中右侧的指示线拾级而上逐步提高贸易自由化水平，而不能操之过急，否则容易引发国内经济的激烈震荡。

二、对外贸易政策结构

（一）对外贸易总政策

对外贸易总政策着眼于整个国民经济的整体发展，以一个较长时期的影响为限。它是一个国家根据国内外经济发展的基本态势和本国具体经济条件，从有利于本国总体经济水平提高而制定的对外贸易原则和方针。

（二）对外贸易一般政策

对外贸易一般政策是在对外贸易总政策的基础上制定的各种具体策略和措施，包括进出口商品政策、国别或地区贸易政策等。对外贸易一般政策多着眼于短期目标，具有较强的灵活性并能根据不断变化的形势及时修正和补充。

第二节　对外贸易政策的选择

虽然从理论上讲，自由贸易能使所有参与贸易的国家的资源得到优化配置，从而促进经济发展，但在历史和现实中，不仅各国实行的对外贸易政策不同，即使同一国家在不同时期选择的对外贸易政策也有很大反差。那么，一个国家选择外贸政策的依据是什么呢？选择何种外贸政策是多种因素综合作用的结果。其中，最主要的因素可称为决定因素，其他因素则称为影响因素。

一、选择对外贸易政策的决定因素

参与国际贸易既可影响一个国家整体的经济发展，又会影响其国内不同利益集团的利益分配。因此，一国外贸政策的选择是该国经济因素与政治因素互相作用的结果。对外贸易政策选择的政治因素分析将在第八章第一节中展开讲述，这里仅对经济因素进行分析。

如果进行纯经济分析，即排除政治因素干扰的情况下，一国外贸政策的选择取决于该国经济发展水平和在国际经济中所处的地位，这可以用该国总劳动生产力水平来表示。一般来说，总劳动生产率水平在世界上处于领先地位的经济体，应选择自由贸易政策；总劳动生产率水平在世界上处于中游地位的经济体，选择互惠贸易政策较为有利；而总劳动生产率水平在世界上处于落后地位的经济体，则以选择保护贸易政策为上策。

总劳动生产率的计算公式[1]可以表示为

---

① 姚贤镐，漆长华.国际贸易学说［M］.北京：中国对外经济贸易出版社，1990:397.

$$P = \sum \left(\frac{f}{F}\right) \cdot \left(\frac{l}{L}\right)$$

式中，P 为总劳动生产率，f 为某种产品的国别人均劳动生产率，F 为某种产品的国际人均劳动生产率，l 为某种产品生产所需的劳动力数量；L 为该国总劳动力数量。

上式的含义是，总劳动生产率水平等于一国各种产品单项劳动生产率占世界平均劳动生产率比例与该产品生产所需要劳动力数占该国总劳动力数比例的乘积之和。

下面，以小国为例说明劳动生产率的计算①。假设科威特仅生产石油、鱼、小麦三种产品，其相关数据如表7-1所示。

表7-1 科威特主要产品劳动生产率的国际比较

产品	科威特劳动生产率（吨/人·年）	世界平均劳动生产率（吨/人·年）	科威特生产该产品所需人数（万）
石油	1000	200	20
鱼	2	4	5
小麦	0.4	1	15

将表7-1中的相应数据代入公式，则

$$P = \frac{1000}{200} \times \frac{20}{40} + \frac{2}{4} \times \frac{5}{40} + \frac{0.4}{1} \times \frac{15}{40} = 271.25\%$$

从以上计算来看，虽然科威特在鱼和小麦上的劳动生产率都低于世界平均水平，但由于石油的劳动生产率高于世界平均水平且所投入的劳动力所占份额较大，故其总劳动生产率水平高于世界水平（以100%计），应选择自由贸易政策。

总劳动生产率水平之所以能成为选择外贸政策的依据，是因为它可以决定一国产品的总竞争力强度和总消费水平。总劳动生产率水平高的国家，产品竞争力较强，不仅不怕进口产品的竞争还可以大量出口；总劳动生产率水平高必然收入水平也高，对进口产品有较强的消费能力，因此选择自由贸易政策是有利的。反之，则否。

对于大国来说，由于国内各地区经济发展水平差异较大，所以在理论上

---

① 选择小国为例来计算，是因为小国产业结构简单，产品种类较少，计算起来比较简单；而大国产业结构复杂，产品种类繁杂，计算非常麻烦，但两者的计算方法都是一样的。实践中，为了减少大国总劳动生产率的计算麻烦，可选择该国每年进出口额中所占比例较大的若干种商品（10种或100种）进行估算。

也可将其视为不同小国的组合。在总体上选择某种外贸政策的同时，可在发达地区实行自由程度更高的外贸政策，如经济特区、自由港的设立就是以此为基础的。另外，对于一个国家的不同行业来说，也可根据行业劳动生产率差异，实行不同的进出口商品政策。

二、选择对外贸易政策的影响因素

除了上述决定因素，还有以下因素影响一国对外贸易政策的选择：

（一）国内经济状况

若一国的国内经济发展滞缓，尤其在出现经济危机导致失业增加、国际收支逆差加大的情况下，就会倾向于实行保护贸易政策；反之，则会选择自由贸易政策。20世纪30年代的经济大危机中，原来实行自由贸易政策的资本主义国家普遍出现逆转贸易政策，实行贸易保护，而在战后的世界经济繁荣时期又走向贸易自由化，这就是明证。

（二）经济体制与政治体制

一般来说，市场经济体制的国家必然是实行开放经济和外向型经济发展战略，在本国竞争力允许的前提下倾向选择自由贸易政策；计划经济体制的国家因为实行封闭经济和内向型经济发展战略，自然选择保护贸易政策。同时政治体制对一国对外贸易政策也有很大影响，政治上实行集权体制的国家，其领导人为了强化个人统治地位往往拒绝对外开放，实行闭关锁国。

（三）国家安全

许多国家从维护国家安全出发，往往对与国计民生相关的产业实行保护贸易政策，如钢铁、化工、军工、计算机、交通、能源、稀土甚至农业等。尤其是一些大国，人口众多且经济规模巨大，其粮食和能源供给直接影响国家安全，因此政府对这些行业多严加保护。

（四）产业因素

在现实中，往往有两类产业在一些国家中受到保护：一类是战略产业，即暂时实力不强但会带动其他行业发展，从而对国家经济有战略意义的产业；另一类是夕阳产业，即在该国产业结构调整中已处于被淘汰地位的落后产业。前者关系到国家未来的竞争实力，而后者影响到失业率高低，所以许多国家通过政府干预对其实行保护。

（五）民族意识

有些国家民族意识极强，强调保护国内市场以发展本国产业，从而体现本民族的精神和实力。如韩国民众很少购买外国品牌轿车以支持本国汽车工业发展，就是突出的例证。

第三节　国际贸易的政策工具

国际贸易的政策工具是指一国（或地区）政府对进出口贸易进行管理的具体措施。其中，对进口限制的各种措施称为贸易壁垒，按照内容和特点的不同又分为传统贸易壁垒和新贸易壁垒；对出口管理的各种措施则按照性质的不同，分为出口鼓励措施①和出口管制措施②。由于目前绝大多数国家对出口都持鼓励态度且出口管制已不多见，故本节仅对贸易壁垒进行探讨。

一、传统贸易壁垒

传统贸易壁垒是指GATT／WTO框架形成之前各国普遍采用的限制进口的措施。

（一）关税

关税（Customs，Tariff or Duty）是一国海关代表国家对进出口商品征税。一般情况下，大多数国家为了鼓励本国产品出口，对出口很少征税③，所以关税成为限制进口最古老也最有代表性的政策工具。

根据关税的性质和税率的不同，进口关税的种类主要有：

1.一般关税

一般关税，是指在正常情况下征收的关税，其进口税又分为普通税和最

---

① 出口鼓励措施主要有出口信贷（Export Credit）、出口补贴（Export Subsidy）、商品倾销(Products Dumping)、外汇倾销（Foreign Exchange Dumping）及各类经济特区（Special Economic Zone）。

② 出口管制措施主要有出口许可证、国家专营或垄断、出口配额及出口禁运等。

③ 对少数出口商品征税主要见于以下情况：一些落后国家把出口税作为增加财政收入的一个来源；一些国家对重要原料出口征收出口税以减少原料出口，确保国内生产的原料供给；对稀有资源出口征收出口税，以避免其过多流失，保证国际经济和国防安全；对某些垄断性商品出口征收出口税，以增加总的贸易利益。

惠国税。

普通税（General Duty）适用于来自未同进口国签订最惠国待遇条款[1]，也不享受优惠待遇的国家的商品，不存在差别待遇。

最惠国税（Most-favored-nation Duty）则适用于来自同进口国签订含有最惠国待遇条款协议的国家的商品。在世界大多数国家都加入WTO的情况下，最惠国税已成为对大多数国家适用的一般关税。

2.特别关税

特别关税，是指在特殊情况下对某些商品或来自某些国家的商品额外加征的进口税，所以又称为进口附加税。它又分为反倾销税、反补贴税、差价税、报复性关税及一般进口附加税等。

反倾销税（Anti-dumping Duty）是对实行倾销的进口商品征收的进口附加税，以抵消其价格竞争优势，避免对进口国的竞争产业造成重大损害。

反补贴税（Counter-vailling Duty）是对享受出口国政府补贴的进口商品征收的进口附加税，以抵消出口国政府的补贴，其目的与反倾销税相同。

差价税（Variable Levy）是对高于本国产品价格的进口商品所征收的进口关税。有的商品按价格差额征收，有的商品在征收一般关税以外另行征收。差价税随着国内外价格差额的变化而异，因此是一种滑动关税。

报复性关税（Retaliatory Duty）是对严重损害进口国利益的国家的商品征收的惩罚性关税，其税率可达100%，以打击这个国家的出口。

上述几种特别关税都是针对某些国家的某些进口商品，但一般进口附加税（General Import Surtax）则是在这一段时间内为了某种目的对所有进口商品征收的附加税。例如，美国在20世纪70年代初出现严重贸易逆差，美元受到巨大贬值压力，就曾一度对所有进口商品征收10%的进口附加税。

3.优惠关税

优惠关税，是指对来自享有优惠贸易待遇国家的商品征收的进口税，税率低于最惠国税。它又分为特惠税和普惠制税。

特惠税（Preferential Duty），是指进口国针对特定的国家制定的较低的进口税率。例如，欧盟继承了欧洲经济共同体的传统，根据"洛美协定"，给予非洲、加勒比地区和太平洋地区共60多个发展中国家[2]特惠税待遇。同

---

[1] 最惠国待遇是一个容易引起误解的概念。事实上，签订含有这一条款贸易协议的国家只是承诺相互享受不低于第三方的贸易待遇，是一种非歧视待遇，而不是最优惠的贸易待遇。

[2] 签署"洛美协定"的发展中国家，历史上都是欧盟各国的殖民地。

时，欧盟还给地中海地区和东欧一些国家程度不同的特惠制待遇。

普惠制税（Generalized System of Preferences，GSP）是联合国体制下的一项贸易优惠制度，安排发达国家给予来自发展中国家的商品（主要是制成品和半制成品）普遍的、非歧视的、非互惠的进口税率。其目的是发展中国家增加出口收益和促进工业化。

上述不同种类的关税，在各国的海关税则①中表现为不同的税率。而计征关税的方法主要有从量税②、从价税③、复合税和选择税④四种。

当然，上述计征关税的方法依据的是名义关税率⑤。因为名义关税率直接影响消费者购买的进口商品价格，所以常用在分析关税对一国社会福利影响时，但用来分析一国关税水平对其国内产业的保护程度是远远不够的，还需要采用有效关税率⑥来衡量。

（二）进口配额

进口配额（Import Quotas）是进口国政府对指定商品规定在一定时间内（通常是一年）的进口总量，是直接从数量上限制进口的手段。进口配额分为绝对配额和关税配额两种。

1.绝对配额

绝对配额（Absolute Quotas），又称进口数量配额，即规定的进口配额按进口商品的数量计算，超过规定的配额数量不准进口。绝对配额在分配时又

---

① 海关税则是海关对进出口商品征收关税的准则和依据，主要由税目、税率和实施细则构成。

② 从量税（Specific Tariff）是按商品的计量单位（重量、数量、容积、长度、面积等）为标准计征关税。计算公式：从量税额=从量税率×进口商品数量。

③ 从价税（Ad valoren Tariff）是按商品的价格为标准计征关税。计算公式：从价税额=从价税率×商品总值（商品数量×完税价格）。注意，完税价格对于进口商品和出口商品的标准是不同的，前者按CIF价格，而后者按FOB价格。

④ 选择税（Alternative Tariff）是对商品同时制定从量税和从价税，但根据目的只选择其中一种计税方法来征收。

⑤ 名义关税率，即海关税则中税率表所列明的税率，用于衡量一个国家对某类商品的保护程度。在不考虑汇率的情况下，名义关税率等于名义保护率。其公式为：

$$名义保护率 = \frac{进口商品的国内市场价格 - 国际市场价格}{国际市场价格} \times 100\%$$

⑥ 有效关税率（Effective Tariff Rate）也称为有效保护率（Effective Rate of Production，ERP），用于衡量一个国家对某个产业的保护程度。因为进口国竞争产业的原材料或中间产品有可能来自国外，这样对进口原材料或中间产品征税会导致产品成本上升，直接影响到对该产业的保护程度。其公式为：

$$有效保护率（ERP）= \frac{国内加工增值（征收关税）- 国外加工增值（不征关税）}{国外加工增值（不征关税）} \times 100\%$$

分为全球配额、国别配额和进口商配额三种方式。

全球配额指进口国政府只对指定商品规定进口配额总量而不限定商品来自哪个国家,额满则不准进口。

国别配额指进口国政府除了规定进口配额总量,还进一步规定具体国家或地区的配额且不得挪用。为此,指定商品的出口商需提供产地证明。

进口商配额则是进口国政府直接将进口配额总量分配给国内相关的进口商。为此,进口商需向政府相关部门申请进口许可证以获取配额指标。

2.关税配额

关税配额,全称为进口关税配额,即对进口商品规定征收进口关税的差别待遇,在关税配额内的进口商品享受优惠关税待遇,而超额的商品仍然可以进口但适用的关税率随之提高。关税配额在分配时也分为全球配额、国别配额和进口商配额三种方式。

(三)"自愿"出口限制

"自愿"出口限制(Voluntary Export Restraints,VERs)是出口国在进口国的强大压力下,被迫规定指定商品在一定时期内(一般为3~5年)对该进口国的出口限额。出口商品数量的分配由出口国政府实施,但总量不得超过与进口国政府协定的数量。这实际上是变相的进口配额,故也称被动配额,而进口国则将此称为有秩序的营销安排。

(四)通关环节障碍

按照海关法规的程序,进口商品在进入关境前必须办理通关手续。一些国家往往利用通关环节设置障碍,以限制进口。其主要手段有:

1.提高海关估价

海关估价是海关为计征关税而确定的进口商品价格。有些国家采取不合理的标准,人为提高某些进口商品的海关估价,从而增加征收关税以限制进口。

2.改变商品归类

进口关税额取决于进口商品价格与进口税率两个因素,除了进口商品价格受海关估价影响外,进口税率则与商品归类有关。海关将进口商品归在哪一类税号下征收关税,具有一定的灵活性①。有些国家海关有意改变某些进口商品的征税归类,从而提高进口税率以限制进口。

---

① 进口商品的具体情况必须在海关现场决定,在税率上一般就高不就低,这就增加了进口商品的税收负担和不确定性。例如,美国对一般打字机进口免税,但若为玩具打字机则需征收35%的进口税。

3.设置通关障碍

有些国家故意减少某些商品的入关口岸或设置不合理的检验程序，以延长通关时间和加大通关费用来限制进口。

（五）不合理的国内税费

国内税（Internal Taxes）是指一国政府对本国境内生产、销售、使用或消费的商品所征收的税。因此，对进口商品来说，除了征收进口关税外还要加征各种国内税。由于国内税的制定和执行属于一国政府甚至是地方政府的权限，不受贸易条约和国际多边协定的制约，所以一些国家往往利用不合理的国内税费来限制外国商品进入。通常的做法是对进口商品征收高于国内产品的消费税①，甚至征收种种不合理的费用，以加重进口商品的税费负担，从而削弱其市场竞争力。

（六）歧视性的政府采购

歧视性的政府采购（Discriminatory Government Procurement）即通过法令规定政府机构在采购时必须优先购买本国产品，从而对外国产品构成歧视。如美国曾经实行的《购买美国货法案》②规定，凡是联邦政府所要采购的货物，应是美国制造的或是用美国原料制造的，只有在美国产品生产数量不够或价格过高等情况下才可以购买外国产品。许多国家都有类似的规定，如英国限制政府向外国采购，不得采购外国的通信设备、汽车、计算机、电缆等产品。

凡此种种限制进口的措施还有很多，如进口押金制、外汇管制、对外贸易的国家垄断制、进口最低限价制甚至禁止进口等，限于篇幅不再赘述。但归纳起来，传统贸易壁垒可分为两类：一类是关税壁垒，另一类是非关税壁垒。第二次世界大战结束以后，由于GATT组织的六轮多边谈判对关税大力削减，非关税壁垒日益盛行起来。

二、新贸易壁垒

20世纪70年代以后，随着新贸易保护主义的产生，传统贸易壁垒开始发

---

① 例如，美国、日本、瑞士等国对进口酒精饮料征收的消费税都高于其本国产品。

② 这一法案于1933年开始实行，直到1979年美国签署了"东京回合"达成的《政府采购守则》才失效。但在2009年因受金融危机的影响，美国国会又提出了类似法案的议案。

生变化，到1995年WTO成立时已初步形成了新贸易壁垒的保护体系。新贸易壁垒，即为WTO框架下的国际贸易壁垒。新贸易壁垒在性质上是一个中性的概念：一方面，它是WTO为纠正市场失灵和促进社会公共利益目标实现而提供的合理规则；另一方面，一些WTO成员出于对本国（或地区）经济和产业保护的目的，利用实施依据和实施手段的差异，在具体实施过程中故意超出合理限度构成不合理的贸易障碍。从历史的角度看，WTO框架下的国际贸易壁垒实际上是在经济全球化这一新的历史条件下，作为国际贸易政策工具的一种创新形式，因此可以称为新贸易壁垒。

与传统贸易壁垒相比，新贸易壁垒具有合法性①、隐蔽性②、复杂性③、动态性④等特点。从目前的国际贸易实践来看，新贸易壁垒主要有以下几种形式。

（一）贸易救济措施

贸易救济措施（Trade Remedies）包括反倾销、反补贴与保障措施。本来，在WTO框架下允许实施贸易救济措施的目的是维护公平贸易和正常的竞争秩序⑤，但目前许多国家在面临进口产品的强大竞争时，为了保护本国市场和特殊利益集团，往往滥用贸易救济措施而形成一大贸易壁垒。据WTO统计，从WTO成立的1995年到2006年有42个成员方提起反倾销立案3044起、反补贴立案191起、保障措施立案155起。目前，贸易救济立法的国家和地区几乎涵盖全球，这意味着绝大部分国际贸易活动都受到实际和潜在的贸易救济活动的影响。

---

① 新贸易壁垒一般遵循WTO的规则并以相应的WTO协议为依据，如贸易救济措施的依据是《公平竞争与补救措施协议》，技术性贸易壁垒的依据是《技术性贸易壁垒协议》，环境性贸易壁垒的依据是《实施卫生与植物卫生措施协议》等，因此具有合法性。而传统贸易壁垒的大部分皆违背多边贸易体制规则，因此不具有合法性。

② 如技术性贸易壁垒和环境性贸易壁垒是通过苛刻的技术、卫生标准来间接限制外国商品进口，并避免了进口配额、关税等传统贸易壁垒中存在的国别歧视，往往使出口国难以察觉明显的贸易障碍。

③ 从新贸易壁垒的表现形式看，涉及法律、法规、标准、程序等各个方面，比传统贸易壁垒复杂得多，要判定其是否合理往往比较困难。

④ 这主要表现在，随着技术进步和经济水平的提高，技术性贸易壁垒和环境性贸易壁垒的技术标准、环境标准也在不断更新，进一步增加了出口国家的适应难度。

⑤ 具体来说，反倾销和反补贴针对的是价格歧视这种不公平贸易行为，而保障措施针对的则是进口产品过激增长扰乱正常竞争秩序的行为。

（二）技术性贸易壁垒

技术性贸易壁垒（Technical Barriers to Trade，TBT），本来是指在WTO框架下通过采用和实施正当的技术性措施以保证出口产品的质量和消费安全。但近年来许多发达国家凭借技术优势制定了复杂苛刻的技术标准，使之成为对发展中国家出口威胁最大的贸易壁垒。据WTO统计，从1995年WTO成立到2007年5月底，各成员方向WTO通报的影响国际贸易的技术性贸易措施即达16974件，占通报总量的71%。技术性贸易壁垒的表现形式主要存在于技术法规[①]、技术标准[②]和合格评定程序[③]三个环节，其规定十分复杂且经常变化，往往使外国产品很难适应，从而起到限制进口的作用。

（三）环境性贸易壁垒

环境性贸易壁垒（SPS），本来是指在WTO框架下采用和实施环境保护措施以避免环境污染和保护人类健康。但近年来许多国家往往制定复杂苛刻的环境标准和要求，使之成为一种影响力较大的贸易壁垒。在WTO框架下，允许实施的环境保护贸易措施主要有环境保护标志（又称生态标志）、环境技术法规与标准、产品检验检疫制度与措施、绿色包装与标签要求等。许多发展中国家因经济和技术条件的限制，往往很难适应发达国家以上方面的要求，于是成为环境性贸易壁垒的受害者。

（四）知识产权壁垒

知识产权壁垒（Intellectual Property Barriers），本来是指在WTO框架下依据相关协议[④]，加强与贸易有关的知识产权保护，以促进含有知识产权的商品[⑤]国际贸易规模的扩大。知识产权保护主要范围是版权及有关权利、商标权、地理标识权、工艺品外观设计权、专利权、集成电路布图设计权、未披

---

① 技术法规是指政府及有关部门制定的有关产品特性或相关工艺、生产方法的规定，一般涉及国家安全、产品安全、节能等方面，必须强制执行。

② 技术标准是指经公认机构批准的有关产品特性或相关工艺、生产方法的规则，可包括有关专门术语、技术符号、包装标志和标签要求。技术标准是自愿性质的规定，非强制执行。

③ 合格评定程序是指任何直接或间接应用以确定产品是否满足技术法规或技术标准的程序，主要包括：抽样、检验和检查，评估、验证和合格保证，注册、认可和批准。可分为认证（又分为产品认证和体系认证）、认可和相互承认三种形式。

④ 在WTO框架下，知识产权壁垒依据的相关协议是《与贸易有关的知识产权协定》。

⑤ 含有知识产权的商品有专利产品、贴有合法商标的产品，以及享有著作权的书籍、唱片、计算机软件等。

露信息专有权以及对许可合同中限制竞争行为的控制。一些发达国家往往凭借拥有的知识产权优势，或者限制含有知识产权的商品出口，或者实行"不公平贸易"，从而对发展中国家进行含有知识产权商品的国际贸易构成了很大的障碍。

（五）社会壁垒

社会壁垒（Social Barriers），是指以劳动者生产环境和生存权利为借口而采用的贸易保护措施。社会壁垒由社会条款演变而来，社会条款并不是一个单独的法律文件，而是对国际公约中有关社会保障、劳工待遇与权利、劳动标准等方面规定的总称。它与公民的人身权利与政治权利相辅相成，国际上相关的公约有100多个。1993年，在新德里召开的第十三届职业安全卫生大会上，欧盟国家代表德国外长金克尔明确提出把人权、环境保护和劳动条件纳入国际贸易范畴，对违反者予以贸易制裁。1997年，由总部设在美国的社会责任国际协会发起并联合欧美跨国公司和其他国际组织制定了社会责任国际标准体系（Social Accountability 8000 International Standard，简称SA8000）。SA8000作为全球第一个可用于第三方认证的社会责任管理体系标准，一方面为所有国家的企业提供了社会责任规定，但也为发展中国家劳动密集型产品出口构成了另一个贸易障碍。

以上五种新贸易壁垒形式中，在现阶段对国际贸易活动影响最大的是贸易救济措施（包括反倾销、反补贴、保障措施）、技术性贸易壁垒和环境性贸易壁垒。同时，随着知识经济的发展，知识产权壁垒的影响也在不断扩大。总之，WTO成立以来，新贸易壁垒正越来越多地受到各国重视并发挥出重要作用，目前已逐渐取代传统贸易壁垒而成为国际贸易壁垒的主导形式。

思考题：

1.试分析一国对外贸易政策的选择依据。

2.关税的种类和征收方法有哪些？名义关税率与有效关税率的应用区别是什么？

3.新贸易壁垒有哪些种类？与传统贸易壁垒相比有哪些特点？

第八章　国际贸易政策与政策工具演进

上一章阐述了新贸易壁垒的含义、表现形式和基本内容。本章继续探讨它是如何形成的，客观认识其性质和作用。为此，需要弄清两个基本问题：一是国际贸易政策为什么会演变为WTO框架？二是作为国际贸易政策工具的选择，为什么新贸易壁垒会逐渐取代传统贸易壁垒而成为国际贸易壁垒的主导形式？

为了弄清以上两个基本问题，首先扼要地回顾近代国际贸易政策的历史演变，以便从其演变的轨迹中发现认识问题的线索。

第一节　近代国际贸易政策的历史演变

国际贸易政策从总体上可分为自由贸易政策和保护贸易政策两大类型。自由贸易政策的主要内容是进口国家取消对外国进口商品（包括服务和知识产权）的限制和障碍，取消对本国出口商品的特权和优待，使得商品能够自由进出口并在国内外市场上自由竞争；保护贸易政策的内容与此正好相反。

在世界范围内，近代国际贸易政策的历史演变可分为以下六个时期：

（一）15世纪至18世纪中叶

这是资本主义原始积累时期。为了促进资本的原始积累，西欧各国广泛实行强制性的保护贸易政策，主要方式是实行保护性关税并采用行政、法律措施限制进口，同时又采用各种手段奖励出口，以此通过限制货币（贵重金属）流出和扩大贸易顺差的办法来扩大本国资本积累。因此，重商主义思想成为当时保护贸易政策的理论基础。

（二）18世纪下叶至19世纪70年代

这是资本主义自由竞争时期。这一时期自由贸易政策占主导地位，以英国为代表的一些欧洲先进国家，大力推进贸易自由化，其理论基础是由斯密奠基、李嘉图完成的古典贸易理论。但在同一时期崛起的美国和德国，则基于相对不利的外部竞争条件，力主保护贸易政策。其主要保护方式是提高进口商品（尤其是制成品）的关税以保护本国市场免受外国商品的竞争，其理论基础是汉密尔顿的"关税保护说"和李斯特的"幼稚产业保护说"。

（三）19世纪70年代至第一次世界大战

这一时期不仅是工业化发展史上第二个高潮时期，也是资本主义从自由竞争阶段向垄断阶段的过渡时期。这一时期，自由贸易进程出现第一次大逆转。先是法国在19世纪70年代终止了与英国和比利时之间的通商条约，继而在19世纪80年代制定了新的"普通关税法"和"航海法"，法意之间爆发了大规模的贸易战；英国出现了"公平贸易"联盟；19世纪90年代法国又进一步制定了"梅林关税法"，英国则着手组建"帝国关税同盟"；与此同时，德、美等后起的工业化国家开始大肆倾销，意在争夺国际市场。这些事件形成了自由贸易出现以来的第一次保护贸易浪潮，这一时期贸易保护的主要方式是采用高额的关税壁垒。

（四）两次世界大战之间

这一时期，西方各国之间的贸易战此起彼伏，形成了历史上第二次贸易保护浪潮。这一时期的贸易保护主义主要表现在两个方面：一是各国争相提高关税，至1930年5月美国工会通过"斯摩特-霍利关税法"，宣布全面大幅提高关税，这一行动达到高潮；二是除关税战外，非关税壁垒也开始成为保护贸易政策的工具，当时主要是对进出口商品的数量实行限制，限制措施包括进口配额制、许可证制、禁止一些商品进出口、外汇限制、自动出口限制及有秩序销售安排等。同时，倾销与反倾销的斗争仍然激烈存在。这一时期的贸易保护政策与前两个时期相比有着明显区别：保护对象扩大，不但保护国内幼稚产业，而且更多地保护国内高度发达或出现衰落的垄断行业；保护目的改变，主要不是培养幼稚产业的竞争能力，而是巩固和加强对国内外市场的垄断，由防御性地限制进口转向对国内外市场的进攻性扩张；政策工具的使用，不仅采用高关税，还配合以非关税壁垒，同时采用强力措施鼓励出口（如补贴、倾销等）。因此，这一时期的保护贸易政策可称为超保护贸易政策，其理论基础是凯恩斯的"新重商主义"，或称为超保护贸易理论。

（五）二战以后至20世纪70年代初

第二次世界大战以后，随着生产国际化和资本国际化以及GATT的大力推动，出现了世界范围的贸易自由化。这一时期，自由贸易政策再一次占据主导地位。但与历史上的早期自由贸易浪潮不同，这一时期的自由贸易政策实际上是以自由贸易为基础，并辅以一定的国际和国家干预的有限自由贸易政策。这主要表现在：

（1）在贸易自由化上有了明显进展。通过GATT几轮多边贸易谈判，发达国家和发展中国家缔约方进口平均关税率已分别降到5%和15%以下；一些经济贸易集团内部逐步取消贸易壁垒，在区域内推行贸易与投资自由化；一些经济贸易集团给予相关的发展中国家以优惠关税待遇（如欧洲联盟对加拿大、非洲、太平洋地区发展中国家通过"洛美协定"给予优惠关税待遇）；1968年第二届联合国贸易与发展会议通过普惠制决议，要求发达国家给予发展中国家普遍的、非歧视和非互惠的优惠待遇；发达国家主动放宽进口数量限制，并放宽或取消外汇管制。

（2）在局部还存在贸易保护主义。考虑到发展中国家缔约方的经济水平，GATT以"允许例外"的特殊条款，对其予以保护，如允许发展中国家缔约方在关税削减上有比较长的过渡期并在履行GATT义务时有较大的灵活性；GATT对发达国家缔约方的劣势行业，允许以"实施保障措施"的方式进行保护；一些发展中国家实施"奖出限入"的各种措施，来保护本国市场和减少国际收支逆差；所有的社会主义国家都实行国家统治贸易，基本割裂了与资本主义世界的贸易来往。

以上贸易保护只存在于部分国家和部分贸易领域，在这一时期的国际贸易中没有形成主流。这一时期对国际贸易政策产生较大影响的理论，主要是以"比较成本说"为核心的西方自由贸易理论、凯恩斯的国家干预思想及普雷维什的"中心–外围"论。

（六）20世纪70年代中期以来

1973—1974年世界经济危机的爆发，使资本主义国家经济衰退陷入滞胀的困境，就业压力增大，市场问题日趋严重，这导致战后出现的有限自由贸易政策转向系统化的管理贸易制度。管理贸易是介于自由贸易和保护贸易之间，又兼有二者特点的一种新的国际贸易政策。管理贸易在一定程度上遵循自由贸易原则，但又利用国际性贸易组织的规则和一国政府的贸易法规来约束贸易伙伴的行为，以期通过限制或减少某些产品进口达到提高本国产品和产业国际竞争力的目的。与此同时，贸易保护政策重新抬头，一种新贸易保护主义也应运而生。新贸易保护主义与历史上出现的旧贸易保护主义相比，有其特点。第一，保护行为合法化，许多国家往往依据GATT的相关协议（如《公平竞争与补救措施协议》《技术性贸易壁垒协议》《实施卫生与植物卫生措施协议》《纺织品与服装协议》《农业协议》等）条款，以保障贸易公平竞争、提高产品质量与安全、保护人类生存环境等正当理由，实施贸易保护措施。第二，贸易保护措施由过去的关税和传统的非关税壁垒逐渐被新贸易壁垒所取代。关税壁垒通过影响产品价格直接影响进口，传统的非关税壁垒（如各种配额制度、许可证制度等）通过控制产品数量来直接限制进口，二者对产品进口的影响都是直接的，而且是一次性的；新贸易壁垒对外国产品进口的影响则是通过间接途径实现的，而且其影响是连续和多方面的。第三，贸易保护措施向制度化、系统化、综合化方向发展。许多发达国家实行的保护贸易措施，随着政府管理贸易而不断充实和调整，成为对外贸易体制的重要组成部分。同时，还将外贸政策法律化，把国家管理外贸的法律由单行的法律发展成为以外贸法为中心并与其他国内法相配合的一个整体。此外，不少发达国家日益趋向把贸易领域的问题与其他经济领域甚至某些非经济领域的问题（如民主、人权、军备控制等）联系起来，把贸易政策与其政治目标相结合，进而推动其贸易政策明显向综合性方向发展。第四，国际贸易保护正从国家贸易壁垒转向区域性贸易壁垒。随着越来越多区域性经济贸易组织的形成，统一的世界市场正被分割成大小不等的区域市场。这些区域性经贸组织不同程度地实行区域内互相开放和区域外的共同保护，这种开放和保护的双重性对于国际贸易的影响无疑有着更大的不确定性。进入20世纪90年代以来，上述新贸易保护主义的特征日益明显。这一时期对国际贸易政策影响较大的理论，主要是战后蓬勃发展的国际贸易新理论和新贸易保护主义理论（其内容将在后面有关部分阐述），它们运用新的方法，对处于新的贸易结构和市场结构变化中的国际贸易进行研究，从而为国际贸易政策的重大变化不断提供新的依据。

以上通过对近代国际贸易政策历史演变的粗线条勾勒，我们可以看出其大致的演变轨迹：尽管自由贸易政策与保护贸易政策在性质和内容上针锋相对，但在国家存在的情况下，国际贸易的任何发展阶段都没有完全的自由贸易和保护贸易，两种贸易政策总是如影相随，只是在不同发展阶段交替出现、强弱不同而已。当世界经济出现高速稳定发展时，自由贸易政策往往成为主流；当世界经济出现衰退和危机时，保护贸易政策则占上风。而从战后国际贸易发展的趋势看，两种政策在逐步融合并形成一种以自由贸易为基础、以适度保护进行调整的混合性贸易政策。显然，这样一种混合性的国际贸易政策是现实的，并有利于优化世界资源的有效配置和促进世界经济的发展。但在国际贸易发展的某个阶段或某个产业领域，这种国际贸易政策的总目标往往与不同国家的外贸政策目标发生矛盾或冲突。于是，一些国家从维护本国利益出发任意扩大保护程度，对国际贸易设置新的障碍，从而形成了新贸易保护主义，并成为当前国际贸易领域面临的一项重大挑战。

第二节　WTO框架的形成

WTO作为国际贸易政策的制度框架，它的形成取决于三个因素的综合作用：其一，世界上大多数国家外贸政策的选择倾向；其二，各国外贸政策的相互作用；其三，在世界经济、政治上处于强势地位国家的政策决策。下面对此分别展开分析，采用的分析工具是政治经济学相关理论。贸易政策的政治经济学在国内和国际两个层面上展开研究：在国内层面，采用贸易政策的国内政治经济学分析，关注的是一国贸易政策的制定和选择过程的影响因素，包括利益集团、院外活动、公共选择等方面的影响；在国际层面，采用贸易政策的国际政治经济学分析，更多考虑的是国际政治和经济对各国贸易关系的影响，焦点是各国之间贸易政策的博弈。

一、外贸政策选择的国内政治经济学分析

国际贸易是在比较优势的基础上发展起来的。按照自由贸易理论，如果各国都生产本国具有比较优势的产品并实行自由贸易，将大大提高世界范围内的要素配置效率并增进各国的经济福利。但现实中，各国政府更偏向实行保护贸易政策。为什么现实与理论相悖？ 一些经济学家对此除了进行纯经济分析之外，还从政治角度以收入分配问题为切入点，将公共选择理论的一些观点引入贸易领域，运用对政治行为的经济分析来考察一国政府对贸易政策的选择，这类观点被称为贸易政策的政治经济学。该理论的主要代表人物有鲍得温、迈吉、塔洛克、金德尔伯格、奥尔森和布坎南等，唐斯、克鲁格、库思和巴格瓦蒂等为理论的形成和发展做出了重要贡献。

（一）保护贸易政策的经济学阐释及其缺憾

关于保护贸易政策的选择，按照纯经济分析所做出的阐释主要有三种：

（1）贸易条件改善论，即一国进出口产品在国际市场上占有一定优势比例时，可通过征收合适的进口税或出口税，使进口产品价格下降或出口产品价格上升，从而改善贸易条件，增加本国福利。当然，征收关税会产生生产和消费的扭曲成本，但只要一国征税所带来贸易条件改善的收益超过生产和消费扭曲的成本，那么，选择保护贸易政策就是有益的。

（2）纠正市场失灵论，即一国国内市场运行机制失灵时，落后产业的资本和劳动力不能迅速向新兴产业转移，同时新兴产业可能产生技术外溢而面临较大风险。因此，政府可对进口竞争产品征收关税，保护新兴产业的生存空间，以利于其尽快成长。

（3）战略性贸易政策论。战略性贸易政策包括战略出口政策和战略进口政策。前者是布朗德和斯潘塞提出的，其基本观点是通过政府实行出口补贴来提高本国企业的国际市场占有率，从而使本国企业利润上升，外国企业利润下降，由此实现利润转移。如果增加的利润超过政府的补贴，就可提高国民收入。后者是由克鲁格曼提出的，其基本观点是征收适当的关税不仅可以

将外国企业的垄断利润转移到国内，还可以鼓励国内企业提高产量，形成规模经济，增强国际竞争力。

上述观点解释了为什么一国不单边实施贸易自由化，它为政府实行保护贸易政策提供了理由。但是，如果深入进行一番思考，就会发现这些观点存在不同程度的欠缺：

（1）对贸易条件改善而言，通过征收关税来改善本国贸易条件，必然是以贸易伙伴国的贸易条件恶化为代价的，这种以邻为壑的做法很可能引起对方的贸易报复，甚至引发关税战，造成国际贸易规模萎缩，福利水平下降。

（2）对纠正市场失灵论而言，纠正国内市场失灵，针对失灵根源运用国内政策（如国内税或补贴）直接干预才是最佳选择。贸易政策与国内市场扭曲的根源只有间接联系，如果运用贸易政策这种外部手段来治理内部失灵会带来较高的干预成本。

（3）对战略性贸易政策论而言，在实践上也面临很大难题：一是要成功实施战略性贸易政策需要大量完备的信息，如准确掌握市场结构、资源情况、厂商行为、预期风险和利润等情况，以确定本国战略性产业，也需要了解国外同类产业的竞争情况，实施这一政策同样面临外国报复的威胁。

由此可见，上述纯经济分析并没有为现实中的一国外贸政策选择提供有说服力的理论依据。这就促使一些经济学家把政治因素加入政府决策的分析中，运用政治经济学的分析方法来探讨一国政府选择贸易政策的真正动因。

（二）贸易政策选择的国内政治经济学分析

贸易政策的国内政治经济学分析认为，贸易政策是国内政治、经济诸多因素综合作用的结果，是如实反映各种社会集团利益的政治决策选择的。国际贸易研究在这方面的进展得益于公共选择理论对政治市场的开创性研究。在国内政治市场上，贸易政策的需求者是选民，其目标是追求个人利益最大化，通过投票选举那些能够增加其利益的候选人。政治家和政府官员等决策者作为贸易政策的供给者，与一般理性经济人一样是自私的，追求自身利益的最大化，并且遵循以最少的稀缺资源实现其目的的原则来进行活动。为此，他们必须应对来自贸易政策需求者的种种利益诱惑、压力或游说，追求最大的政治成功——当选或连任。而贸易政策作为国内政治市场上的商品，其均衡价格是由政治市场的供求关系决定的。这种分析方法的假定是把政府的决策者也视为经济人，其行为目标是追求效用最大化；这种分析方法的制度前提是该国政治制度实行民主制，即政府是通过社会选举而产生的。在这种假定和前提之下，政府决策者的行为规则是努力使当选或连任的可能性最大化，为此他们在制定政策时必定要考虑和满足某些社会利益集团的要求。如果将这一分析方法运用于贸易政策的决定，并且假定经济市场是完全竞争化的、收入再分配具有可行性，以直接投票的简单多数原则确定当选者，且投票成本为零，决策者应当选择最有效率的自由贸易政策。根据斯托尔帕–萨缪尔森定理，如果该国劳动者多于资本所有者，应出口劳动密集型产品而进口资本密集型产品，政治决策者会顺应大多数劳动者的要求采取自由贸易政策；反之，如果该国进口劳动密集型产品而出口资本密集型产品，自由贸易将直接使大多数劳动者受损，因而该国有选择保护贸易政策的倾向。但由于自由贸易给资本所有者带来的收益大于这些损失，通过实行收入再分配可用于补偿劳动者的损失，所以自由贸易政策仍会得到劳动者的赞同并付诸实施。

但是，在现实中为什么大多数国家会选择保护贸易政策并呈不断加强的趋势呢？这是因为上述结论的种种假定与现实有很大差距。在现实中，无论是经济市场还是政治市场都是不完善的[①]，而这正是影响一国贸易政策选择的两个主要影响因素。国际贸易理论的最新研究已证明，经济市场的不完全竞争和扭曲，使得自由贸易政策不再具备效率优势，自由贸易的好处亦因不能惠及大多数人而难显其优越性。而贸易政策的国内政治经济学理论则以政治市场的缺陷为前提，提出贸易政策实际上为利益集团游说政府并影响其决策的结果，是一个国家政治经济体系中的内生产物，而利益集团在体系中扮演了十分重要的角色。利益集团又称压力集团、院外集团，一般说来，它是具有特殊利益要求或政治主张并为此而以各种直接或间接方式影响政策、法律的制定和实施的社会团体。20世纪五六十年代，公共选择理论产生以后，对利益集团影响贸易政策形成的研究逐渐增多，但是真正的模型化分析是20世纪80年代以来，许多经济学家对利益集团影响贸易政策的途

---

① 实施完全自由贸易政策的根本前提条件，是世界各国经济市场和政治市场的完善性，具体表现在：各国均实行完全的市场经济体制和高度的民主政治制度；各国的生产要素能够自由流动；各国的贸易政策完全相同，不存在政策性贸易障碍；各国的宏观经济政策，包括货币政策和财政政策完全相同；国际协调机制完全有效。显然，现实世界并不具备这些条件。

径、方式及政府的决策过程，提出了各自不同的理解和假说，并依此发展出一系列的理论模型。主要的理论模型有：政治支持模型，认为贸易政策是政府追求总体政治支持最大化的结果，政府为了最大限度地得到产业利益集团和消费者的政治支持，选择贸易政策时需要在二者的利益之间做出权衡；游说支出模型，认为利益集团可通过游说，并通过相应的游说支出，影响政府选择贸易政策；政治捐献模型，认为利益集团可通过政治捐献提高所支持政党的获胜概率，从而间接获得自己所期望的贸易政策；信息传递模型，认为在非完全信息的情况下，利益集团向政府决策者提供相关信息，也能成为影响贸易政策的有效手段。上述模型从不同角度，对利益集团与贸易政策之间的关系提出了合理的微观解释和逻辑分析，但从实际情况看，游说支出模型与现实更为接近，对利益集团的研究也更为集中，所以对此应加以专门介绍。

游说支出模型，是由Findlay和Wellisz在1982年提出的。他们假设，代表进口竞争产业的利益集团游说政府，以期得到关税保护；代表出口产业的利益集团为了阻止关税提高，也需要进行游说活动。以C_i^s表示保护产业i的利益集团游说支出，C_i^o表示反对保护产业i的利益集团的游说支出。$T_i(C_i^s, C_i^o)$表示为产业i的关税决定函数，(C_i^s, C_i^o)是C_i^s的增函数和C_i^o的减函数。在关税为T_i的情况下，支持保护的利益集团福利水平以增函数$W_i^s(T_i)$表示，反对保护的利益集团福利水平表示为减函数$W_i^o(T_i)$。因此，支持保护的利益集团的净收益为$W_i^s[T_i(C_i^s, C_i^o)]-C_i^s$，反对保护的利益集团的净收益为$W_i^o[T_i(C_i^s, C_i^o)]-C_i^s$，利益集团双方进行非合作博弈，提供游说支出，使各自净收益最大化，最终关税便为非合作博弈情况下的纳什均衡解。该模型视关税内生于对立利益集团相互政治斗争的过程和结果，因此利益集团对贸易政策的影响具有决定性。

这一模型也可由关税保护游说的成本−收益分析图示加以直观说明。经济学家鲍得温认为，贸易保护是来自特定的选举人集团、企业、利益集团和政党的要求，并受到政治家和政府官僚的支持。他以关税保护的游说活动为例，对贸易保护政策的形成进行政治市场分析，如图8−1所示。

图8−1中的OA是游说成本曲线，对特定利益集团来说，由于提高关税越来越困难，使得用于关税保护的游说支出加大，进而使得边际成本不断递增，因此其曲线斜率也逐渐增大；同时，这一曲线也反映了政治市场供给者对特定利益集团或特定产业实行附加保护的意愿。在下列情况下，游说成本

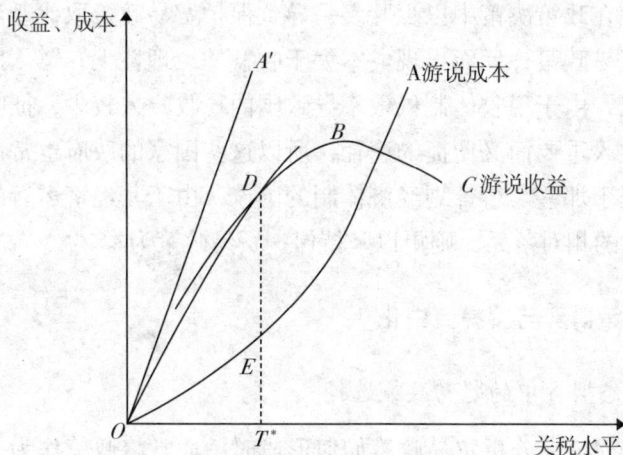

图8-1 关税保护游说的成本-收益分析

曲线会向下移动：第一，特定利益集团组织得好；第二，游说活动效率高；第三，该利益集团的要求得到社会其他利益集团或公众的赞同。

图8-1中的OBC是保护利益曲线，它代表特定利益集团进行游说活动带来的关税保护的货币价值。关税水平越高，对该集团带来的保护利益就越大，最大值为B，其对应的是禁止性关税。关税的增加至少在一定范围内具有边际收益，但总体上边际收益递减。当关税水平增加到T*时，集团的游说努力为最优，因为在这一点上，游说收益与游说成本的差异DE（租金）最大。

图8-1中的OA'是游说的初始成本曲线，它位于曲线OA和曲线OBC的上方，这说明游说的初始成本（主要包括组织成本、搜集政治信息成本等）很高，也可以解释为什么较早组织起来的利益集团较容易获得额外优势和特权地位，而新组织起来的利益集团却在政治斗争中步履维艰。

一般说来，贸易保护政策的最大受益者是供应国内市场而与进口产品竞争的国内生产企业，也包括生产互补性产品和为进口竞争产业提供投入品的企业，由于贸易保护的政策效应是有形的和直接的，可以增加国内就业和产量，所以当国内在经济萧条和失业率较高的情况下，主张贸易保护的利益集团往往游说力量很强，在国内政治斗争中影响巨大。而自由贸易政策的受益者主要是消费者和出口企业。消费者由于力量分散、组织性差，难以获取足够信息并普遍存在"搭便车"倾向，所以集体行动困难且在政治上缺乏为削减关税而斗争的动力；出口企业虽然意识到贸易保护会引起国外报复从而影响其产品出口，但由于这种损失是间接的且事先难以精确计算，因此也很难组织起有效的政治行动。这样就会使贸易政策在现实中总是被利益集团的政治意图所左右，在政策决策中以少胜多，导致保护贸易政策取代经济上帕累托最优的自由贸易政策，反而出现成本大于收益的"理性无知"。此外，在许多发展中国家，由于税收体制低效率导致国内税收收入较少，征收关税往往是增加财政收入重要而又便捷的途径，所以这些国家的政府也常倾向于保护贸易政策。至于那些实行计划经济体制的国家，由于其经济运行的内在封闭性和经济发展的相对落后，则更以坚持保护贸易政策为本。

二、贸易政策博弈与贸易自由化

(一)两国静态博弈中的贸易政策选择

传统的经济理论在分析贸易政策如何形成时，通常将政策作为一种决策者可以任意控制的工具，即作为一种外生变量来考虑，而忽略了政策制定者（一国政府）与影响对象（外国政府、厂商及消费者）之间的相互依赖和相互影响。从以上对贸易政策选择的国内政治经济学分析来看，无论是比较发达的资本主义国家还是发展中国家，或者是实行计划经济体制的国家，由于各种因素的影响，大多数国家政策决策者从自身利益出发，都倾向于选择保护贸易政策。但是，这一主观愿望能否实现还要受到外部条件的制约。因为任何国际贸易活动至少涉及两个国家的利益，如果实施保护贸易政策，就会出现一国的所得往往是另一国所失去的，贸易活动难以长期进行下去。所以，现实中的国际贸易政策实际上也是各国贸易政策博弈的结果，是各国利益相互平衡的一种反映（不一定是公平的）。在这种平衡的利益格局下，任何一国试图实行单边的保护贸易政策都难以成功。

现以一个最简单的两国贸易的政策博弈模型，分析单边保护贸易政策的不可行。假设世界上只有A、B两个国家，现有的贸易政策格局是双方利益平衡的结果。为了获取更大的利益，双方都有两种方案可以选择：一种是实施不干预或少干预的自由贸易政策，另一种是实施奖出限入的保护贸易政策。还假定两国同时进行政策选择，或者一国进行选择时并不清楚另一国选择的结果。如果它们对任何政策选择的满意程度可以用准确的数值进行衡量，其估计的数值如表8–1所示。

表中给出的数值主要包含两个假定。第一，如果任何一国政府把另一国的政策视为既定，它就一定会选择保护，即无论B国政府采取何种措施，A国政府都认为实施保护贸易政策会对其有利。如果考虑到国内利益集团对各国

表8-1 两国模型的贸易政策博弈

贸易政策	B国选择自由贸易	B国选择保护贸易
A国选择 自由贸易	自由贸易利益由两国分享（10，10）	自由贸易利益由B国独享（-10，20）
A国选择 保护贸易	自由贸易利益由A国独享（20，-10）	最小的贸易损失（-5，-5）

贸易政策选择的影响，这样的假定就是合理的。第二，假定即使两国单独实施保护贸易政策会使本国损失更小，但如果两国都选择自由贸易则会使两国的收益更大，即A国从一个开放的B国市场中获得的收益要大于开放本国市场的损失，反过来B国也是一样。在两国模型中，作这样的假定显然是合理的。

对A、B两国来说，面临的贸易政策选择将与博弈论中所谓"囚徒困境"的结果完全一致。在这场政策博弈中最可能出现的结果是什么呢？通过表8-1我们可以看出，如果B国选择自由贸易，那么A国的最优选择是保护贸易；如果B国选择保护贸易，那么A国的最优选择还是保护贸易。这说明无论B国选择什么贸易政策，A国选择保护贸易政策的结果都比选择自由贸易政策要优。对于B国而言，则同样的分析也成立。因此，这场政策博弈最有可能出现的结果，即决策最优是两国都会选择保护贸易政策。虽然这种政策选择给两国带来的收益是表中的数值（-5，-5），但对任何一国来说其损失都是最小的。若两国都选择自由贸易政策，那么它们的收益则同时得到改善，表中的数值（10，10）显然要比结果（-5，-5）好得多。但对于两国同时决策而其中任何一方都存在投机倾向的博弈来说，只有（保护贸易，保护贸易）组合才是唯一的纳什均衡解，而收益更高的（自由贸易，自由贸易）组合并不是纳什均衡解。在上述假设条件不变的情况下，两国即使进行多次贸易政策的选择，最终的最优结果都是如此。这一模型向我们展示，在每一个国家都能充分自由地选择本国贸易政策的情况下，自由贸易政策都不可能被某一国家单独实施。而双方均选择保护贸易政策无疑会给本国利益带来损失，并可能导致保护逐步升级甚至发生贸易大战。

上述模型是一个高度简化的两国模型，现实中参与国际贸易的国家往往超过两个，但每个国家在本国贸易政策选择上的出发点与上述模型中的假定并无太大差异。这就是在国际贸易政策的历史演变中，重商主义在近代贸易史上曾长期盛行的原因所在。

通过上面的分析，我们可以得出结论：对于一个追求国民福利最大化的国家来说，在任何情况下都不会选择单方面实行自由贸易政策；双方或多方均选择保护贸易政策不仅会给本国也会给整个世界带来福利损失，并可能导致保护逐步升级直至发生贸易大战。但是现实中为什么自由贸易最终占领上风成为世界贸易发展的主导呢？显然，仅有静态博弈的分析是不够的，我们还需要运用动态博弈的分析方法来寻求答案。

（二）两国动态博弈中的贸易政策选择

在博弈论中，人们把那种博弈各方在博弈中同时决策，或者虽然决策时间有先有后，但博弈的一方在决策时并不清楚其他方选择的博弈过程，称为静态博弈。如果各博弈方不是同时而是先后依次进行选择，而且一方在进行选择时已经知道了对方的选择结果，把这样的博弈过程则称为动态博弈。动态博弈又分为两种：一种为重复博弈，即每一个博弈阶段中的博弈方、可选结果、规则和得失等要素都是相同的；其他的动态博弈则被统称为非重复博弈，即前述的博弈过程中任一要素可能发生与前一阶段不同的变动。在国际贸易现实中，各国贸易政策的制定过程显然是一个动态博弈的过程。如果这个动态博弈过程是一种非重复博弈，贸易政策的选择就有可能发生逆转，而逆转能否发生的关键就在于先博弈的一方能否为后博弈的另一方做出可信任的承诺。

现在，我们仍以前述的两个国家贸易政策博弈为例，把原先双方同时进行政策选择的假设变为其中一方先进行选择，而另一方在选择前已经知道其选择结果，于是整个博弈过程就变成了动态博弈。这样，我们再来分析一下博弈的结果。如果A国在选择本国的贸易政策之前对B国承诺——只要你选择自由贸易政策，我也会永远选择这样做，那么B国的政策选择是否会改变呢？这里关键就在于A国做出的承诺是否可信。如果B国认为A国只是做出一种口头承诺并不足以相信（因为国家的自利性使得这种口头承诺被长期执行的概率微乎其微），则B国仍然会理性地选择保护贸易政策。这一博弈过程如图8-2所示。

图8-2表示，B国唯一合理的选择便是不相信A国的承诺，继续实行保护贸易政策。因为B国知道，一旦轻信A国的口头承诺而单方面实行自由贸易政策，A国肯定会违背承诺转而选择保护贸易政策以追求本国利益最大化（20个单位），而本国利益却要受到损失（-10个单位）。如果与原来选择的保护贸易政策相比还要多损失5个单位。反过来，对于A国同样也是如此。因

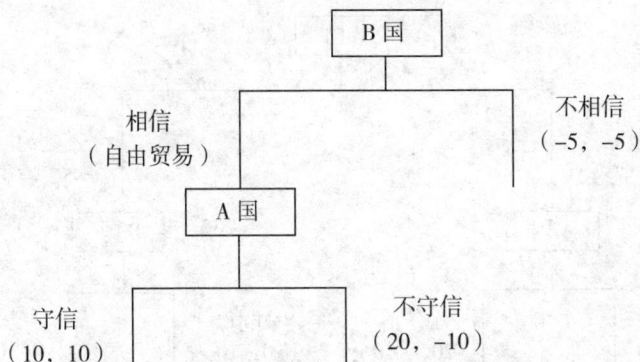

图8-2　不可信承诺时的贸易政策博弈

此，在不可信承诺的条件下，最终的政策博弈结果仍然是（保护贸易，保护贸易）。

可是如果A国主动提出与B国签订双边贸易协议，以法律化的形式表达自己的承诺：只要你选择自由贸易政策，我也会作同样选择。在国际法和国际公约体系有力约束的条件下，B国便有理由相信A国的承诺与之签订贸易协议并实行自由贸易政策。这样，政策博弈的最优结果就会变成（自由贸易，自由贸易），双方都可以从自由贸易获得10个单位的收益。这种双赢的博弈结果所以能够实现，是因为无论A国还是B国都清楚，在完备的法律制度下，哪一方违约都不会受益反而会遭受损失。这一博弈过程如图8-3所示。

当然，在上述分析中还必须有两个前提条件：其一，两个签约国家的经济实力相当；其二，在决策过程中，签约方国内利益集团格局不发生重大变化，贸易政策的选择仅仅取决于两个国家之间的政策博弈。在这样的前提之下，我们可以得出结论：在两国政策选择的动态博弈过程中，只有签订长期贸易协议作为可信承诺，双方才会共同选择自由贸易政策，以谋取可预见的收益。这一结论与国际贸易政策历史演进中贸易自由化浪潮的起落是相符的。回顾世界贸易史上出现的第一次贸易自由化浪潮就可以发现，这次浪潮开始的一个重要标志，就是英、法这两个当时最先进的资本主义国家之间签订了科布登-谢瓦利埃自由贸易条约。而贸易自由化在欧洲的扩大，也是借助于一系列双边自由贸易协议才得以实现。但当时的双边贸易协议存在着一些约束机制上的缺陷，并为后来的贸易保护主义几度回潮乃至泛滥埋下了伏笔。这些缺陷，一是双边协议对长期承诺具有不确定性。虽然当时的双边自由贸易协议都规定了明确的期限，但协议到期后能否续约则带有很大的不确

```
                        ┌─────────┐
                        │  B 国   │
                        └────┬────┘
              ┌──────────────┴──────────────┐
          签约                           不签约
       （自由贸易）                      （-5，-5）
          ┌───────┐                     ┌───────┐
          │ A 国  │                     │ B 国  │
          └───┬───┘                     └───┬───┘
        ┌─────┴─────┐               ┌───────┴───────┐
     守信         不守信           守信           不守信
   （10，10）   （20，-10）       （10，10）      （-10，20）
              ┌───────┐                       ┌───────┐
              │ B 国  │                       │ A 国  │
              └───┬───┘                       └───┬───┘
           ┌──────┴──────┐             ┌──────────┴──────────┐
        控告          不控告         控告                 不控告
     （-10，10）    （20，-10）    （10，-10）           （-10，20）
```

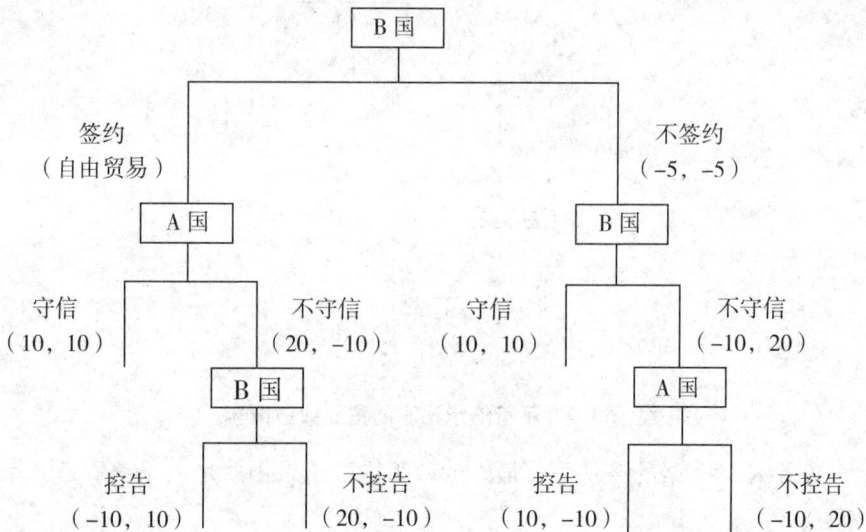

图8-3 存在贸易协议时的贸易政策博弈

定性，这就为承诺的效力在时间上打了折扣。二是存在非签约方的第三国影响。一方面非签约方的第三国完全不受该协议的约束可以采取任何一种贸易政策，另一方面签约方均可以对第三国实施保护贸易政策而不受该协议的约束，这就为承诺的效力在范围上进一步打折。三是在一系列的双边贸易协议之间，缺乏国际性的法律体系作为保障。

在这种不稳定的制度框架下，贸易自由化的趋势在面临下述情形时便容易被逆转：原有的双边自由贸易协议失效；不受协议约束的第三国对签约国造成了实质性危害，但这种危害对签约国双方的影响不同，使签约国国内利益集团的力量对比发生逆转，继而影响签约国政府对现有贸易政策的选择；当签约国中任何一方因国内利益集团格局发生重大变化而决定违约时，由于不同的双边贸易协议之间没有国际性法律的制约，很容易引起连锁反应，使得一系列的双边贸易协议被废止。研究国际贸易政策的历史，贸易自由化浪潮在19世纪70年代后转向低潮，并在一战之前和两次大战期间发生贸易保护主义的回潮和泛滥，从经济制度角度分析，关键就在于当时的自由贸易协议均以双边协议的形式出现，它并不能有效保证贸易自由化在较大范围内长久地持续下去。就是在那个时期，整个世界经济的格局也发生了重大变化：英、法的传统强国地位被美、德所超越，而作为当时已能够和英国相抗衡的美国却始终没有加入以欧洲为中心的双边贸易体系，这一切导致了当时欧美国家内部的利益集团格局发生了重大变化，并进而使这些国家对自由贸易政策的选择逆转为保护贸易政策。

（三）多边贸易协议与贸易自由化发展

双边贸易协议虽然有助于签约国选择自由贸易政策，但并没有充分利用国际合作的优势。首先，双边贸易协议产生的利益会"外溢"到那些没有做出任何让步的国家，难以避免其他国家"搭便车"现象。例如，美国与巴西贸易谈判决定削减咖啡进口关税，那么哥伦比亚向美国出口咖啡也会从中受益。其次，许多有利的交易需要两个以上的国家参与。例如，美国向欧洲大量出口，欧洲又向沙特阿拉伯大量出口，沙特阿拉伯向日本大量出口，而日本又向美国大量出口。因此，国际贸易自由化进程必然是由多边贸易协议取代原先的双边贸易协议。与双边贸易协议相比，多边贸易协议在约束机制上具有明显的优势，有力地推动了战后贸易自由化发展。这些机制优势主要体现在以下几个方面：

第一，有助于调动各国对自由贸易政策的支持。

如前所述，在许多国家，降低贸易保护都将引起那些因此而受损的利益集团反对。一般来说，自由化引起的损失往往集中于进口竞争企业，而自由化的受益者则是比较分散的进口产品消费者及出口企业，由于二者开展政治活动的动力和组织性相差悬殊，所以前者尽管在人数上处于少数，在对政府决策者的影响上却处于强势地位，这就是自由贸易政策很难在各国普遍推行的国内政治难题。多边贸易协议通过把多数国家和各种产品纳入贸易谈判及协议范围，让那些因本国市场开放而受损的集团去面对同样强大的因外国市场开放而受益的集团（国内出口集团），这样自由贸易政策在每个国家内部都有了坚定的支持者，使这一难题迎刃而解。同时还安排一系列的多边谈判和协议，通过互相削减贸易壁垒，有效地避免了各国政府在选择贸易政策时的"囚徒困境"。

第二，建立了国际性的法律保障体系。

多边贸易协议及在此基础上建立的GATT和WTO，把世界上许多国家同时纳入了一个统一的规则体系之中。而作为当今多边贸易体制唯一法律基础的WTO，其主要职能有三个：一是组织其成员进行开放市场的谈判，制定国际贸易规则；二是监督各成员方对WTO规则的执行；三是建立贸易争端解决机制，使得成员方之间的贸易争端通过合法的程序和途径加以解决。因此，在众多的缔约国之间，不再需要通过复杂的双边协定关系而联系，原先存在的不同双边协议之间没有法律保护的现象得以根除。当然，多边贸易体制的原则和规定也缩小了各个缔约国选择贸易政策的自由度。

第三，提供了有效的制度约束机制。

在多边贸易协议的框架下，当某一个缔约方发生违约转而实行保护贸易政策时，其他所有的缔约方可以共同对其采取惩罚行动，使违约国家因此所受的损失比双边贸易协议违约大得多。这就大大增加了违约国家实行保护贸易政策的制度成本和后果的可预见性，从而使该国的政治市场失灵从外部得以纠正，至少是部分纠正。从另一个角度看，多边贸易体制和协议也是一个市场，在某种程度上是各缔约国在互惠基础上进行的市场准入承诺的交换。由于把各种产品都纳入谈判范围，即使一国贸易受损也可以通过获取更便宜的进口产品得到自动补偿，从而进一步提供了利益约束机制。

第四，自由贸易政策的影响力大为扩展。

多边贸易协议的目标，是在世界范围内长久地推行贸易自由化。与原先的双边贸易协议相比，多边贸易协议的影响力得到大大扩展，表现在三个方面：一是把目前国际贸易所涉及的所有形态的商品交易，即货物贸易、服务贸易和知识产权贸易全部纳入多边贸易协议的框架之中，扩展了协议管辖的商品领域；二是把世界大多数国家吸收到多边贸易体制之中，扩展了国际商品流通的地域范围；三是多边贸易协议没有时间期限，扩展了协议效力的时间范围，使得因任何一个缔约国退出所引发连锁反应的可能性也大为降低。

总之，多边贸易协议是世界贸易历史进程中各国贸易政策重复博弈均衡的结果，是战后经济一体化进程中贸易领域最重要的制度创新，它最终体现为一种有效的贸易制度安排：通过一系列贸易协议和贸易规则使国际贸易活动在既定的框架下进行，通过减少谈判成本、降低贸易障碍节约了交易成本，从而形成了一个有序、稳定的国际贸易体系。上述机制上的优越性使贸易自由化进入一个良性循环状态，进一步推动了全球贸易自由化和经济一体化的进程。

三、推行贸易自由化的国际政治经济学分析

上面我们已经证明，在各国贸易政策反复博弈的情况下，大多数国家会

从选择保护贸易政策转向自由贸易政策。但要使自由贸易政策在世界范围内长期、普遍地推行，还需要强势国家的主导以建立多边贸易体制作为制度保障才能实现。这是为什么？对此还需要进一步对贸易政策进行国际政治经济学分析。

贸易政策的国际政治经济学分析，是从国际关系的角度研究贸易政策的选择和变化。国际贸易实际上是反映国与国之间相互经济利益关系的一种形式和途径，因此各国的相互作用决定了贸易政策的选择和变化。与传统的自由主义分析方法①不同，贸易政策的国际政治经济学多采用现实主义学派的分析方法。采用现实主义分析方法的假定前提：第一，国家是国际政治经济学的主要角色和分析单位；第二，理性的国家追求自身权利最大化，各国都有其国家的整体利益，而各国政府则是这种利益的保证，不同于经济，政治是一种零和游戏；第三，国家通过成本-收益分析，做出实现其利益最大化的选择。现实主义者强调了国家政治与经济利益之间的关系，认为一国的贸易政策仅仅是一国对外政策的反映，制定贸易政策在于提高国家竞争力以获取更大的经济、政治甚至意识形态上的利益。此外，他们还强调贸易政策的外部性，即强势国家对国际贸易政策推行所起的重要影响。他们认为，一国对外贸易政策的选择是由其在国际政治、经济中所处的地位决定的，并随着这种国际地位的变化而变化。某些国家随着实力的迅速增长，在国际地位变得十分强大后，就会改变其对外政策进而导致国际贸易政策乃至体制发生巨变。这种对贸易政策的国际经济学分析，最有代表性的当为金德尔伯格（1973）、格尔潘（1975）和库拉斯纳（1976）等提出的"霸权稳定理论"。这一理论认为，一个位居霸主或主宰地位的强国，通过"控制原料、资本来源和市场并在价值极高商品的生产中具备竞争优势"而拥有了强大的经济实力，从而可以对世界经济的正常运转发挥至关重要的作用。这个霸权国出于开明的个人主义的安全目标，必然要求并试图构筑自由开放的国际贸易体制，并且通过制裁、报复等手段来执行自由开放的经济规则，霸权国具备稳定和维护国际自由经济体系的能力。而一旦霸权国的经济地位下降，丧失了维护国

---

① 在古典政治经济学中，亚当·斯密和大卫·李嘉图作为自由竞争和自由贸易的倡导者，其自由主义的观点基于三个假定前提：第一，个人是政治经济学的基本角色和分析单位；第二，个人是理性的；第三，个人通过商品交换来满足效用最大化。与个人在经济活动中的作用和地位相比，政府的经济角色则相对有限，任何形式的政府干预会限制市场力量，从而阻碍自由贸易的发生。当然，自由主义者一般承认政府在维护自由贸易及协调国家之间利益中的作用。

际经济秩序的能力，国际贸易政策便会倒退回贸易保护主义。

霸权稳定理论可以从国际贸易政策的历史演变中得到验证。在世界贸易史上，两次自由贸易大发展均发生在有霸权国存在的情况下。一次是在19世纪中叶至20世纪初期英国统治下的和平年代。工业革命确立了英国重要工业部门（如纺织、煤炭、冶金和机器制造业）的绝对优势和技术垄断权，使其一举废除"谷物法"，率先从重商主义转向自由贸易，并成为当时举足轻重的世界贸易大国。英国坚定的自由贸易政策，支撑着半个多世纪世界贸易的扩展。另一次是二战后美国统治下的布雷顿森林体系时期。20世纪中叶，美国在世界经济中处于英国19世纪中叶的地位，其工业生产总值占当时资本主义世界的53.9%，于是凭借本国具有的强大经济实力和产业国际竞争力，从第二次世界大战后发起构筑GATT自由贸易体制，一直到20世纪70年代初的20余年里，积极推行自由贸易政策并推动国际贸易自由化不断扩大。而作为这种理论的历史反证同样具有说服力：一是在20世纪30年代，英国由于工业创新乏力，在国际竞争中逐渐处于弱势，而美国当时尚不具备接替英国成为霸权国家的实力，结果这一时期主要工业国家纷纷恢复"以邻为壑"的保护贸易政策，从而导致了世界性的大萧条；二是在20世纪70年代中期至90年代初期，由于西欧、日本的经济复兴和快速增长，美国的产业国际竞争力相对下降，国内贸易保护主义有所抬头，从而使战后开始的贸易自由化趋于停顿。而进入20世纪90年代以后，美国由于在新经济上处于领先地位，经济发展强劲，又开始采取一系列措施促进贸易自由化，其中包括签署《北美自由贸易协定》、推动GATT的乌拉圭回合谈判、建立WTO并倡导和参与APEC贸易自由化进程等，使国际贸易自由化又进入更高的发展阶段。

在世界范围内普遍推行自由贸易政策之所以需要强势国家的主导，是因为自由贸易政策以及贯彻这一政策的制度安排——多边贸易体制①，也是一种"公共产品"。作为公共产品，其构建既给成员国带来利益，也需要成员国各自付出代价。由于成员国遵行的是自利原则，公共产品的产出是基于边际个体成本与边际个体收益的均衡，而非边际个体成本与边际集团收益的均衡。因此，成员国越多差距越大，边际个体成本与边际个体收益的均衡点距

---

① 多边贸易体制是各国相互处理贸易关系时必须遵守的一系列国际规则的集合。多边贸易体制的组织基础和法律基础是1948年生效的关税与贸易总协定（GATT），1995年1月1日起由世界贸易组织（WTO）协议取而代之。

离边际个体成本与边际集团收益的均衡点就越远,一国参与的动力就越小。这样,多边贸易体制的构建基础就只能是大国垄断或寡占,因其成本与收益的均衡点接近整个集团的均衡点,从而愿意支付构建多边贸易体制的组织成本和管理成本。其次,多边贸易体制作为"公共产品",存在广泛的"搭便车"现象,许多国家只想享受别国开放市场的好处而不愿付出相应的代价,因此需要有强势国家为此提供巨大的成本支出,主要包括:开放初期承诺单边实行自由贸易政策给其国内劣势产业带来的贸易损失和风险成本,组织各国进行多边贸易谈判的协调和组织成本。此外,作为自由贸易政策的强力推动者,强势国家还需要为此提供相关的思想、理论、政策及制度构想。英国为推行自由贸易先后提供了斯密的"绝对成本说"和李嘉图的"比较成本说",第一次从理论上证明任何国家只要按照比较优势进行国际分工并开展自由贸易,就能增加国民财富,从而扫清了重商主义几百年来对各国构成的重大思想障碍。而在二战以后美国则进一步提出了一系列国际贸易新理论[①],阐明了在新的经济条件下积极参加国际生产和国际贸易,同样能够获取比较利益促进本国繁荣。以世贸组织为核心的多边贸易体制基本上是遵循美国的贸易思想和政策逐步建成的,如美国在20世纪40年代初进行双边贸易谈判中大力提倡的互惠互利和最惠国待遇的思想后来演变成为多边贸易体制的最基本原则,而GATT成立后旨在削减关税和非关税壁垒的八轮多边谈判和日后WTO的建立,也是在美国的强力推动下才得以完成的。与GATT相比,WTO在法律地位、实现目标、成员数量、组织结构、管理费用、争端解决能力等各方面都有显著提高,它为世界范围内推行贸易自由化提供了可靠的制度保障。

当然,强势国家的种种付出最终获得了巨大的回报。英国通过大力推行贸易自由化,开辟了广阔的原料市场,弥补了国内自然资源匮乏的劣势,同时又为国内先进的制造业提供了海外市场,从而大大提高了英国的生产效率、收入和消费,成为当时的"世界工厂"、国际贸易中心和金融中心。美国从贸易自由化中同样受益匪浅,美国依靠强大的经济实力,把有利于自己的贸易思想和政策贯彻于世界贸易体系,使美国的贸易政策与WTO贸易规则

---

① 国际贸易新理论,是指战后以美国经济学家为主提出的一系列新的国际贸易理论。它针对战后世界经济发生重大变化的现实,采用与传统经济学不同的新方法和新视角,对国际贸易的原因、格局及利益分配进行了深入的探讨,其主要内容包括规模报酬递增理论、产业内贸易理论、技术差距论、产品生命周期理论、人力资本理论和竞争优势理论等。

相协调，从而成功地利用了WTO为本国经济发展和经济利益服务。据美国商务部统计，1998年美国的国内生产总值比1948年GATT正式生效时增加了31.5倍，而这一期间美国的出口增加了60倍以上[①]。美国总统经济顾问委员会曾发表一份报告，承认美国通过融入世界经济取得了巨大的利差，并认为当其他国家和美国一起降低关税时，美国获利最大。美国贸易代表办公室的研究报告也承认，如果乌拉圭回合贸易协议得到全面实施，按照1992年的美元价格计算，全球每年可增加1710亿~2140亿美元的收入，其中美国可获得240亿~370亿美元，超过其他任何一个国家，而美国每年向世界贸易组织缴纳的会费仅1900万美元[②]。由此可见，这种远超过国家成本的国家收益，才是美国推动建立WTO以实现自由贸易长期发展的持久动力。

第三节　WTO框架下新贸易壁垒的形成

WTO建立对国际贸易的直接影响，一方面从总体上限制并降低了各国贸易保护水平，另一方面又促使保护贸易的政策工具发生了重大变化，即从关税和传统的非关税壁垒（配额、许可证等）逐步转向新贸易壁垒。在WTO框架下这种贸易政策工具改变的动因和根据是什么？新贸易壁垒的形成机制又是什么？

一、形成动因：贸易自由化的成本与收益比较

按照自由贸易理论，贸易自由化可以带来三个方面的直接收益：一是来自按比较优势进行国际分工和贸易的比较利益；二是可以获得本国因资源和技术限制而无法生产的产品，从而提高国内福利水平；三是通过扩大出口，为国内闲置的资源和剩余生产能力寻找出路。显然，上述直接收益都是针对参加自由贸易的国家层面而言。如果从世界经济的宏观层面来看，将以上三个方面的收益加以合成，那么自由贸易对世界经济总体也具有提高经济运行效率和增进世界福利水平的积极效应。但世上从来没有免费的午餐，经济学

[①] 详见2001年11月30日美国商务部新闻公报，引自中国新华通讯社同日电文。

[②] 详见新华社记者王建生《美国从国际贸易体系获益巨大》一文，新华通讯社华盛顿2001年11月4日电。

的基本原理表明，任何经济活动都是有成本的。那么，贸易自由化的成本又是什么呢？从GATT成立以来贸易自由化的实践来看，影响较大的主要有以下三种：

（一）市场垄断成本

GATT成立以后共举行了八轮多边贸易谈判，大幅度地降低了进口关税率（其中，发达国家缔约方平均进口关税率已降到5%以下，发展中国家缔约方平均进口关税率已降到15%以下）。各国保护水平的降低为贸易自由化形成并扩大市场规模扫清了障碍，因此促使许多国家纷纷扩大产业规模，以实现规模经济并具有更强的国际竞争力。战后，日益广泛的产业内贸易突出反映了规模经济在国际贸易中的存在和影响。规模经济一般存在于制造业（由于信息技术的提高，其规模经济效益更加明显），而制造业的生产成本和技术要求决定了其发展具有垄断竞争性。规模经济具有边际效益递增的特性，与比较优势相比，规模经济尤其是内部规模经济（Internal Economies of Scale）的实现主要依靠厂商自身规模的扩大和产出的增加。在具有内部规模经济的产业中，大厂商比小厂商更具有成本优势，因而能够迫使小厂商退出市场，从而逐步控制市场，形成不完全竞争的市场结构。不完全竞争市场具有两个重要特征：一是行业中为数不多的主要厂商自认为对价格具有影响力，二是各厂商将自己视为价格的制定者而非接受者。在现实经济中，不完全竞争将会给国际贸易带来很多重要影响，其中最显著的就是形成了对某些行业的产品的垄断。这些行业的厂商为了占据更大份额的国外市场，很可能对国内外不同市场的同类产品进行差别定价，实行商品倾销（如果厂商认定其产品在国际市场不具备竞争优势，会以低于国内市场价格甚至低于生产成本的价格出口，以打击国外竞争者并占领国外市场）。倾销是一种典型的价格歧视，实施的基础在于市场垄断，而实施的结果则具有两重性，即扩大本国出口和打击进口国的竞争产业，同时还会剥夺第三国利益。因此，倾销是一种不公平的竞争行为，扭曲了市场秩序，它迫使进口国厂商疲于应付产品的价格战，导致忽略质量与资源的配置效率，严重阻碍进口国竞争产业的发展。而对于进口国消费者而言，虽然在短期内可以享受价廉物美的商品，可一旦倾销得势后，价格必然上涨，消费者将付出更加高昂的代价（这种代价包括价格和失业率上升）。这些因倾销造成的进口效率和福利的严重损失，其实是贸易自由化进程中衍生的市场垄断成本所致。

（二）技术标准成本

技术标准成本是因战后贸易自由化带来的国际分工深化而产生的。战后迅速发展的贸易自由化使国际分工的深度和广度发生了重大变化，主要表现在：

（1）产业内分工取代产业间分工，占据主导地位。二战以前，国际分工主要是经济结构和技术基础不同的国家在不同的产业之间（如发达国家与发展中国家在制造业与农业、矿业之间的分工）进行的，因此这种形式的国际分工又称为垂直型分工。战后，国际分工则主要在经济结构和技术基础相近的国家之间就同一产业内部进行专业化分工（其主要形式分为同一产品不同型号及不同规格的专业化分工、同一产品不同零部件的专业化分工和同一产品不同生产工艺过程的专业化分工三种），因此这种形式的国际分工又称为水平型分工。战后国际分工的主要形式由垂直型分工变为水平型分工，深刻地反映了国际分工的深化程度。

（2）参与国际分工的国家日益广泛。战前，国际分工主要是在宗主国与其殖民地之间以及西方主要工业化国家之间进行，范围相对狭窄。战后，贸易自由化进一步推动生产国际化的发展，使绝大多数国家都处于国际生产链条中的一个环节，这样无论是发达国家、发展中国家还是转型国家都被纳入国际分工的体系之中。国际分工在深度和广度上的发展实现了生产上的规模经济，但也因各国技术标准不同而导致交易成本的上升。因为随着现代科学技术的迅速发展，贸易产品的技术含量越来越高；同时，随着人们生活水平的提高，各国消费者对贸易产品的性能、质量及安全性的要求也越来越高。可是各国因经济技术发展水平不同，所制定和实施的技术标准差别很大，这就给生产者和出口商造成了困难，构成了国际贸易的重大障碍。

（三）环境保护成本

贸易自由化使人们将目光更多地投向贸易利益。但随着国际贸易规模的日益扩大，对自然环境的破坏越来越突出：一是许多发达国家利用各种贸易方式耗竭性地掠夺全球资源和将污染严重的产业向国外转移，造成许多发展中国家的生态环境严重失衡；二是许多发展中国家和转型国家，实行赶超战略和大规模工业化发展模式，又使全球环境进一步恶化（如臭氧层破坏、温室效应、酸雨成灾、水体污染、森林破坏、水土流失、土地荒漠化加剧、野生动植物物种大量灭绝等）。种种悲剧正在促使人们日益关注贸易自由化与环境保护之间的矛盾。地球环境具有相对极限，适合生物生存的环境条件是地球形成后经过极其漫长的演变才出现的，不仅自然资源存在极限，自然资源对人口数量的承载能力和环境的自净、循环能力也存在着极限，因此，维持生态环境要素资源的可持续性是实现自由贸易可持续发展的先决条件。

进入20世纪90年代，有关环境保护与贸易自由化矛盾的争论日趋激烈。一些环境主义者认为，自由贸易的发展加剧了环境恶化（托马斯·安德森、卡尔·福克、斯蒂芬·奈斯德姆，1998），美国经济学家哈丁著名的"公地的悲剧"观点集中地体现了这一学派的看法。美国另一位环境学家尤劳吉则进一步阐述了这一观点的根据。他认为，自然资源分为独占资源和不可占资源不同性质的两类。前者是生产者或消费者能够完全独占的经济价值资源，如土地、树木、天然气、铜矿、石油等；后者是那种不能分割、难以独占、现在公众仍在免费使用却由社会来承担代价的资源，如清洁的空气、大气、山光水色等环境资源，即哈丁所说的"公地"。而传统的国际贸易理论仅考虑了前者，没有正确估价和分配后者，所以使全球贸易加剧了环境恶化。对此，另外一些经济学家认为，国际贸易不是全球环境恶化的根本原因，而产品和服务的价格不能体现环境成本所导致的市场失灵才是全球环境恶化的根本原因，"科斯定理"则对此作了很好的解释[①]。科斯定理将外部性与产权联系起来，为环境污染的经济分析提供了最具系统性的理论框架，在环境与经济之间建立了有机的结合。因此，解决国际贸易中环境外部性问题[②]的出路应当是：对贸易产品包含的环境要素进行合理定价，将环境成本内部化；在国际贸易体制中制定和补充有关国际贸易的环境规则和标准等内容，从制度上保证贸易的外部性影响趋于零[③]。

---

① 1991年，新制度经济学代表人物罗纳德·哈里·科斯提出了外部性与产权理论，解释了经济的外部性——第三方承担成本问题，并获得了当年的诺贝尔经济学奖。科斯的理论分析是从环境污染问题开始的。他认为环境资源的产权不明使经济活动产生的环境成本得不到内化，解决方法是通过法律手段界定环境的产权，重新分配权利，保障公众福利。正如科斯在《企业、市场与法律》一书中所指出的：我们必须考虑各种社会格局的运行成本（不管它是市场机制还是政府管理机制），以及转成一种新制度的成本。

② 研究外部性的许多学者认为，"公共物品"的存在是产生外部成本的根本原因。环境资源往往属于公共物品，或者至少具有一定的公共性。界定环境资源的产权和抑制外部不经济性的基本条件是产权的明晰化，而消除外部性的交易最好是对产权的拥有尽可能排它。但是诸如大气、公海和需要保护的自然植被等环境要素，事实上不存在私有化的可能，因此就有赖于对环境资源进行合理定价。

③ Daniel C. Estg, Greening the GATT, *Trade, Environment & the Future*. Washington D C, Institute for International Economics, 1994, Chapter 4.

二、形成依据：次优化理论与WTO基本原则

贸易自由化进程中存在的三种主要成本（市场垄断成本、技术标准成本和环境保护成本），使得现实的国际贸易市场是一个不完全竞争和存在外部性的市场。按照自由贸易理论,各国只要按照自然条件（亚当·斯密）、比较利益（大卫·李嘉图）和要素丰缺（俄林）的状况进行国际分工和自由贸易，就可以实现效率最高和福利最大（也可以表述为厂商和消费者的利益最大化），即帕累托最优。但这一均衡的实现，需要满足一系列假设条件：不存在市场不完全或市场扭曲；生产和消费中均无外部效应，不存在公共物品，资源都被私人拥有，经济参与者追求利益最大化；市场总能出清且没有交易成本等。在此情况下，最优的贸易政策是自由贸易政策，最终实现的均衡为最优均衡，而各种关税和非关税壁垒只会降低经济效率和国家福利。

但现实世界并非如此完美，战后国际贸易中广泛存在的市场垄断成本、技术标准成本和环境保护成本，充分说明现实世界贸易市场是一个不完全竞争并存在交易成本和外部性的市场。在这种情况下，是否就要否定最优均衡和自由贸易政策呢？1956年，理查德·李普西和凯尔文·兰卡斯特总结了前人的理论分析，创立了次优理论并提出：如果一般均衡体系中存在着某些情况，使得帕累托最优的某个条件遭到破坏，那么即使其他所有的帕累托最优条件都得到满足，结果也未必是令人满意的。换句话说，假设帕累托最优所要求的一系列条件中有某些条件没有得到满足，那么帕累托最优状态只有在清除了所有这些得不到满足的条件之后才能达到。高鸿业等人编著的《西方经济学（微观部分）》一书对次优理论进行了通俗的解释，即假设达到帕累托最优状态需要满足10个假设条件，如果这些条件中至少有一个不能得到满足，那么满足全部剩下来的9个条件所得到次优状态，未必比满足剩下来的9个条件的一部分（如满足4个或5个）而得到的次优状态更加接近于10个条件都得到满足的帕累托最优状态。显然，次优理论为现实中贸易政策的理性选择提供了理论依据。按照次优理论，面对现实世界贸易市场的种种缺陷，我们只能退而追求次优均衡，并选择次优的国际贸易政策，即在次优条件下选择的最优政策。

我们从次优选择的角度来分析WTO的贸易政策取向时，就会发现WTO所

制定和推行的并不是完全自由贸易政策而是有节制的（或者称为有限度的）自由贸易政策，这从WTO的基本原则内容上得到集中体现。第一，一部分基本原则贯彻了自由贸易思想。比如非歧视原则是为了保证贸易自由化成果在所有成员方之间适用与一致；贸易自由化原则（体现为削减关税、减少非关税壁垒和服务贸易的市场准入）是为了减少贸易障碍，并使贸易自由化从货物贸易扩展到服务贸易领域；公平竞争原则和透明度原则是为了使各成员方的企业有平等的贸易环境，从而为自由贸易顺利运行提供重要保障。第二，另一部分基本原则体现了允许适当贸易保护的精神。比如，允许正当保护原则，允许成员方根据经济发展阶段不同、产业及服务业竞争能力差距可实行不同程度的保护，同时将与贸易有关的知识产权排除在贸易自由化之外；鼓励发展和经济改革的原则，是给予发展中国家和转型国家成员方一些照顾（如延长履行WTO各项协议义务的过渡期和增加灵活性，向其提供技术援助等），以鼓励其加快经济发展和向市场经济转轨；例外与免责原则，是考虑成员方历史传统、安全和确有困难的情况下，允许其在履行WTO协议义务时可采取一定的保护措施。

从上述WTO的基本原则可以看出，WTO奉行的国际贸易政策实际上包容了自由贸易和适度保护的中性贸易政策，其政策目标是：把贸易自由化作为基本目标，但在实施过程中又结合了两大因素，即贸易自由化与可持续发展相结合并防止发展中国家边缘化。可见，在组织性质上，WTO并不是一个自由贸易组织，正如WTO秘书处在其编著的《贸易走向未来》中所阐述的："世界贸易组织有时被称为'自由贸易'组织，但这并不完全准确。更确切地说，这是一个致力于开放、公平和无扭曲竞争的规则体制。"也就是说，WTO是一个寻求次优均衡的多边贸易体制。

三、形成机制：贸易政策工具的次优选择与双重约束

贸易政策工具，是指实施不同贸易政策的各种具体措施，并体现着一定的政策目标。其中，实施保护贸易政策的措施又称为贸易壁垒。GATT体制所允许的贸易保护措施主要是关税和传统的非关税壁垒（主要是进口限额、许可证、出口补贴等），为什么在WTO体制下，这些传统的贸易壁垒会被新贸易壁垒逐步取代？国际贸易的实践已经证明，这实际上是一个贸易政策工具进行次优选择的自然过程，也是受WTO规则和成员方政府干预双重约束的必然结果。

（一）贸易政策工具的次优选择

所有的贸易保护措施都会导致贸易的扭曲。扭曲（Distortion）被定义为经济活动对帕累托最优状态的偏离。造成扭曲的根源，一方面是市场的不完善（或市场失灵），另一方面则是政策运用失当所致。市场失灵或政策运用失当将使得帕累托最优的条件DMRS=DMRT=FMRT[①]中任何一个条件不能得到满足而出现扭曲。巴格瓦蒂区分了经济性扭曲和非经济性扭曲，国内扭曲和国际扭曲[②]。就经济性扭曲而言，DMRS=FMRT≠DMRT时出现生产扭曲，DMRT=FMRT≠DMRS时出现消费扭曲，而DMRS=DMRT≠FMRT时导致国外市场扭曲即贸易扭曲。消费扭曲和生产扭曲属国内扭曲，贸易扭曲则是国际扭曲。显然，在市场失灵的现实既定条件下，扭曲是不可避免的，因此扭曲程度的大小取决于贸易政策工具的选择。下面，让我们对几种主要的传统贸易政策工具造成的扭曲情况进行比较。

1.关税

可以用图8-4来分析征收关税的影响。

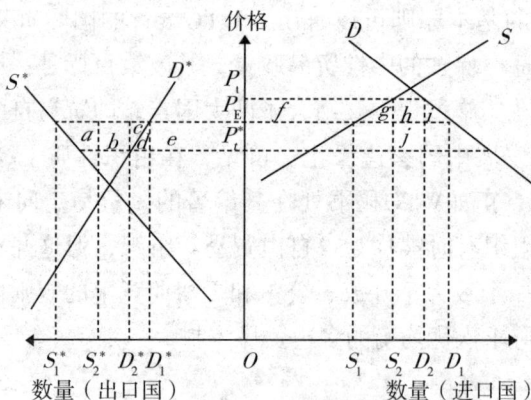

图8-4　大国征收关税的经济影响（示意图）

---

① 在此公式中，DMRS表示国内边际消费替代率，即两种商品可替代的比率；DMRT表示国内边际生产转换率，即以一种商品表示的另一种商品的机会成本；FMRT表示国外边际转换率，即一国的边际贸易条件。

② Bhagwati ,Jagdish N.The Generalized Theory of Distortion and Welfare, in J.Bhagwativiet al.（1971,eds.）Trade, Balance of Payment and Growth: Essays in Honor of Charles Kindleberger. *Amsterdam: North-Holland*, 1971：53—67。

图8-4显示了某大国在征收进口关税后对本国及外国的影响。P_E是自由贸易时的国际市场价格；P_t是进口国征收关税后的国内价格；P_t^*是出口国在进口国征收关税后的价格（因为贸易大国征收关税会引起国内该商品价格上升减少进口数量，并进而导致出口国该商品价格下跌），它既是出口国的价格，也是进口国的进口价格。由于价格上涨，进口国的供给从S_1扩大到S_2，而需求从D_1下降到D_2，因此进口数量从S_1D_1减少到S_2D_2。同时，出口国的生产由于价格下跌而从原来的S_1^*减少到S_2^*，而需求却从D_1^*增加到D_2^*，从而使出口数量从$S_1^*D_1^*$减少到$S_2^*D_2^*$。

在上述情况下，关税对出口国经济的影响：由于出口价格下降，国内消费者得益，其消费者剩余的增加部分为$d+e$两块面积，但国外生产者却遭受很大损失，其生产者剩余的减少部分为$a+b+c+d+e$；出口国的福利净损失则为$(a+b+c+d+e)-(d+e)=a+b+c$。

而关税对进口国经济的影响：国内消费者受到最大损失，其消费者剩余损失为$f+g+h+i$；国内生产者得益，其生产者剩余为f；本国政府也因征收关税增加了财政收入$h+j$，即等于$(P_t-P_t^*)(D_2-S_2)$。这样，进口国的关税净效应为生产者得益加政府收入再减去消费者损失，即$f+(h+j)-(f+g+h+i)=j-(g+i)$。如果$j>g+i$，进口国的福利增加，如果$j<g+i$，则进口国的福利减少。其中，$g$是生产损失（Production Loss），是由于一部分应得到有效利用的资源因进口产品价格上涨而转移到进口竞争行业上来，因此是一种生产扭曲效应；i是消费损失（Consumption Loss），是由于消费者原来用于该进口产品的消费因价格上涨而被迫转移到其他偏好较低的产品，因此是一种消费扭曲效应。两者都是由于关税扭曲了价格调节信号而造成的损失，所以又一起被称为效率损失（Efficiency Loss）或无谓损失（Dead-weight Loss）。j通常称为贸易条件（Terms of Trade），这是关税使得出口国的出口价格（即进口国的进口价格）下降所造成的。

那么，关税对世界的经济效率会产生什么影响呢？下面以大国模型为例，用超额需求（进口需求）曲线和超额供给（出口供给）曲线来分析，如图8-5所示。

图8-5显示，当进口国征收关税后，出口国的出口价格（进口国的进口价格）从P_e降到P_t，进口国的国内市场价格则从P_e提升到P_t^*；进口国的进口数量（出口国的出口数量）从Q_e减少到Q_t。与图8-4相比，图8-5中$g+i$的面积就是进口国的效率损失，j是贸易条件得益，$h+j$是进口国的关税收入；而$j+$

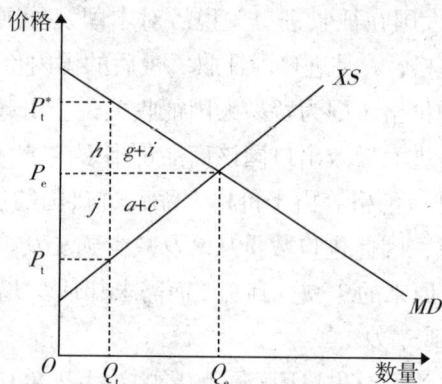

图8-5 大国征收进口关税对世界经济的影响

（a+c）是出口国的损失，（g+i）+（a+c）则是整个世界的福利损失。

由以上分析可见，虽然征收关税对进口国的厂商和政府有益，但总的看来是弊大于利。对一个进口大国来说，即使采用较低的关税率会提高其福利水平，但就整个世界来说，最优关税率①仍然会导致效率损失，这是因为出口国的损失大于进口国的得益。

2. 补贴

补贴分为进口补贴和出口补贴，下面分别加以简要说明。

（1）进口补贴（Import Subsidy），是一国政府为了鼓励进口，通过对进口竞争企业的财政补贴，以保护国内进口竞争行业的措施。可以用图8-6来分析进口补贴的影响。

图8-6中的 D 和 S 分别为进口国的需求曲线和供给曲线，P_w 为自由贸易时的国际市场价格，P_s 为国内产业享受补贴后的国内价格。进口国政府给进口竞争产业补贴 $a+b$ 后，使国内生产数量比自由贸易条件下从 S_1 增加到 S_2，进口国厂商增加了生产者剩余 a。假定补贴后国内增加的产量与征收进口关税后增加的产量相等，则政府给予的补贴为等量补贴（Equivalent Subsidy）。等量补贴便于分析时同进口关税做比较。政府补贴使国内供给曲线从 S 移到 S_s，国内产业的产量从 S_1 增加到 S_2，但没有使国内产品价格提高到 P_s 并进而减少国内的消费数量，补贴后国内市场的产品价格仍保持在 P_w，国内消费量为 S_1D_1 与自由贸易情况下相同。此时，进口产品数量为 S_2D_1，虽然比自由贸易

① 最优关税率，就是能使进口国贸易条件得益（图8-5中的 j）与效率损失（图8-5中的 $g+i$）之间的差达到最大的关税率。它对贸易大国有效，对贸易小国无效。

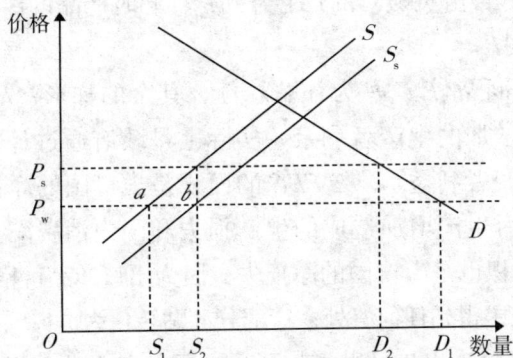

图8-6　进口补贴的经济影响

时减少了S_1S_2，但比征收进口关税增加了D_2D_1。

　　与征收进口关税相比，由于进口补贴没有使国内产品价格上升并进而减少国内消费数量，因此不会产生消费损失或消费扭曲效应。一国实行进口补贴的总效应是政府补贴（即纳税人负担）$a+b$减去国内厂商的生产者剩余a，福利净损失为b，此亦为生产损失。因此，一般说来，如果政府目标是使国内生产达到某个水平，进口补贴是比进口关税更好的选择。

　　（2）出口补贴（Export Subsidy），是一国政府为了鼓励出口，通过对出口厂商的财政补贴或优惠，以降低出口产品成本提高国际竞争力的措施。可以用图8-7分析出口补贴的经济影响。

　　在图8-7中，假定政府对每单位数量的出口产品给予补贴P_sP_d，出口商的供给数量就会从S_1增加到S_2，国内出口供给与国外需求曲线的均衡点由E点移到E'，S_x'为补贴后出口供给曲线且平行于S_x。由于出口数量增加，出口国国

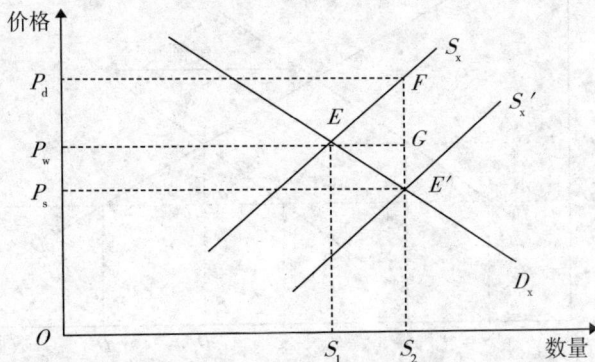

图8-7　出口补贴的经济影响

内市场产品价格从自由贸易时的P_w上升到P_d，同时产品的出口价格因厂商享受补贴从P_w下降到P_s。

图中，矩形面积$P_dP_sE'F$为补贴总额，其余的梯形P_dP_wEF是国内价格上升使国内厂商增加的生产者剩余（实际上是政府通过补贴，把这部分税收收入转化为生产者利益）；$\triangle FEG$的面积是出口国的净损失，包括出口国国内价格上升后生产增加造成的生产损失和国内消费减少造成的消费损失。$\Box P_wP_sE'G$面积也是出口国的净损失，因为出口产品价格从P_w降到P_s，同时因出口国没有从中得到任何好处，这部分补贴转化为进口国消费者的利益。

由以上分析可见，出口补贴增加了出口国纳税人的负担，减少了社会福利并减少了消费者剩余，只对国内出口厂商和外国的消费者有利，但又扭曲了国际市场的商品价格，直接损害了进口国和相同产品的其他出口国的厂商，因此被认为是一种不正当的贸易政策行为。

3.进口配额（Import Quotas）

进口配额是一国政府对指定商品在一定期限内（通常是一年）规定的进口数量，对超过规定配额数量的进口产品不准进口或者征收差别关税。可以用图8-8分析进口配额的经济影响。

在图8-8中，假定自由贸易情况下，一国的进口为S_1D_1。如果政府规定S_2D_2的进口配额，进口国的消费者面临的总供给曲线就是三段式的：在价格低于P_w时，它是S上的一段；当价格等于P_w时，它就是水平的；在进口配额已满，价格高于P_w时，它是S_q。市场在价格为P_q时出清，这时的进口数量就是S_2D_2，等于进口配额。这时，P_wP_q相当于等量关税（Equivalent Tariff，即意味

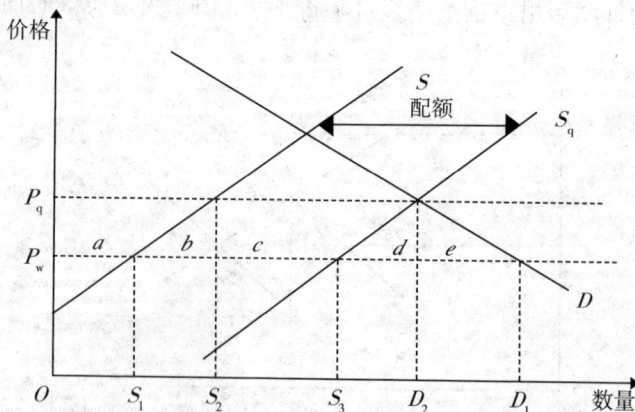

图8-8 进口配额的经济影响

进口配额与相同的进口关税有同样的经济效应）t。由于进口配额的限制，进口产品数量从S_1D_1减少到S_2D_2，直接损害了出口国厂商的利益。同时，对进口国消费者而言损失最大，其消费者剩余减少的面积为$a+b+c+d+e$。其中，a转化为进口国厂商的生产者剩余；d和e为进口国净福利损失，d为生产损失，（国内厂商在P_q价格下增加产量S_3D_2造成的生产扭曲），e为消费损失。与进口关税相比，进口配额的一个很大的不同就是$b+c$这两部分面积。如果实行进口关税，它们就是政府的关税收入，而在实行进口配额时则变成配额利润。因为政府是通过发放进口许可证来分配进口配额的，所以在许多国家它往往演变成一种"租"。进口商有可能进行寻租活动，使之在有权分配额的官员和得到配额的进口商之间瓜分，这种违法交易和不合理的利益分配会带来更多的社会问题。

通过以上对几种主要传统贸易政策工具的分析，我们发现，尽管它们的经济影响各不相同，但共同点是它们不仅没有从根本上减少贸易的扭曲，反而引发了更多的政策性扭曲，如国内扭曲（包括生产扭曲和消费扭曲）。

这些因不合理的贸易干预导致的政策性扭曲如表8-2所示。

表8-2 几种主要传统贸易壁垒导致的政策性扭曲

政策工具	对进口国的作用	对出口国的作用	对世界经济总的作用
关 税	消费者剩余减少，产生消费扭曲；生产效率降低，产生生产扭曲；政府收入增加。如关税最优，可合理保护国内产业并改善贸易条件	因生产数量减少，产生生产扭曲；因出口价格降低，福利减少	因进口国低效生产和出口国生产不足导致生产扭曲；即使是最优关税率仍会导致效率损失，因为出口国损失大于进口国收益
进口补贴	低效率状态生产，形成生产扭曲；纳税人负担增加，降低福利水平		扭曲了国际市场价格与比较优势相悖，导致资源错置和效率损失
出口补贴	使生产规模和价格降低，对进口国产业形成很大冲击，消费者剩余增加	消费者剩余减少，产生消费扭曲；纳税人负担增加，降低福利水平	（同上）损害了同类产品的其他出口国厂商，容易引发贸易战
进口配额	进口数量减少并间接导致价格上升，使消费者剩余减少，产生消费扭曲；低效生产而形成生产扭曲；易产生寻租行为	减少出口数量，因生产不足形成生产扭曲	进口国市场易形成垄断，世界福利水平降低

之所以会产生上述情况，主要是因为传统贸易政策工具的选择违背了选择的基本原则。按照次优理论，在市场不完善的前提下，合理选择政策工具的基本原则应当是选择那些最接近于扭曲根源并能加以有效纠正的政策工具。因此，作为贸易政策工具的次优选择，新贸易壁垒必然逐步取代传统的贸易壁垒，并为WTO和各成员方所接受。

（二）新贸易壁垒形成的外部条件

新贸易壁垒的形成，实际上是贸易政策工具的内在演变和外部贸易法律环境互相影响和作用的结果：其内在演变的根据是各种贸易政策工具在成本—收益比较下的次优选择，而外部贸易法律环境则是WTO规则与各成员方国内相关法规的双重制约。这种双重制约主要表现在以下两个方面：

第一，各成员方国内相关贸易法规受WTO规则的制约。

从法律角度看，WTO规则是国际法规范，各成员方的国内相关法规是国内法规范，两者同属于国际经济法的范畴。因此，各成员方能否正当运用新贸易壁垒，不仅要涉及本国的相应法规，还应符合WTO相关规则。这意味着，各成员方运用新贸易壁垒作为保护手段是否合理合法，还要受到WTO相关规则的制约。WTO规则分为框架规则和具体规则。框架规则称为协定，如《1994年关贸总协定》《服务贸易总协定》《与贸易有关的知识产权协定》，它们确定了各自领域中能体现WTO基本原则的框架规则，作为具体协议的基础，带有指导性。具体规则体现在相关贸易协议上，这些协议是在框架规则下就某个具体问题达成的具体协议，如在《1994年关贸总协定》下达成具体规则的协议就包括《反倾销协议》《补贴与反补贴协议》《保障措施协议》《技术性贸易壁垒协议》和《实施卫生与植物卫生措施协议》。显然，具体规则是WTO基本原则和国际贸易相关领域具体情况结合的成果。它们是通过多边贸易谈判在相互妥协的基础上达成的，是WTO成员方合法实施新贸易壁垒的重要依据。这方面的一个典型案例是，2000年WTO争端解决专家组裁定美国依据其《1916年反倾销法》实施的反倾销违反了WTO的反倾销规则，必须于2001年7月26日前废除该法。此案的起因是，从1997年开始，日、欧、俄、中对美国的钢铁制品出口数量激增而引起美国钢铁生产商的恐慌，于是它们依据其国内《1916年反倾销法》赋予的私人诉讼权控告国外钢铁出口商。日、欧等国在遭到重大损失的情况下，于1998年11月向WTO提出申请，要求成立专家组并认定美国的《1916年反倾销法》违反了WTO反倾销规则，结果胜诉。

第二，WTO规则的有效实施又受成员方国内法规的制约。

WTO规则（无论是框架规则还是具体规则）从根本上体现了WTO的基本原则，这就是非歧视原则、贸易自由化原则、允许正当保护原则、稳定贸易发展原则、公平竞争原则、鼓励发展和经济改革原则、例外与免责原则、透明度原则等。而这些原则又是为WTO的宗旨服务的，即通过减少贸易障碍推进自由贸易，来创造一个开放、公平、规范的国际市场竞争环境，从而促进各国经济福利的提高。同时在这一过程中，坚持可持续发展和防止发展中国家边缘化。但由于WTO是一个多边贸易体制，各成员方国内的政治、经济和法律环境差别很大，所以WTO规则的制定往往只构筑了基本框架而缺乏严密性，这在客观上造成了各成员方在实施过程中的酌情处理权，而这种酌情处理权具有较大的任意性，会被成员方最大限度地利用以保护本国利益。仅以反倾销规则为例，美国和欧盟反倾销法关于倾销的界定与WTO《反倾销协议》并无原则性区别，即都将出口价格与正常价值进行比较，如果出口价格低于正常价值则构成倾销；如果倾销对进口国国内工业造成实质性损害或损害威胁，或对其国内某项工业的新建造成实质性阻碍，则倾销应受到制裁。但在如何确定出口价格和认定正常价值的方法方面，美国和欧盟的规定则与WTO不同。在出口价格的确定上，美国坚持"美国价格"标准[①]，而欧盟甚至规定可按"现有最佳资料"为证据确定出口价格。

而在正常价值认定上，美国和欧盟都根据不同国家类型分别采用市场经济国家标准和非市场经济国家标准。在采用市场经济国家标准时，美国和欧盟采用了出口国价格、第三国价格和结构价格三种方法；而在采用非市场经济国家标准时，美国和欧盟采用了替代国价格、替代国出口价格和替代国结构价格。对于非市场经济国家和替代国的认定，美国由商务部独揽评判大权，而欧盟在实施上具有很大的随意性。如此一来，由于成员方国内法规的差异，WTO《反倾销协议》就由一个规范国际贸易秩序的规则演变为成员方保护本国利益的一种新的贸易壁垒。而其他WTO具体规则，如《技术性贸易壁垒协议》《实施卫生与植物卫生措施协议》演变为进入某些成员方的技术壁垒和环境壁垒，也是由于同样的机制。可见，只要成员方的国内法规与

---

① 作为确定反倾销的主要依据之一——出口价格，美国反倾销法中有着与众不同的名称，即"美国价格"。它是指涉诉被调查商品由进口商购买的价格，或出口商在美国的销售价格，或在特殊情况下的出口结构价格。

WTO规则存在制度差异，WTO规则在实施过程中就有蜕变为新贸易壁垒的可能性，这也是新贸易壁垒两重性产生的制度根源。

从以上新贸易壁垒形成的双重约束来看，它实际是WTO推行自由贸易政策与成员方坚持保护贸易政策的二元博弈过程。在这一过程中，这两种政策不是各自独立，而是互相影响和互相制约的。这种政策博弈的结果是：在WTO框架下，自由贸易成为适度贸易保护下的自由贸易，贸易保护使得自由贸易不是完全自由而是有一定限度的；另一方面，贸易保护在贸易自由化潮流的压力下也在向新的方向发展，最终演变为新贸易壁垒。与传统的贸易壁垒相比，它在形式和内容上具有合理性和合法性，在保护方式上具有隐蔽性，在操作方式上具有灵活性。因此，对于发达国家成员方而言，在WTO框架的制度约束下，凭借自身的法律和技术优势，可以利用新贸易壁垒来实现最大的国家利益；对于发展中国家成员方而言，由于自身的先天劣势，新贸易壁垒正在成为其进入国际市场的最大障碍。

思考题：

1.WTO框架的形成机制是什么？请加以简要分析。

2.新贸易壁垒的形成机制是什么？请加以简要分析。

第九章　新贸易壁垒的经济效应

新贸易壁垒的经济效应，是指一国实行贸易救济（反倾销、反补贴、保障和紧急保障）措施、技术性贸易壁垒、环境性贸易壁垒等所产生的各种经济影响，包括对本国各利益集团以及相关国家的利益得失及其变动的影响。WTO成立以来，随着新贸易壁垒在国际贸易中日益广泛地运用，有必要对此从理论上进行深入分析，这对于政府有关政策的制定与选择是有着重要意义的。

下面，我们将对贸易救济措施（反倾销为贸易救济措施的典型）、技术性贸易壁垒和环境性贸易壁垒这三种形式的新贸易壁垒的经济效应展开分析。

第一节　反倾销的经济分析

在贸易救济措施中，反倾销是最具代表性的一种，所以本节仅以反倾销为研究对象并展开经济分析。反补贴和保障措施的经济效应与反倾销相似，对其经济分析可以此类推。

反倾销亦称反倾销措施，指进口国的反倾销调查机构依法对造成进口国产业损害的倾销行为，采取征收反倾销税、价格承诺等措施以求补救损害后果的法律行为。反倾销措施的实施以反倾销法为依据，立足于保护进口国产业及其生产者的利益，维护正常的国际贸易秩序和国内市场的公平竞争。自从GATT东京回合、乌拉圭回合分别达成《反倾销守则》和《反倾销协议》之后，反倾销已成为WTO框架下允许保护国内产业免受不公平竞争的贸易救济措施之一。

一、对进口国的经济效应

下面仍以征收反倾销税为例来具体分析反倾销对进口国的经济效应。反倾销税与其他关税一样，旨在提高进口商品在国内市场的价格。对于进口国而言，征收反倾销税具有四种效应：保护效应、消费效应、税收效应和关联效应。前三种效应可由图9-1加以说明。

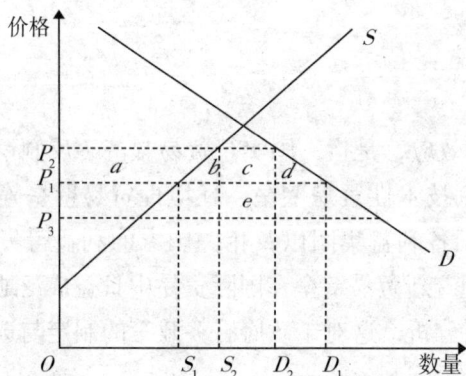

图9-1 反倾销税对进口国的经济效应

上图所示，在大国贸易条件①下，征收反倾销税t将使进口产品的价格由P_1提高到P_2，而出口国同一产品的出口价格由P_2降低到P_3。由于价格调节作用，对进口国不同社会集团的经济影响有保护效应、消费效应、税收效应和关联效应。

（一）保护效应

进口产品因征收进口关税其价格从P_1提高到P_2，国内厂商能补偿因产出增加而上升的边际成本，将生产规模从S_1扩大到S_2，这一方面扩大了国内市场份额（因取代进口产品的减少），同时也增加了收益，保护了国内进口竞争产业。征税前，生产者剩余是P_1以下、供给曲线以上的面积；征税后，生

① 由于进口国是大国，进口商品的数量巨大，一旦减少进口，世界市场上这种商品就会出现供过于求，导致价格下降。

产者剩余增加了a部分。但需要指出的是，反倾销的保护效应在实践中并不如进口国竞争产业的厂商所预期的那样高，这是因为反倾销可以使涉案产品的进口量在指控对象国和非指控对象国之间发生"贸易转移"。这一现象的存在源于反倾销的国别歧视性，即一件反倾销案不可能对所有进口来源国提出调查，反倾销税也仅仅向那些反倾销指控的特定对象国征收。尽管反倾销会限制从指控对象国的进口，对进口国竞争产业起到保护，但是非指控对象国可以通过增加对进口国的销售来部分抵销这种保护效应。如果贸易转移比较明显，这种贸易保护效应就要受到很大的削弱。

另外还应该看到，反倾销只能在短期内保护进口国竞争产业，但难以形成长期保护。这是因为在高关税的保护下，进口国竞争企业会满足于所拥有的市场份额和既得利益，对国际竞争的反应更趋迟钝，由此导致投资减缓、技术停滞等后果。相反，出口国被征收反倾销税的企业为继续占领既得市场会进一步压低成本，加快技术创新及产品的更新换代。两相对比，最终使进口国竞争产业因与国外水平差距扩大而更加落后。

（二）消费效应

征税前，进口国消费者可以消费价格为P_1、数量为S_1D_1的进口产品，其消费者剩余是P_1以上、需求曲线以下的面积；征税后，因价格提高，消费的数量从S_1D_1减少到S_2D_2，消费者不得不减少购买数量或转而选择其他替代性产品，使消费者剩余减少了$a+b+c+d$部分。

（三）税收效应

反倾销税t的征收增加了政府的财政收入，$\Delta T=t(D_2-S_2)=(P_2-P_3)(D_2-S_2)$，即面积$c+e$部分。

（四）关联效应

征收反倾销税对进口国的影响，还取决于进口产品在加工环节上的位置。以上三种经济效应一般限于进口最终产品，对进口国具有直接影响。如果进口的是中间产品，则会产生关联效应。这种效应对进口国的影响是间接的，且颇为复杂。

如果对进口的中间产品征收反倾销税使其价格上升，虽然可保护国内与进口竞争的上游产业，却使以该产品为中间需求的下游产业受到损害，导致这些下游产业的成本上升并进一步被传递到间接部门，对国内其他产业产生连锁反应，以致出口国整个价格系统和生产要素的跨部门流动发生变化。对此，近年来国外一些学者已有所研究①，国内学者也开始进行专门的实证分析②。

综合上面的四个效应，我们可以看出，运用反倾销进行保护既有积极作用又有消极作用，关键取决于进口产品在加工环节上的位置。如果进口的是最终消费品，那么反倾销税的征收会增加国外厂商的成本，进口产品的市场竞争力被削弱，产量减少，由此保护了国内的进口竞争产业，使其恢复正常生产，市场份额和国内价格有所回升。这时反倾销的净收益是本国进口竞争产业的生产者所得加上政府税收再减去本国消费者损失，即$R=a+（c+e）-（a+b+c+d）=e-（b+d）$。如果进口的是中间产品，那么反倾销税的征收会导致进口的中间产品价格上升，这虽然保护了国内进口竞争上游产业，却会使以该产品为中间需求的下游产业受到损害，这些下游产业的成本上升，产品的价格提高，又会进一步被传递到间接的部门，对国内其他产业产生关联效应。这时反倾销的净收益就是被保护产业与其他产业间的利益得失、政府税收和消费者损失等多方面的权衡。有鉴于此，一些WTO成员方，如欧盟、加拿大等在反倾销程序中引入公共利益评价体系。所谓"公共利益"，指的是进口国在倾销认定、损害标准及采取反倾销措施时，都不能只考虑本国受损害行业的局部利益，还须重视和考虑公共利益尤其是消费者与用户（包括中间生产部门）的利益。

---

① 国外学术界对关税的研究主要集中于反倾销对上下游产业间关系和福利变化的影响方面。如Corinne M. Krupp和Susan Skeath认为："出于保护本国上游中间产品产业的目的引发的反倾销案件，不仅对上游产业竞争者而且对以中间产品为需求的下游厂商产生影响。在限制倾销上游进口产品数量的同时，对下游产品的产量有消极作用，由于贸易转向对非倾销上游进口产品的数量有积极作用。" ［Corinne M. Krupp & Susan Skeath. Evidence on the Upstream and Downstream, Impacts of Antidumping Cases. North American Journal of Economics & Finance，2002(13):163.］Leo Sleuwaegen 等则指出："当对上游产业的保护将损害转移给下游产业并引发下游产业要求并得到保护的可能性，就产生了继发性保护问题，这将会带来福利的损失。"（Leo Sleuwaegen, Rene Belderbos, Slive Jie. A. Joen. Cascading Contingent Protection and Vertical Market Struct.International Journal of Industrial Organization, 16, 1998：697.）

② 朱钟棣、鲍晓华运用投入产出分析，对反倾销在中国化工行业的影响进行了实证研究后发现，中国大量依赖进口的基本化学原料因实施反倾销措施价格上升，并直接影响化学工业内部各类产业，如使化学农药价格上升18.21%，化肥价格上升5.09%，对化学纤维、塑料制品和其他化工产品制造业的影响幅度为8%~34.46%。而化学农药、化肥的价格上升又增加了农业生产的成本，进一步影响种植业、粮油及饲料加工业、制糖业这三大产业，促使农产品的价格上涨12.02%，并进一步影响相关产业，产生连锁反应和效果。（朱钟棣，鲍晓华.反倾销措施对产业的关联影响——反倾销税价格效应的投入产出分析［J］.经济研究，2004（1）：89.）

可见，对于进口国而言，是否应征收反倾销税，不仅应考虑保护效应、消费效应和税收效应的权重[①]，还应考虑关联效应的影响。也就是说，既要消除来自国外的不公平竞争，为本国的工业发展创造良好的市场环境，又要为本国的消费者和用户提供良好的社会福利。而前一种利益的满足必然意味着后一种利益不同程度的丧失。因此，对是否采取反倾销措施进行保护，不但着眼于国内某个产业的局部利益，还要把消费者和用户的利益乃至对市场竞争的扭曲和损害全部加以考虑，从国家经济与国民福利的整体利益角度进行权衡，才是明智之举。

二、对出口国的经济效应

按照经济学的定义，倾销是一种"价格歧视"，即厂商以低于国内市场的价格在国外市场销售，实行差别定价。但从厂商角度分析，定价是其营销组合的可控变量之一，为达到一定经营目标可自由地实施各种定价战略。差别定价是厂商当不同目标市场对产品的需求程度不同时所采取的理性选择，是其追求利润最大化的结果。如图9-2所示，假定厂商将市场划分为国内子市场A和国外子市场B，其需求曲线分别为D_a、D_b，其边际收益曲线分别为MR_a、MR_b。国外市场竞争激烈，产品的替代能力强，故产品的价格需求弹

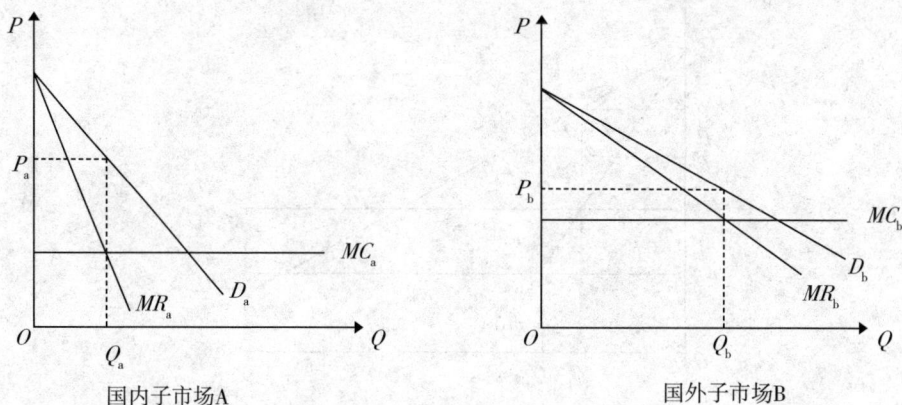

图9-2 出口厂商在国内外市场的差别定价

[①] 征收反倾销税将减少本国的消费者剩余（CS），增加本国税收（T）和本国竞争企业的生产者剩余（PS）。但在不同阶段，这三项的权重α、β、γ是不同的，（$0 < \alpha$，β，$\gamma < 1$，$\alpha + \beta + \gamma = 1$）。显然，进口国政府应根据MAX（$\alpha CS + \beta T + \gamma PS$）的原则决定是否征收反倾销税。

性大于国内市场，在图中表现为D_b的斜率小于D_a。MC_a、MC_b分别是厂商的国内边际成本和国外边际成本。因为产品是通过运输到达国外市场的，$MC_b = MC_a +$ 国际运费 ＋ 关税 ＋ 其他费用，可知$MC_b > MC_a$。在现实经济生活中，出口厂商一般都具有一定的市场势力（其象征是可以把产品价格定得高于实际成本）。如果用勒纳指数（Lerner's index）来衡量，$L = \dfrac{P-MC}{P}$（其中P为市场价格，MC为厂商的边际成本），根据对国内外两个子市场的分析，由$P_a > P_b$，$MC_a < MC_b$，$L_a > L_b$。因此，出口厂商会利用不同市场需求弹性的差异，在国内外市场上实行差别定价，这样不仅可以在国内市场获利，而且可以充分利用国外市场需求获得更多国外利润，以实现利润最大化。

可见，只要市场是真正可分割的，市场的需求弹性或厂商的经营目标存在差异[①]，运用差别定价来实现利润最大化只是一种市场行为，具有一定的合理性。事实上，人们对同一商品在国内市场差别定价已司空见惯，无人提出异议。为什么这种行为越出国界就被视为不公平竞争而被课以反倾销税？这就说明在许多国家实施的反倾销是一种基于国别的贸易保护，它对出口国和世界福利带来了消极的影响，这从下面的分析中可以看出。

进口国B对进口产品征收反倾销税时，对出口国A就会产生以下经济效应（图9-3所示）。

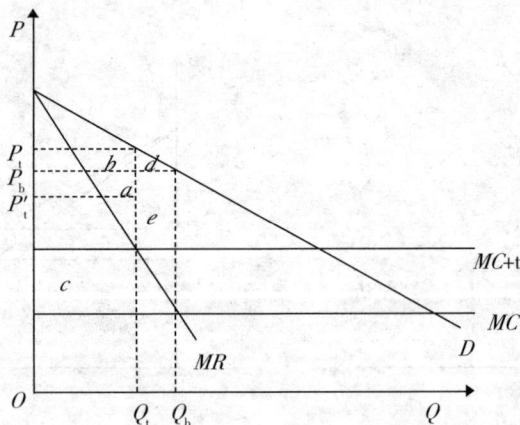

图9-3　反倾销的贸易限制效应和对世界福利的影响

---

① 根据营销学原理，厂商对产品进入不同市场时会根据不同的经营目标制定不同的价格策略：若想迅速扩大市场占有率，可实行低价的渗透定价策略；若想尽早获取投资回报，则可实行高价的撇脂定价策略。

（一）贸易限制效应（Trade Destruction Effect）

如图9-3所示，进口国B征收反倾销税t后，出口厂商的边际成本变为$MC+t$，按利润最大化原则，在子市场B的销售量由Q_b减少到Q_t，而价格则由P_b上升到P_t。为便于比较，把面积C向上平移，使$C=a+b$ $[S_c=Q_t \cdot t, S_a=Q_t \cdot (P_b - P_t'), S_b=Q_t \cdot (P_t-P_b)]$。

从销售额$\Delta PQ = P_t \cdot Q_t - P_b \cdot Q_b = b-e$, $[S_e=(Q_b-Q_t) \cdot P_b]$的变化来看，因征收反倾销税，出口产品在进口国的市场会迅速缩小，甚至被迫退出进口国市场，这也是进口国反倾销的目的所在。但恶性影响往往不止这些。第一，反倾销具有一定的连锁效应，一个国家对出口产品采取反倾销措施，常常会有其他国家跟进，对出口国的同一产品也提出反倾销。尤其是目前面临区域经济一体化趋势，一旦出口国产品在一国遭到反倾销，就很可能失去进口国所属经济区域的全部市场。第二，由于许多国家采用原产地原则，出口国产品遭受反倾销不但会影响产品的直接出口，还会进一步影响转口产品的出口。

（二）贸易转移效应（Trade Diversion Effect）

在这里，借助图9-4加以说明。

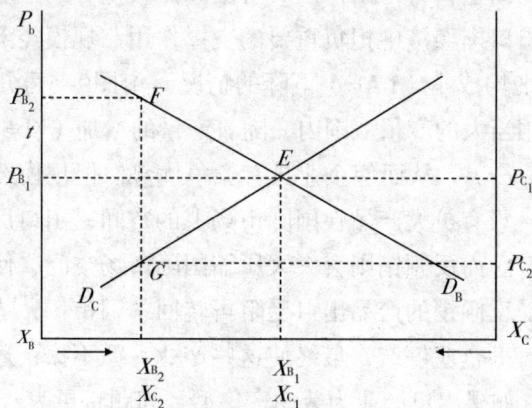

图9-4 反倾销的贸易转移效应

假定有A、B、C三国，A国为净出口国，B、C均为净进口国。A国的总出口量为X，以横轴长度表示。其中，对B国的出口量为X_B，沿横轴从左向右表示向B国的出口量增加；对C国的出口量为X_C，沿横轴从右向左表示向C国的出口量增加。以D_B、D_C分别表示B国和C国对A国产品的需求曲线。

自由贸易情况下，B、C两国都不对A国的产品实施反倾销，A国向B、C两国的出口量和出口价格由D_B和D_C的交点决定。在均衡点E，A国向B国的出口量为X_B，向C国的出口量为X_C，两个市场的出口价格是相等的，即$P_{B_1}=P_{C_1}$。

如果B国对A国产品征收反倾销税t，而C国仍对A国实行自由贸易时，A国产品的出口流向就会发生变化。在B国市场上，A国产品价格会由P_{B_1}上升到P_{B_2}（$=P_{B_1}+t$），使B国对A国产品的需求从E点移至F点，相应地A国对B国的出口量从X_B减少到X_{B_2}。在A国市场，产品已处于超额供给状态，难以吸收B国减少进口的产品，只得增加对C国的出口。对C国扩大出口又会增加C国市场产品的供给，使产品价格由P_{C_1}降低到P_{C_2}，引起C国对A国产品的需求从E点移至G点，相应地导致A国对C国的出口量从X_C增加到X_{C_2}。

从以上分析可以看出，一国实施反倾销不仅可限制出口国对该国的出口数量，还可以促使出口国将过剩的出口产品转移到未实施反倾销的国家。

（三）对出口产业和就业的影响

国外反倾销除了会对出口国的出口产生贸易限制和贸易转移的直接影响，还会对其国内经济产生间接影响。

从进口国征收的反倾销税$T=-C=-(a+b)$来看，这个沉重的负担无疑要落在出口厂商身上，而这将打击出口国具有国际比较优势的产业，这些产业往往因规模经济在出口国经济中担负重要的支撑作用。规模经济是指生产规模扩大而导致长期平均成本（LAC）下降的情况。由图9-5可知，具有规模经济的企业在一个相当大的产量范围内，随着产量的增加（$Q_1 \rightarrow Q_2$），其产品单位成本递减（$C_1 \rightarrow C_2$），从而使企业具有竞争优势。但规模经济的实现与市场容量直接相关，只有扩大产品在国际市场上的空间，出口厂商和产业才有条件进行规模生产。而反倾销则会大大压缩国际市场空间，使其利润率和竞争力下降。若遭受反倾销的产品出口受阻再转回本国市场，势必造成产品积压，价格下跌，大批企业停产，最终使这些产业一蹶不振；还会引发这些产业的失业率上升，如果出口产业为劳动密集型，问题将更为严重。

（四）对利用外资的影响

许多发展中国家往往利用劳动力优势，吸引外资，创办劳动密集型加工贸易企业，从而带动了出口迅速增长。反倾销会对出口国利用外资造成不良影响，因为出口国遭受反倾销的企业不仅有本国企业，还有大量从事包括来料加工、来样加工和来件装配产品生产的外资企业。反倾销的结果会严重影

单位成本

LAC

C_1

C_2

O　　Q_1　　　　　Q_2　　产量

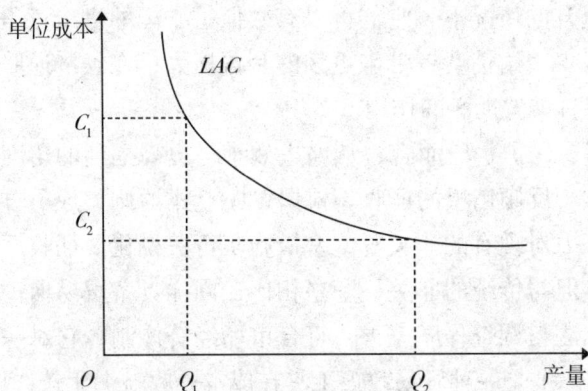

图9-5　具有规模经济的长期平均成本

响这些外资企业出口产品的销路，丧失国外市场份额，损害外商投资者的经济效益，结果导致外资企业减少生产规模甚至撤资，从而对出口国利用和扩大吸引外资产生恶劣影响。征收反倾销税对世界福利的影响则是：$-(b+d)+(a+b)+(b-e)-(a+b)=-(d+e)$，即世界福利损失为梯形面积 d+e 部分（如图9-3所示）。可见，进口国征收反倾销税对出口国厂商损失最大，对世界福利也有着一定的负面影响，如同其他的贸易保护手段，它虽然在短期内对进口国竞争产业形成了一定的保护，但从总体看，往往会减少世界范围内的社会福利。

从以上分析来看，反倾销税主要表现为依赖整个市场机制的作用来达到保护目的。具体而言，反倾销税的征收增加了进口商品的关税负担，提高了进口价格。假定其他情况不变，进口国国内市场对该产品的进口需求量会相应减少。可见，征收反倾销税是通过影响商品的供求关系来达到限制外国商品进口的目的。而传统的非关税壁垒，尤其进口配额是纯粹的行政干预手段，与市场价格机制的运作完全背离，容易导致经济效率的低下和社会福利的损失。此外，传统的非关税壁垒往往具有主观认定色彩，各种烦琐的程序操作缺乏透明性和可预见性，其政策收益（如进口配额收益 c+e）的分配往往成为一种寻租过程，易于在政府官员中滋生腐败，助长进口厂商的经济垄断趋向。

从实践过程和效果来看，实施反倾销需要立法和调查程序，具有透明性和可预见性，而传统的非关税壁垒则无此规定。即使如此，二者都能有力地应对国际贸易活动中的突发事件，成为国际贸易谈判和经济报复的有力工具；在经济衰退期，都是防止外国利用扩大出口转嫁经济危机的有效武器；

但在社会需求上升的情况下，它们可以有效保护本国的进口竞争产业，却导致消费总量的减少，给消费者带来更多的利益损失；在经济通胀时期，二者都对物价上涨起着推波助澜的作用。

总之，就贸易保护手段而言，从增进效率与提高福利的角度来看，传统的非关税壁垒劣于反倾销税的征收。根据WTO基本原则，成员方应当采取各种有效手段，努力对现有的非关税壁垒措施实行关税化。征收反倾销税尽管也有一些弊端，但与传统的非关税壁垒相比，同样具备贸易保护的有效性，且透明度高，立法与调查程序完善，符合市场经济体制，它对一些传统非关税壁垒的取代实际上是一种贸易政策工具在成本—收益上比较选择的结果。

第二节　技术性贸易壁垒和环境性贸易壁垒的经济分析

技术性贸易壁垒（以下简称"技术壁垒"）和环境性贸易壁垒（以下简称"环境壁垒"），因作用机制相同，故放在一起分析，对技术壁垒的经济分析也可以代替对环境壁垒的分析。技术壁垒、环境壁垒与关税和传统的非关税壁垒相比，在控制机制和经济效应等方面存在很大的差异。

关税壁垒主要是通过价格控制机制限制国外产品进口的，在控制进口规模方面有一定的弹性，即税率的高低及其造成的商品价格变化，会直接影响关税壁垒对进口产品数量的限制程度。而进口配额制、"自动"出口限制等一些传统的非关税壁垒具有典型的直接数量控制机制的特征。无论是进口配额还是"自动"出口限制，都是通过规定和改变配额指标来控制和调整产品的进口（本国）或出口（外国）数量，从而达到控制贸易量的目的的。这些限制措施对外国产品的进口数量有很强的控制作用，是贸易壁垒中的刚性措施。

技术壁垒和环境壁垒则与传统贸易壁垒不同，它是一种循环控制机制，即通过建立技术法规、标准和合格评定程序来发挥其贸易壁垒的功能。动态地看，技术壁垒表现为"数量控制—价格控制—数量控制"的循环控制机制。出口国为了达到和适应进口国不断变化的技术法规、标准和评定程序，减少技术壁垒对本国出口产品的数量控制，必须连续增加投入，促进技术水平提高，以符合进口国的相应要求，这样必然导致出口国的各项符合成本大大增加并使出口产品丧失原有的价格优势。此外，进口国在实施技术壁垒的过程中，可对进口产品的抽样、检验和评价等方面做出特殊规定，以对出口国产生进一步的影响，其福利损失更是难以量化，从而使技术壁垒很好地利用价格机制达到数量控制的作用。

当然，实施技术壁垒和环境壁垒会分别影响进口国和出口国的生产、需求情况。由于在技术标准和环境标准的制定上，发达国家、地区和发展中国家、地区处于不同的地位，发达国家和地区（尤其是美国、欧盟、日本）往往是标准的制定者，而发展中国家、地区只是标准的接受者。因此，对于两类国家和地区来说其保护效应又是大不相同的。

一、对进口国的经济效应

（一）小国贸易条件效应

1.产业保护模型

首先分析小国假设下的产业保护模型。这里的小国含义：第一，其贸易量不大，不足以影响国际市场供求，只能是世界价格的接受者。第二，其科技实力不强，无力制定影响广泛的产品技术标准，而只能是技术标准的接受者，即其实施的技术壁垒不针对任何市场失灵，完全出于保护本国产业的目的。例如，假设进口国对进口产品采用某种技术标准只是为了增加外国生产商成本以保护本国产业，假设进口产品不会引起进口国国内同类产品的供给或需求发生变化。

设外国生产商为达到进口国的某种技术标准必须付出额外的符合成本为C。这里再次引入等量关税的概念进行分析，即假设进口国实施技术壁垒后，进口产品价格上升幅度相当于等量关税，即符合成本C，这同时表明，技术壁垒相当于给予国内产业提供价格支付，其经济效应可由图9-6说明。图9-6（a）为进口国在实行技术壁垒前后价格变化的局部均衡分析，图9-6（b）则从世界市场中进口国超额需求角度进行分析。

图9-6中，ID为进口需求曲线。由于小国假设，进口国不实行技术壁垒时，国内生产者和消费者接受世界价格P_W，进口产品的数量为Q_1或S_1D_1。实行某种技术标准后，外国生产商支付符合成本C后进口，进口价格上升为P_W+C，进口数量降为Q_2或S_2D_2，进口国生产者剩余增加了面积a，而消费者剩余减少面积为$a+b+c+d$；净福利损失为$b+c+d$；或者如图9-6（b）所示，相当于贸易收益减少，即面积$B+D$。如果进口国征收关税，净福利损失仅为$b+d$，

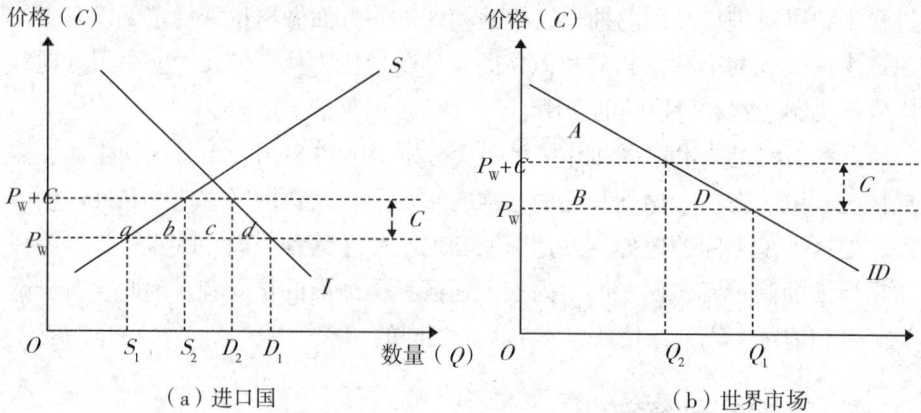

（a）进口国　　　　　　　　　　　　　　　（b）世界市场

图9-6　小国贸易条件下的产业保护模型

因为由进口水平和关税成本 C 决定的面积 c 最终成为政府收益。显然，对进口国来说，使用技术壁垒进行产业保护的福利损失超过关税，因为对于小国而言也需要它接受技术标准时承担符合成本 C。可见，对于小国而言，实行技术性贸易壁垒来保护国内产业是得不偿失的。

2.需求曲线位移模型

需求曲线位移模型研究技术壁垒所传递的信息与消费需求之间的关系。这里的信息与质量有关，表明进口产品达到一定的质量、安全标准。模型的重要假设是若无这种技术壁垒，由于信息不对称，消费者会因购买不符合质量、安全标准的进口产品而受损失。实行技术壁垒后，消费不确定性降低，消费增加，需求曲线外移。另外，模型假设信息传递导致的进口需求增加不会引起进口价格上升，假设技术壁垒不改变国内生产成本，所以国内供给曲线不发生位移。

如图9-7所示，无技术壁垒时，进口国的需求曲线为 D，进口产品数量为 S_1D_1 或 Q_1。进口国实行技术壁垒后，由于其中传递的信息，需求曲线外移至 D'，同时出口商支付符合成本 C，进口价格增加至 P_w+C，进口产品数量变为 S_2D_2 或 Q_2。其中，Q_2 可能大于也可能小于 Q_1，这取决于需求曲线位移幅度与符合成本大小的比较，即消费者从信息中获益是否大于提供信息的成本。因此，尽管由于符合成本的存在使进口价格上升，国内生产者获益，但无法确定消费者从信息中获益是否大于信息成本，实行技术壁垒的净福利效应不确定。在图9-7(b)中，假设 $Q_2 > Q_1$，进口贸易收益为面积 $A+B$，大于产业保护模型中只承担符合成本而无需求曲线位移的贸易收益 A。反之，如果符合成本

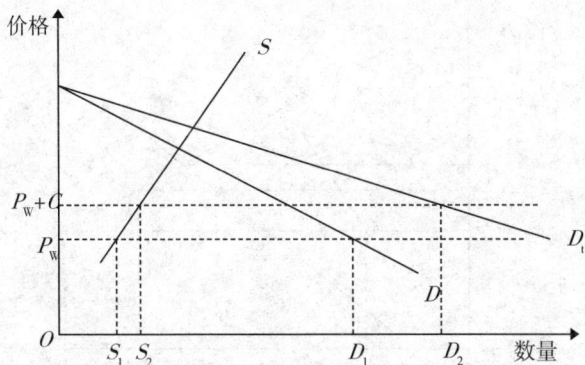

（a）进口国

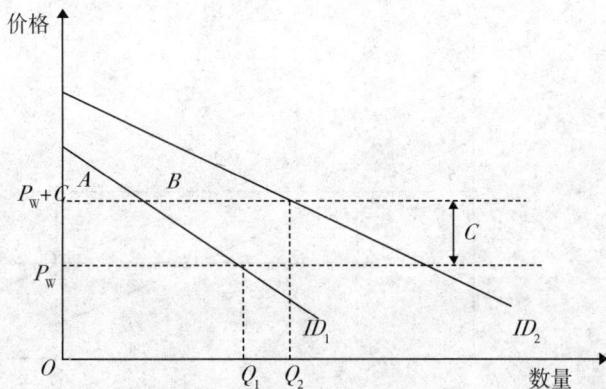

（b）世界市场

图9-7　进口国需求曲线位移模型

远远大于需求曲线位移幅度，贸易量和贸易收益都比实行技术壁垒前减小，但贸易收益仍大于产业保护模型中的贸易收益。这一模型表明，分析技术壁垒对进口国的经济效应，还必须考虑消费心理对消费需求的影响。

3. 供给曲线位移模型

供给曲线位移模型研究进口与国内供应之间的关系。进口产品尤其是中间产品达不到质量、安全标准，可以产生负的外部效应。通过改变外国供应商的生产条件，进而影响其供应情况。因此，进口国可以利用适当的技术壁垒来纠正负的外部效应，保护国内生产和改善国内供应。图9-8可说明技术壁垒对进口国国内供应的影响。

在图9-8中，S表示无贸易发生时进口国的供给曲线，此时国内均衡价格为P_0，假设进口超额需求曲线为ID_1。如果在不实施技术壁垒的情况下自由贸易，由于进口使国内供给曲线上移至S_t，由于小国假设，进口国价格为世界

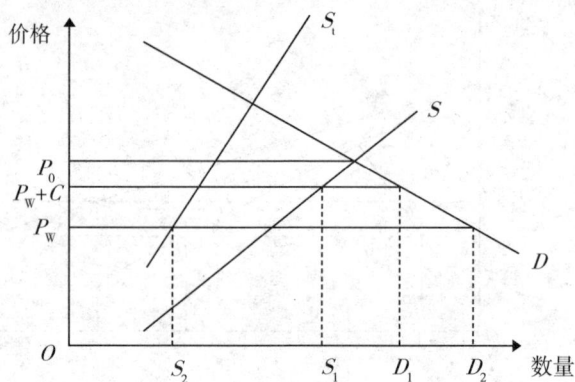

（a）进口国

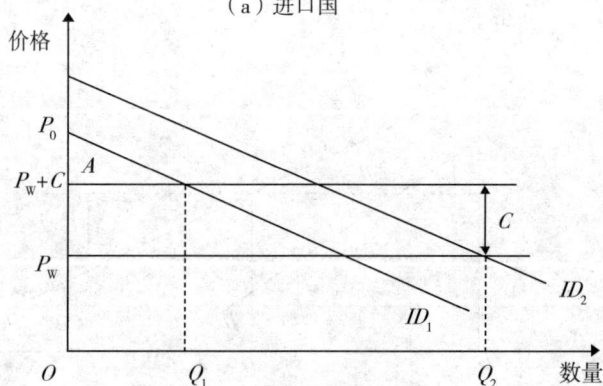

（b）世界市场

图9-8　进口国供给曲线位移模型

价格P_w，进口数量为S_2D_2或Q_2。显然，开放贸易带来较大贸易收益，但这可能被不合格进口产品给国内生产造成的损失所抵消，于是政府实施技术壁垒（制定技术标准和对进口产品实行检验等）。假设基本消除进口产品负的外部效应的成本为C，则进口产品价格提高到$P_w + C$，由于进口国国内对合格的进口产品需求不变，进口产品的超额需求曲线仍然是ID_1，此时国内供应恢复到原来的水平S，则进口数量为S_1D_1或Q_1，产生贸易收益A。可见，技术性贸易壁垒在纠正负的外部效应的同时允许合格产品进口，进口国仍有一定的贸易利益，而贸易禁止虽然可以纠正负的外部效应，却不会有任何的贸易利益。

4.综合位移模型

在分别分析了技术壁垒与进口国生产条件及消费需求变化的关系后，我们再将两者放在一起分析。事实上，技术壁垒可以引起供给曲线和需求曲线

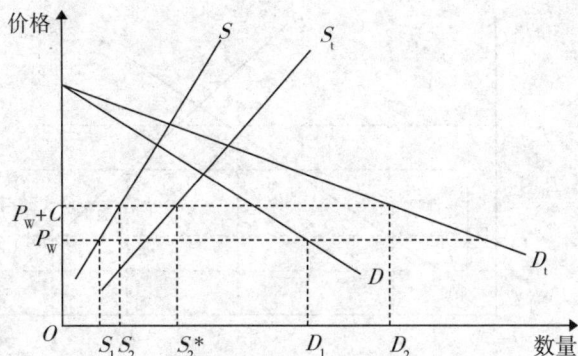

（a）进口国

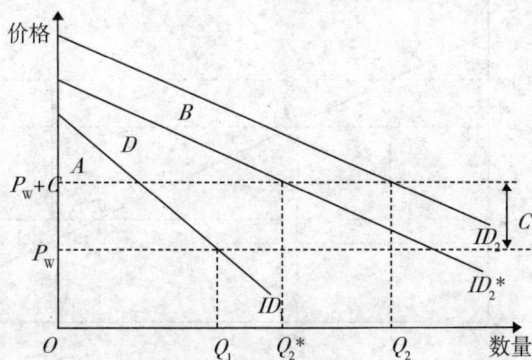

（b）世界市场

图9-9 进口国综合位移模型

的同时位移，即进口国实行技术壁垒既可以保证进口产品符合质量、安全标准，又对消费者起到了信息通报作用，减少了消费的不确定性。这种综合经济效应可由图9-9说明。

　　由图9-9可知，进口国实施技术壁垒，减少了消费的不确定性，使需求曲线 D 外移至 D_t，同时也改善了国内生产条件，使供给曲线由 S 外移至 S_t，于是进口需求曲线相应地由 S_t 与 D_t 决定，即为 ID_2^*；小于消费需求位移模型中的 ID_2，减少幅度由国内供给增加导致的进口需求减少程度决定。ID_2^* 与包含符合成本的进口价格 P_w+C 决定新的进口量为 $S_2^*D_2$ 或 Q_2^*。可见，与需求曲线位移模型相比，实施技术壁垒使进口国生产供给增加，进口需求减少，贸易量因此减少 $Q_2Q_2^*$ 或 $S_2S_2^*$。同样假设 $Q_2^*>Q_1$，进口国贸易收益为面积 $A+D$，仍然大于产业保护模型中承担符合成本而无需求曲线位移的贸易收益 A，但由于进口需求减少，贸易收益比需求位移模型中减少了 B。

（a）进口国

（b）世界市场

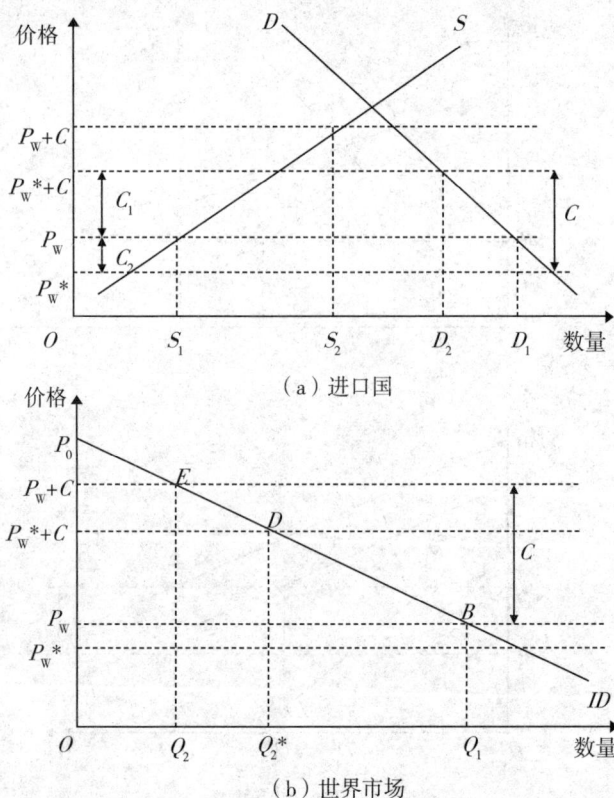

图9-10　大国贸易条件效应—产业保护模型

（二）大国贸易条件效应

上述模型均是小国假设，现在分析大国条件下技术壁垒的贸易条件效应。其基本理论依据是，大国具有一定的需求垄断优势，实行技术壁垒后足以通过进口量的调整来影响国际市场供求，进而引起世界价格变化，改变贸易条件。其作用机制可由图9-10加以说明。

由图可见，当大国实行技术壁垒后，由于进口价格上升，进口需求减少，导致世界价格下降至P_w^*，所以大国价格上升幅度要小于技术壁垒的符合成本C，大国价格上升部分和世界价格下跌部分之和构成了符合成本，即$C = C_1 + C_2$。这意味着符合成本在大国消费者和出口国之间分摊，分摊幅度取决于特定商品的进口需求弹性和出口供给弹性。大国进口需求弹性越大，进口下降幅度越大，就越能压低世界价格，从而将符合成本更多地转移给出口国。如果出口国供给缺乏弹性，就会更多地承担进口国转嫁的符合成本，反之则否。如果进一步分析大国贸易利益的变化，其进口量由进口需求曲线ID与大国国内价格$P_w^* + C$共同决定为Q_2^*，贸易收益为面积$\triangle P_0 D (P_w^* + C)$，与实行技术壁垒前的贸易收益$\triangle P_0 BP_w$相比损失了梯形$(P_w^* + C) P_w BD$，这是产业保护的代价。但与小国模型相比，大国的贸易损失减少了梯形$(P_w+C)(P_w^*+C)DE$，这由两个因素所造成：一是世界价格下降产生的贸易条件改善，二是符合成本的分摊。

从以上分析中不难看出，技术壁垒完全可能成为大国的战略性贸易工具，使其获得贸易条件的改善，而小国则不具备这种可能性。但必须指出的是，实行技术壁垒并不是没有代价的，其代价表现在以下几个方面：

第一，大国实行技术壁垒，在改善本国贸易条件的同时也不可避免地造成国际市场价格的扭曲，这不利于资源在世界范围内的有效配置。

第二，在大国国内也会产生资源配置的扭曲。技术壁垒使国内价格上升、进口数量减少的同时，国内生产企业以高于世界的价格扩大生产，这样虽然保护了国内生产企业的利益，却使国内资源从生产具有比较优势的出口产品转为处于劣势的进口产品，导致国内资源配置效率下降。

第三，实行技术壁垒会产生实际的成本支出。尽管大国可借此改善贸易条件，但并不能完全抵消成本支出的损失，因为这一损失往往大于关税造成的效率损失。

综上所述，我们可以得出结论：大国利用技术壁垒作为改善贸易条件的战略工具，不一定会使国家整体经济福利得以提高，其最终结果是以资源扭曲为代价对国内某些战略产业提供保护。

二、对出口国的经济效应

技术壁垒可以通过数量控制机制、成本控制机制、需求控制机制和创新机制对出口国产生影响：在短期内，技术壁垒对出口国的影响主要体现为贸易限制、贸易禁止和贸易转移效应；而在长期内，技术壁垒可能会对出口国产生贸易促进效应。

（一）短期经济效应分析

1.贸易限制效应

在短期内，技术壁垒可以通过数量控制机制、成本控制机制和需求控制机制达到对出口国贸易限制效应。

（1）数量控制机制

在短期内，即进口国设置技术壁垒后，出口国尚不及做出调整的较短时间内，出口国生产的产品能否符合进口国的新要求就成了未知数。从出口国来看，由于信息掌握不及时、不充分和生产经营企业反应的滞后性，在短期内势必影响其产品的进出口价格，使得贸易数量要小于设置技术壁垒前的水平，其影响后果相当于等量关税，即技术壁垒在短期内对出口国贸易的影响主要是通过数量控制机制产生的贸易限制效应。这可以从图9-11得到说明。

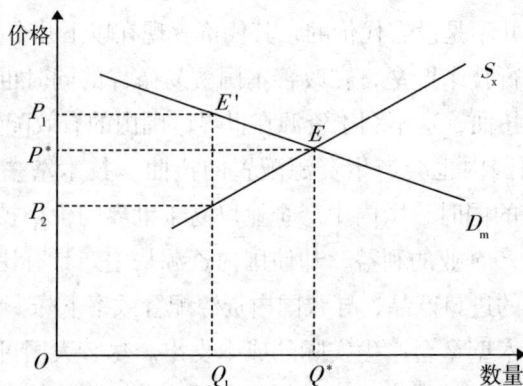

图9-11 数量控制机制对贸易限制效应的影响

如图9-11所示，进口国在设立技术壁垒之前，S_x为出口国某出口产品的供给曲线，D_m为进口国对该产品的需求曲线，市场达到均衡时，S_x与D_m相交于E点，在E点进口量与出口量相等，均衡数量为Q^*，均衡价格P^*。在进口国设置技术壁垒后，使得某产品的出口和进口数量由Q^*降到Q_1，该产品的出口价格降为P_2，而进口价格上升为P_1，出口国的出口额为$P_2 \cdot Q_1$。在进口国设置技术壁垒后，出口国某产品的出口量减少（Q^*-Q_1），即为数量控制机制，而出口额由P^*Q^*减为P_2Q_1，意味着技术壁垒的影响后果相当于等量关税$P_1 - P_2$的贸易限制效应。

（2）成本控制机制

成本控制机制，是指进口国设置技术壁垒后的较长时间内，出口国因掌握了相关的信息，为了达到进口国的要求不得不加大投入，或提高质量，或改进包装，从而直接增加产品的生产成本。同时，进口国人为提高技术标准或故意使评定程序复杂化，间接增加了产品的交易成本。这两种成本之和构成符合成本，它的上升将使出口国某产品的供给曲线左移，从而导致其生产供给量减少，出口数量相应减少。这里，根据出口规模和出口国在具体产品国际市场所处地位的不同，其影响路径又有所区别。

① 小国模型

假设出口国为某一产品的出口小国，即意味该国为某产品国际市场价格

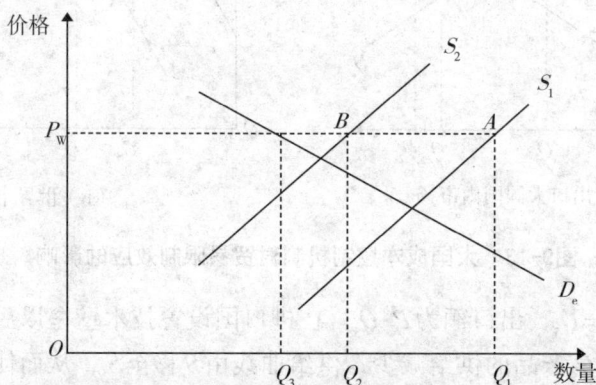

图9-12 小国成本控制机制对贸易限制效应的影响

的接受者。其成本控制对贸易限制效应的影响可由图9-12来说明。

如图所示，S_1 为出口小国某产品的供给曲线，D_e 为该国该产品的需求曲线。在进口国设立技术壁垒前，国际市场价格为 P_w，出口国国内需求量为 Q_3，供给量为 Q_1，出口量为 $Q_1 - Q_3$，出口额为 $P_w(Q_1 - Q_3)$。进口国设置技术壁垒，使得出口国的供给曲线从 S_1 左移到 S_2，此时出口国的供给量减少为 Q_2，如国内需求量 Q_3 不变，则出口量为 $Q_2 - Q_3$，出口额为 $P_w(Q_2 - Q_3)$。可见，进口国设置的技术壁垒使出口小国该产品的出口量减少了 $Q_1 - Q_2$，出口额减少了 $P_w(Q_1 - Q_2)$。

②大国模型

假设出口国为某一产品在国际市场的唯一或少数出口大国，即意味着该国为该产品在国际市场的价格决定者。其成本控制效应可由图9-13来说明。

在图9-13（a）中，S_1 为出口大国某产品的供给曲线，D_e 为该国该产品的需求曲线。在图9-13（b）中，由于世界市场上该国为唯一的出口大国，该国的供给曲线和需求曲线共同决定了世界市场的供给曲线 S_1'，D_w 为世界市场的需求曲线。

在进口国设置技术壁垒前，在世界市场达到均衡时，S_1' 和 D_w 曲线相交于 E 点，均衡价格为 P_w，均衡数量为 Q_5；此时，出口国的国内需求量为 Q_1，出

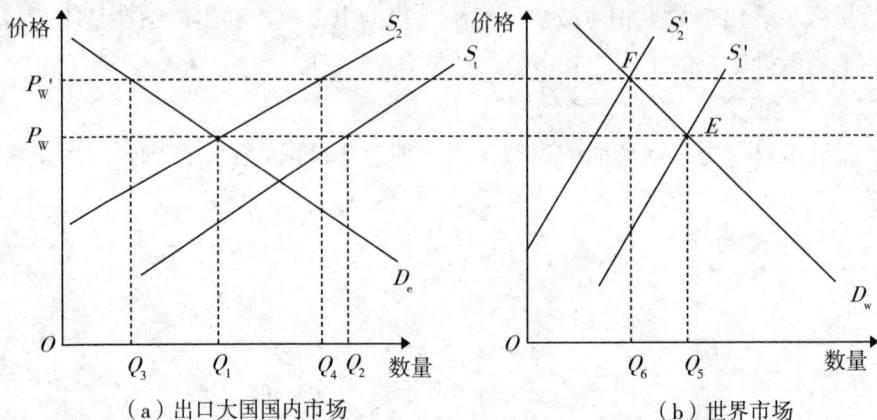

（a）出口大国国内市场　　　　　　（b）世界市场

图9-13　大国成本控制机制对贸易限制效应的影响

口量为$Q_2 - Q_1 = Q_5$，出口额为$P_w Q_5$。在进口国设置技术壁垒以后，在出口国国内市场上，该产品的供给减少，供给曲线由S_1移至S_2，从而使世界市场的供给曲S_1'相应地移动到S_2'。此时，在世界市场达到新的均衡时，S_2'与D_w相交于F点，均衡价格为P_w'，均衡数量为Q_6。在P_w'价格水平上，出口国的国内需求量为Q_3，供给量为Q_4，出口量为$Q_4 - Q_3 = Q_6$，出口额为$P_w'（Q_4 - Q_3）= P_w' Q_6$。可见，在进口国设置技术壁垒之后，出口国的出口量减少了$Q_5 - Q_6$，出口额减少了$P_w Q_5 - P_w' Q_6$。

（3）需求控制机制

需求控制机制，是指进口国在设置技术壁垒后通过媒体的宣传，引导消费者提高质量和安全意识，在相当程度上影响其购买决策过程，导致对出口国产品的需求量下降，从而产生了贸易限制效应。其影响机制可从图9-14得到说明。

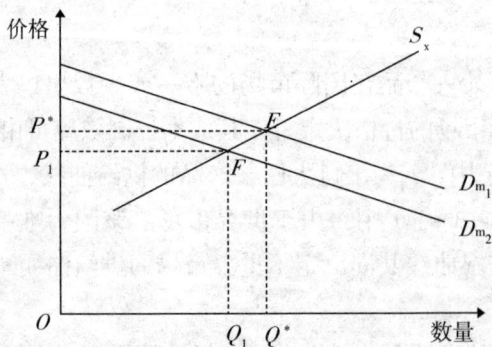

图9-14　需求控制机制对贸易限制效应的影响

如图所示，S_x为出口国某产品的供给曲线，D_{m_1}为进口国设置技术壁垒前对该产品的需求曲线，S_x与D_{m_1}相交于E点并达到均衡，均衡价格为P^*，均衡数量为Q^*，贸易额为$P^* \cdot Q^*$。当进口国设置技术壁垒后，D_{m_1}降到D_{m_2}，与S_x相交于F点，产品价格由P^*降到P_1，需求数量也由Q^*降到Q_1，此时的贸易额为P_1Q_1。在进口国设置技术壁垒以后，出口国的出口数量减少了Q^*-Q_1，出口额减少了$P^*Q^*-P_1Q_1$，表明技术壁垒对出口国的某出口产品产生了贸易限制效应。

2.贸易禁止效应

贸易禁止效应，是进口国设置技术壁垒对出口国造成的最严重影响：一方面使出口国某产品的出口供给大大减少，直至出口数量为零；同时也使进口国对某产品的进口需求大大减少，直至进口需求量为零，从而产生禁止贸易的效果。贸易禁止效应的产生同样来自成本控制机制和需求控制机制的共同影响。

（1）成本控制机制

由于进口国设置技术壁垒，出口国厂商不得不支付额外的成本，这种额外成本有时可能非常高，以致出口国完全放弃某产品的出口。这里，根据出口国该产品的出口规模及其在国际市场上所处的地位，同样也分以下两种情形。

①小国模型

假设出口国为某一产品的出口小国，即意味着该国为某产品国际市场价格的接受者。其成本控制机制对贸易禁止效应的影响可由图9-15来说明。

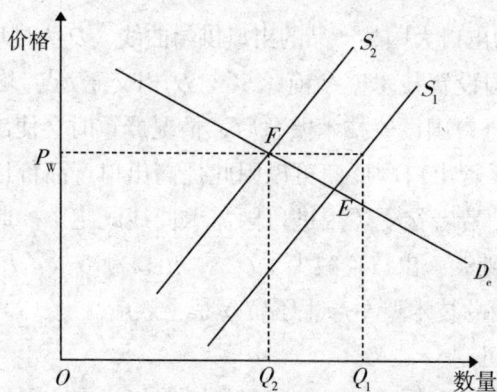

图9-15　出口小国情形下成本控制机制对贸易禁止效应的影响

如图9-15所示，S_1为出口国某出口产品的供给曲线，D_e为进口国的需求曲线。在进口国设置技术壁垒前，国际市场价格为P_w，出口国的国内需求量为Q_2，供给量为Q_1，出口量为$Q_1 - Q_2$。当进口国设置技术壁垒后，情况严重时出口国厂商难以消化太高的符合成本（因国际市场价格既定）而被迫放弃出口。此时，出口国的供给曲线从S_1移动到S_2，只能满足本国需求，使出口国某产品的出口量减少了$Q_1 - Q_2$，出口额减少了$P_w \cdot (Q_1 - Q_2)$，出口量为零。这表明进口国的技术壁垒产生了贸易禁止效应。

② 大国模型

假设出口国为某一产品的出口大国，而进口国也只有一个大国，那么出口国的供给对该产品的国际市场价格就具有相当大的影响力。其成本控制机制对贸易禁止效应的影响可用图9-16说明。

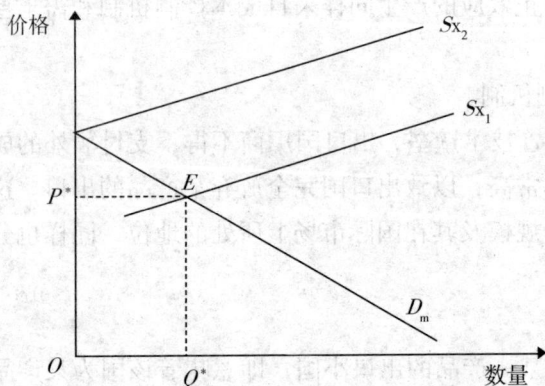

图9-16　出口大国情形下成本控制机制对贸易禁止效应的影响

如图所示，S_{x_1}为出口大国某产品的出口供给曲线，D_m为进口国对该产品的需求曲线。在进口国设置技术壁垒前，S_{x_1}与D_m相交于E点，均衡价格为P^*，均衡数量为Q^*。当进口国设置技术壁垒后，情况严重时会使出口国厂商增加过高的符合成本。尽管出口国厂商可以因此提高出口产品价格，但过高的价格又难以被进口国消费者接受（因进口国需求曲线既定）。此时，出口国的供给曲线从S_{x_1}移动到S_{x_2}，出口量减少了Q^*，出口额减少了$P^* Q^*$，导致出口量为零，表明进口国的技术壁垒产生了贸易禁止效应。

（2）需求控制机制

若进口国设置技术壁垒对其国内消费者影响相当大，可能导致对某产品的进口需求下降为零，从而产生贸易禁止效应。其影响机制如图9-17所示。

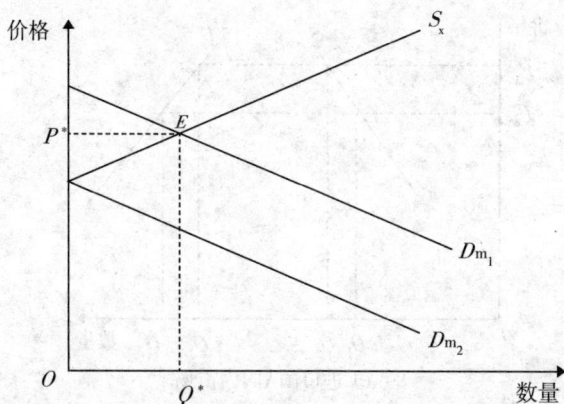

图9-17 需求控制机制对贸易禁止效应的影响

如图9-17所示，S_x 为出口国某产品的出口供给曲线，D_{m_1} 为进口国设置技术壁垒前对该产品的需求曲线，S_x 与 D_{m_1} 相交于E点，均衡价格为 P^*，均衡数量为 Q^*。进口国设置技术壁垒后，进口国对该产品的需求曲线从 D_{m_1} 降至 D_{m_2}，导致进口国对该产品的需求下降为零，造成出口国该产品的出口量减少了 Q^*，出口额减少了 $P^* Q^*$，出口量也降为零，表明产生了贸易禁止效应。

3. 贸易转移效应

贸易转移效应，是指如果进口国设置国别歧视性的技术壁垒，会使出口产品的贸易流向发生转移。这一效应的产生同样可由成本控制机制和需求控制机制共同影响。

（1）成本控制机制

成本控制机制，同样也分为小国模型和大国模型两种情形。

① 小国模型

假设出口国B为某一产品的出口小国，其对该产品的国际市场价格没有影响。其成本控制机制效应的影响可由图9-18说明。

图9-18（a）为进口国A的供求曲线图，供给曲线为S，需求曲线为D；图9-18（b）为出口国B的供求曲线图，其供给曲线为 S_1，需求曲线为 D_1；图9-18（c）为出口国C的供求曲线图，其供给曲线为 S_2，需求曲线为 D_2。假定进口国A所需的某产品分别由出口国B和出口国C提供。

在进口国A设置技术壁垒前，世界市场价格为 P_w，进口国A的进口量为 $Q_4 - Q_1$，出口国B的出口量为 $q_5 - q_2$；出口国C的出口量为 $q_8 - q_7$。由于进口国A的某产品都来自出口国B和出口国C，故 $Q_4 - Q_1 = (q_5 - q_2) + (q_8 - q_7)$。进口

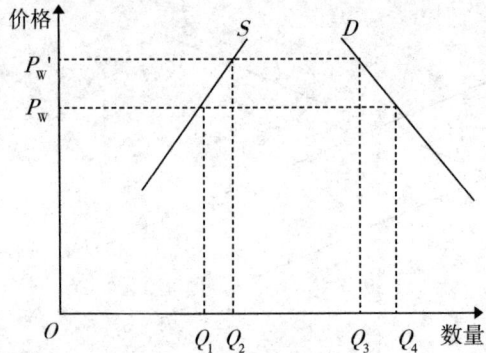

（a）进口国A国内市场

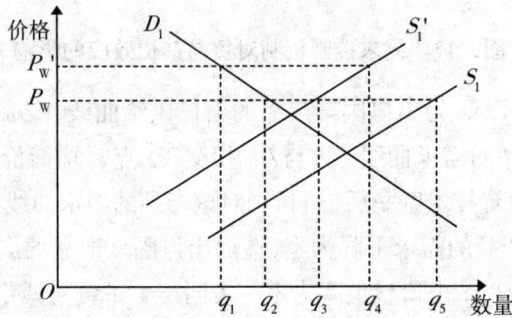

（b）出口国B国内市场

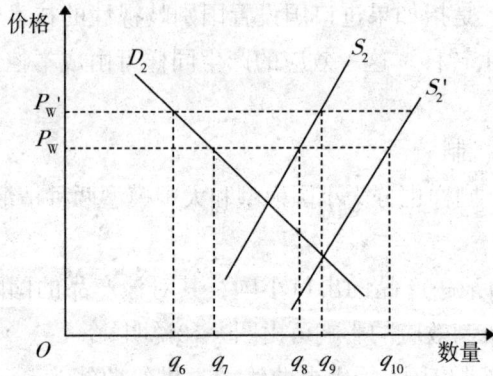

（c）出口国C国内市场

图9-18　小国模型中成本控制机制对贸易转移效应的影响

国A针对出口国B设置歧视性技术壁垒，会增加其出口产品的生产成本和交易成本，导致其供给曲线从S_1移动到S_1'，于是，出口国B的出口量变为q_3-q_2。此时，进口国A的进口量不变，出口国B出口量的减少部分将由出口国C来弥补，使得对出口国C的需求增加，导致出口国C供给增加，供给曲线从S_2

移动到S_2'，出口国C出口量变为q_{10} - q_7。这样，Q_4 - Q_1=（q_3 - q_2）+（q_{10} - q_7）。

此时，由于进口国A针对出口国B设置的歧视性技术壁垒，使其出口量减少了（q_5 - q_3），出口额减少了P_w（q_5 - q_3），而出口国C出口增加了（q_{10} - q_8），表明进口国A的歧视性技术壁垒产生了贸易转移效应。

② 大国模型

假设出口国B为某产品在国际市场上唯一的出口大国，对该产品的国际市场价格有决定性影响，其影响机制也可由图9-18得到说明。

在进口国A设置技术壁垒前，世界市场价格为P_w，进口国A的进口量为Q_4 - Q_1，出口国B的出口量为（q_5 - q_2），出口国C的出口量为（q_8 - q_7），故Q_4 - Q_1=（q_5 - q_2）+（q_8 - q_7）。

当进口国A针对出口国B设置技术壁垒后，出口国B的供给曲线由S_1移动至S_1'。由于B国为出口大国，其供给量下降会使该产品的世界市场价格由P_w增加至P_w'，进口国A的进口量减少到Q_3 - Q_2，出口国B的出口量减少为q_4 - q_1；而世界价格的上升，使出口国C的国内需求减少，出口量增加到q_9 - q_6，此时由Q_3 - Q_2=（q_4 - q_1）+（q_9 - q_6）可见，在进口国A设置歧视性技术壁垒后，出口国B的出口量减少了（q_5 - q_2）-（q_4 - q_1），而出口国C出口量增加了（q_9 - q_6）-（q_8 - q_7），即出口国B减少的出口量全部转移到C国。

（2）需求控制机制

当进口国A针对出口国B设置歧视性技术壁垒，将导致进口国消费者对出口国B产品的需求下降，同时增加对未受歧视性待遇的出口国C产品的需求，从而产生贸易转移效应。其影响机制如图9-19所示。

仍假设国际市场只有一个进口国A和两个出口国（出口国B和出口国C），进口国A的进口全部来自这两个出口国。图9-19（a）为进口国A对某产品的国内市场供求曲线图；图9-19（b）为出口国B对该产品的供求曲线图，其供给曲线为S_1，其国内需求曲线为D_1；图9-19（c）为出口国C对该产品的供求曲线图，其供给曲线为S_2，其国内需求曲线为D_2。

在进口国A对出口国B设置歧视性的技术壁垒前，当价格为P_1时，进口国A对某产品的需求量为Q_2，国内供给量为Q_1，进口量为Q_2 - Q_1；在出口国B市场上，需求曲线D_1和供给曲线S_1相交于E点，其出口量为Q_3，出口额为P_1Q_3；在出口国C市场上，需求曲线D_2和供给曲线S_2相交于F点，其出口量为Q_4，出口额为P_1Q_4。此时有Q_2 - Q_1=Q_3 + Q_4。

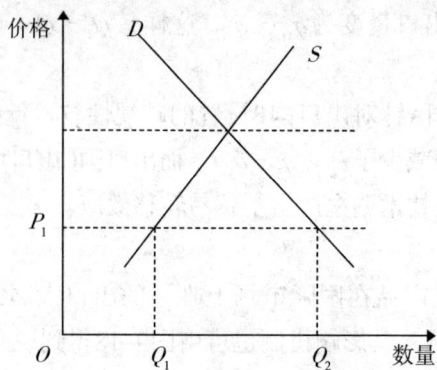

（a）进口国A国内市场

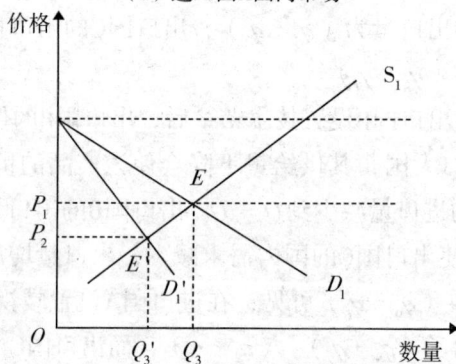

（b）出口国B国内市场

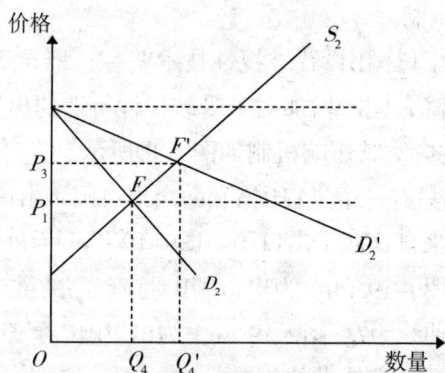

（c）出口国C国内市场

图9-19 需求控制机制对贸易转移效应的影响

当进口国A针对出口国B设置技术壁垒后，进口国A消费者对出口国B的产品需求下降，使得其需求曲线从D_1降到D_1'，D_1'与S_1相交于E'点，出口量减少为Q_3'，价格变为P_2，出口额减少到P_2Q_3'。与此同时，进口国A消费者对未受歧视性待遇的出口国C产品的需求上升，其需求曲线从D_2上升到D_2'，D_2'与S_2相交于F'点。此时，出口量增加为Q_4'，弥补了出口国B所减少的出口数量，价格升为P_3，出口额也增加到P_3Q_4'。

可见，进口国A对出口国B设置歧视性技术壁垒，导致贸易流量在出口国B和出口国C之间重新进行了分配，产生了贸易转移效应。

4.贸易条件恶化

在短期内，进口国实施的技术壁垒还可以导致出口国贸易条件恶化，这可以利用提供曲线进行分析。

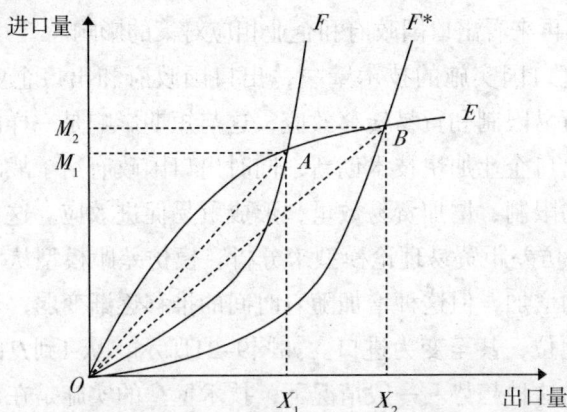

图9-20　短期内技术壁垒使出口国贸易条件恶化

如图9-20所示，横轴和纵轴分别表示某商品的出口量和进口量。OE和OF是实施技术壁垒以前进口国和出口国的提供曲线，二者于A点均衡，贸易条件为OA；实施技术壁垒以后，由于出口国增加了生产成本和交易成本（符合成本）使其提供曲线向右移动，变为OF^*，新的均衡点为B，贸易条件也变为OB。可见，在短期内出口国的贸易条件因应对进口国的技术壁垒而恶化了。

通过以上分析我们可以看到，在短期内技术壁垒对出口国的消极影响是深刻而广泛的：除了可以通过数量控制机制产生贸易限制效应外，还可以通过成本控制机制和需求控制机制产生贸易禁止和贸易转移效应，最终导致贸易条件恶化。

（二）长期经济效应分析

既然技术壁垒在短期内对出口国有消极影响，那么在长期内是否也存在这种负效应呢？答案是不一定，这取决于进口国技术壁垒的限制程度、出口国政府和出口企业所采取的对策是否合理。

首先，我们来看进口国技术壁垒限制程度的影响。

如果进口国制定的技术法规和标准过于苛刻，合格评定程序过于繁杂，使出口国企业无法达到（尤其是进口国在实施技术壁垒中有意识采取国别歧视时），就会形成贸易禁止效应。这种消极影响对出口国而言，在长时期内是会持续存在的，而且很难克服。如果进口国制定的技术法规、技术标准和合格评定程序并未达到不可企及的程度，而只是增加了出口国企业的符合成本，那么技术壁垒对出口国的长期经济效应则取决于出口国政府和相关企业的对策是否合理了。

其次，我们再来看出口国政府和企业相应对策的影响。

如果面对进口国实施的技术壁垒，出口国政府和出口企业只是消极应对，就会形成贸易限制和贸易转移效应，这与短期影响是一样的。相反，如果积极应对，出口企业加快技术创新，同时出口国政府给予战略扶持，就会突破技术壁垒的限制，增加贸易数量，形成贸易促进效应。这可借助波斯纳（Posner）的模仿差距贸易理论模型来分析。模仿差距模型认为，技术的变动有利于出口的增加，但这种增加随着时间的推移逐渐变弱，最后因别国模仿而失去出口地位，甚至变为进口。如图9-21所示，从A到D的实线显示了出口国某商品的这种趋势。一般情况下，技术壁垒的实施是在该商品的标准化阶段，新产品不易受到技术壁垒的影响，即技术壁垒一般发生在图中的CD段，短期它会使CD向左下方偏移，变为CD*。这时如果出口国不采取任何措施，则该商品出口会沿着CD*以更快的速度下降；如果出口国积极主动地提高技术水平，突破技术壁垒的限制，则会在出口量下降到一定点时，如在E点，通过技术创新打破技术壁垒，带来出口量的大幅增加，如图中EF所示。

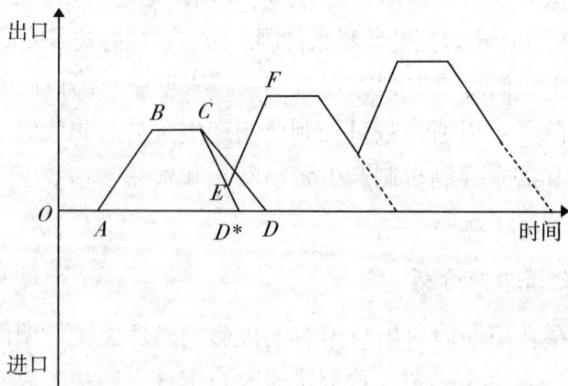

图9-21　技术壁垒对出口国的贸易促进经济效应

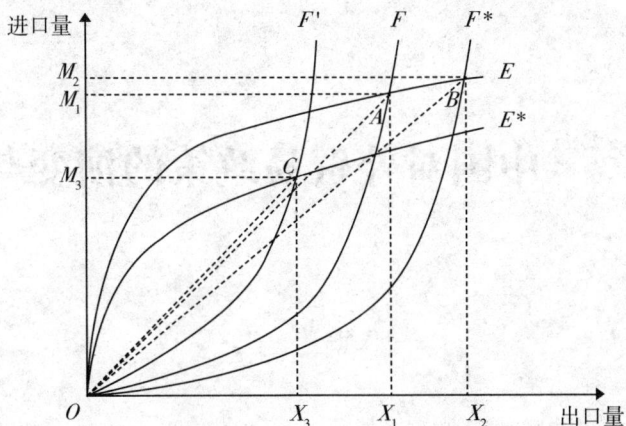

图9-22　长期内技术壁垒对出口国贸易条件影响

如此周而复始，技术壁垒反而加快了出口国技术创新的速度，增加了出口规模，也就是形成了贸易促进效应。

　　按照这一推论的结果，在长期内，出口国的贸易条件也会随之得到改善，这可由图9-22加以说明。

　　从图中可以看出，在长期内贸易促进效应会使提供曲线从图9-22的OF^*左移至OF'，同时出口产品技术的改进会使OE右移至OE^*，从而形成新的均衡，均衡点为C，贸易条件变为OC，出口国的贸易条件得到改善。

　　从以上的分析可以看出，技术壁垒虽然在短期内对出口国会造成负面影响，但在长期内，只要进口国实施的技术壁垒没有对出口国构成无法逾越的障碍，只要出口国积极应对，反而会促进技术创新以突破技术壁垒的限制，产生贸易促进效应。而这一问题，正是需要出口国政府和出口企业认真思考的重大课题。

思考题：

　　1.反倾销对中国这样的出口大国会产生哪些经济效应？请用图示加以说明。

　　2.技术性贸易壁垒和环境性贸易壁垒对出口国的短期影响和长期影响是什么？应如何对待？

第十章　中国对外贸易政策的演变与改革

前面介绍的国际贸易理论和政策实践，实际上是以西方国家为基础提出来的。与西方国家相比，中国对外贸易的发展经历了完全不同的道路。下面，我们对此进行简要介绍，并在此基础上对中国对外贸易政策的演变与改革进行初步探讨。

第一节　新中国成立前的对外贸易政策

鸦片战争是中国社会经济发展的一个历史转折点，也是中国对外贸易发展的分水岭。以鸦片战争为界，新中国成立前的对外贸易发展及政策前后发生了根本的变化。

一、鸦片战争以前的对外贸易政策

中国的对外贸易虽然历史久远，但受地理条件和运输工具的限制，在鸦片战争以前主要体现于在东亚地区开展的朝贡贸易，即中国与其周边藩属国之间的贸易。在很长时期内，东亚传统的国际体系是以中国为中心的朝贡体系。尽管从现代国际体系的角度来看，这使人无法理解，但中华朝贡体系在东亚地区曾实行了几千年。最早的和小范围的朝贡活动发生在商代甚至更早①，

---

① 《逸周书》中记录，商王汤曾命令大臣伊尹颁布"四方令"："诸侯来献，或无马牛之所生，而献远方之物事实相反不利。今吾欲因其地势，所有献之，必易得而不贵，其为四方献令"，以便减轻周围外族的负担。而根据《尚书·禹贡》这部中国最早的历史书籍记载，"岛夷卉服，厥篚织贝"。这些记录表明，很久以前的中国境内就存在朝贡活动。

而正式的国际性朝贡制度则始于汉代。作为当时一个非常强大的国家，汉朝主要接受了来自西北和北部地区那些藩属国的朝贡，同时也接受了一些来自南方小国的朝贡。当然，汉朝也给予其更加丰厚的赏赐。之后，中国的各个朝代继承了这一朝贡体系。到了北齐，为了更好地管理朝贡贸易，设立了独立机构鸿胪寺，主管接受贡品和处理对外贸易事务，主官为鸿胪寺卿。此后历代沿置。到了宋朝，还在沿海城市设立驿站接待朝贡使节。而在明、清时期，除了制定复杂的法令和设立特别机构来管理朝贡贸易，还规定了贸易地点、时间以及到达中国的朝贡使节人数。同时，由于海上贸易被禁止，朝贡体系成了中国与其他东亚国家进行国际贸易的唯一渠道。

与一般国际贸易相比，朝贡贸易的不同之处在于：第一，贸易形式不是民间贸易，而是宗主国中国与藩属国政府之间进贡物品与赏赐的交换；第二，贸易内容不是日用消费品和生产资料，而是供王室贵族享用的奢侈品，因此对国民消费和生产发展没有影响；第三，贸易目的不在于谋求经济利益，而在于诉求政治合法性[1]和维持地区的稳定与安全[2]；第四，贸易依据不是各种贸易理论，而是儒家基本教义[3]。因此，从严格意义上来说，朝贡贸易并不是真正的国际贸易，其政治意义远远大于经济意义。

从经济角度看，国际贸易是国内贸易的国外延伸和扩展。而中国的国内贸易长期以来发育不足，一方面是由于作为中国传统社会主导经济形态的小

---

[1] 对于中国皇帝来说，通过朝贡体系可以获得外国对其皇权正统性的承认，因此他们对保持和巩固朝贡体系有着强烈的要求。即使在宋朝国力衰弱时也经常邀请外国使节前来拜见，这其实是向天下民众宣示，除了宋朝，其他虎视眈眈的强权如辽、金都不是中国王朝的正统。而对于藩属国来说，它们同样也具有参与和维护朝贡体系的意愿。由于中国经济、军事和文化在东亚的强大影响力，往往只有经过中国皇帝册封的国家政权才具有政治合法性。因此，处于中国文化圈的藩属国迫切希望通过参加这一体系以得到中国皇帝的册封。

[2] 在实践中，通过朝贡体系，一方面，中国凭借经济、军事和文化上的超强实力维持了地区的秩序稳定；另一方面，各藩属国的国家安全又受到中国保护，使得东亚地区获得了长久的地区稳定乃至和平局面。对此，美国社会学家费正清指出，不能说中国朝廷……从朝贡中获得了利润。回赠的皇家礼物通常比那些贡品有价值得多。在中国看来，对于这一贸易的首肯更多的是一种帝国边界的象征和一种使蛮夷们处于某种适当的顺从状态的手段。由此可见，朝贡体系是维持东亚地区稳定的重要方式。

[3] 一般说来，儒家教义包括"礼"和"仁"两大重要内涵："礼"是一种等级森严的社会结构；"仁"则包括了各种美德的伦理表现，是维持等级结构的手段和保障。根据儒家学说，一个家庭、一个国家乃至天下都应该遵守"礼"和"仁"。于是，中国的政治体系以及中国与藩属国的外部关系即朝贡体系，像家庭结构一样，都是以"礼"和"仁"为基本理念的。根据儒家教义，朝贡体系中的藩属国如同中国皇帝的臣民，而皇帝的目标和责任在于维护地区稳定和促进体系内的共同繁荣。这与宗主国—殖民地体系、霸权体系等不平等的国际关系是大不相同的。

农经济使商品经济缺乏生长土壤，另一方面则是由于中国历代君王一贯实施的"重农抑商"政策[①]。这种政策对外延伸的结果必然是"闭关锁国"，到了明、清以后则进一步采取了禁海闭关政策，即对对外贸易实行严格的限制和管制[②]。这种政策曾经使中国古代农业社会获得稳定发展，并使得官僚地主阶级的统治得到巩固，但也在很大程度上阻碍了国内工商业和对外贸易的发展，导致中国近代社会的僵化和落后，最终被西方文明所摧毁。这与近代西欧各国大力推行的重商主义形成了鲜明的对比。

二、鸦片战争以后的对外贸易政策

鸦片战争以后，英国通过《南京条约》迫使中国开放广州、福州、厦门、宁波、上海五处通商口岸，并给予英国协定优惠关税等财权。1858年的《天津条约》和1860年的《北京条约》使中国又增开了七个通商口岸。此外，英国还控制了海关，将进口关税正式确定为值百抽五（即5%的从价税率），并进而规定进口商品在缴纳关税之后不再缴纳其他税收。1894年甲午中日战争之后，《马关条约》规定开放沙市、重庆、苏州、杭州为通商口岸，允许外国厂商特别是日本厂商在中国设厂。此外，各列强还通过各种不平等条约获得了煤矿、铁矿的开采权和铁路的建造权及管辖权。

（一）1913—1926年的对外贸易

辛亥革命推翻清朝之后，1913—1926年的北洋政府采取了一些积极措施促进中国对外贸易的发展，其主要内容是：

第一，争取关税自主。

1919年，在第一次世界大战结束后的巴黎和会上，中国代表团首次正式提出了"关税自主权"等七项要求，后来在1922年的华盛顿会议及1925年的关税特别会议又多次提出。尽管每次提出都使中国海关税收有所增加而未实现真正的关税自主，但北洋政府为此还是做了很多努力，这些努力

---

① "重农抑商"政策的内容是以农业为国家主体，而对工商业发展实行严格限制。从汉代以来，这一政策作为基本国策为历代王朝所继承。"抑商"主要有两种方式：一是对商人实行经济限制，如将盐、铁、茶、酒等列为垄断官营而禁止民营，同时加重征税，使商业无利可图；二是对商人进行政治打击，如以经商为犯罪、禁止商人做官、禁止其子弟参加科举，士农工商的社会序列使商人的社会地位最为低下。"重农抑商"政策的思想根源是以儒家道统为核心的维护集权官僚制度的官文化。

② 如清朝政府1757年规定，通商口岸仅限广州一处，而在广州，一切进出口贸易均需通过"十三行"进行，外商不得与中国商人自由接触。此外，对进出口贸易的商品种类和数量也实行严格的限制。

为后来南京国民政府收回关税自主权奠定了坚实的基础。

第二，鼓励进口替代和出口贸易。

民国初年，中国进出口出现严重逆差，这不仅冲击了国内工业的发展，还使中国成为外国的原料供应地。为此，北洋政府制定了使用国货、鼓励出口的方针：一方面大力提倡国货的生产、消费和优先订购；另一方面对出口产品采取减免出口关税、改善质量和增加产量等措施，从而促进了出口贸易。

第三，增开通商口岸。

中国原先的通商口岸都是外国列强通过不平等条约强行开放的，且集中于东南沿海，而北洋政府开始由被动变主动，试图用增开口岸的办法进一步促进中国的开放。1914年，北洋政府宣布将归化城、张家口、多伦诺尔、赤峰及山东龙口作为开放口岸。1915—1925年间，又陆续开放了16处口岸，其地域分布多向内陆腹地延伸，涉及华东、华北、华中、西南、东北和西北。

第四，利用外资振兴实业。

1913年，资产阶级大实业家张謇出任农工商总长，他明确提出了"门户开放，利用外资，振兴实业"的纲领，并拟定了利用外资以振兴实业的具体政策和措施。他主张采用合资、借款、代办三种形式并提出各种形式的限制条件。在北洋政府的积极支持下，外商投资急剧增长。与此同时，张謇还为发展实业制定了一系列法规，如《公司条例》《商人通例》《公司注册规则》《矿业条例》《植棉制糖牧羊奖励条例》等，为中国现代企业的产业和发展奠定了制度基础。

（二）1927年之后的对外贸易

1927年，南京国民政府成立以后，在北洋军阀上述政策的基础上进一步推动中国对外贸易向有利方向发展。这主要表现在：

其一，恢复了关税自主权。

1928—1930年，南京国民政府在和主要的资本主义国家签订的关税条约中，均列明废除原有的关税协定并实行关税自主。恢复关税自主权是中国自鸦片战争以后最重大的政治外交胜利，也是一国自主制定对外贸易政策的制度基础。据吴承明《帝国主义在旧中国的投资》一书统计，1928—1934年，国民政府先后五次提高关税水平，从1928年的4.3%提高到1934年的34.3%。虽然这主要是为了增加财政收入，但对于保护本国工业发展和减轻进出口贸易逆差起到了一定的作用。

其二，中国成为 GATT 创始缔约国。

第二次世界大战结束以后，世界格局发生重大变化，美国凭借其强大的实力，从贸易、金融、投资三个领域重建国际经济新秩序。1946年10月，美国提议召开世界贸易和就业会议并成立国际贸易组织，由美国、英国、中国和法国等国共组筹委会并于伦敦召开了第一次会议。1947年4月，南京国民政府应邀参加了筹委会第二次会议。会议期间，中国与美、英、法等18个国家进行了关税减让谈判，达成关税减让协议123项。这次谈判实际上就是关税与贸易总协定（GATT）的第一轮多边谈判。当时参加签约的共有23个国家，中国成为GATT创始缔约国之一。1949年4—8月，南京国民政府又参加了第二轮多边谈判，进一步达成关税减让协议。

总的看来，鸦片战争以后，中国对外贸易政策是从被动开放逐渐转向主动开放。在这一转变过程中，中国对外贸易规模有了一定程度的增长，且在世界贸易总额中的比重有所增加。尤其是中国成为GATT的创始缔约国，表明中国在战后国际经济新秩序中开始占据主动地位，一举扭转了晚清以来的不利局面。在对外贸易过程中引进的先进技术和西方的商业方式及价值观念，促进了中国早期工业化发展和自然经济解体。但这一时期的中国对外贸易一直存在严重的贸易逆差，贸易对象主要限于英、日、美等国；同时，在进口方面以制成品为主，在出口方面以农产品原料及手工制品、半成品为主，在贸易地理结构和商品结构上仍然没有改变半殖民地半封建的贸易性质。

第二节　新中国成立后的对外贸易政策

新中国成立以来，中国的对外贸易政策与整个国家的经济体制一样，经历了剧烈而重大的转变。

一、改革开放以前的对外贸易政策

从1949—1978年，在这30年中，我国实行的是高度封闭的保护贸易政策。这主要体现在：

第一，外贸经营由国家高度垄断。

1949—1952年，在没收官僚资本的进出口企业和改造民族资本的进出口企业的基础上，中国建立了国家高度垄断的外贸体制，即全国的对外贸易均由对外贸易部统一实行行政管理，各项进出口业务由国有外贸公司垄断经营，进出口商品的品种和数量严格按照计划进行。

第二，设置较高的贸易壁垒。

贸易壁垒中影响较大的措施有以下三点：一是制定高关税。据佟家栋、周申《国际贸易学——理论与政策》一书所述，根据1951年中国实施的海关规则，进口商品的算术平均税率为52.9%，其中农产品的平均关税率为92.3%，工业品的平均关税率为47.7%。这一关税水平远远高于GATT规定的关税率。二是建立各种行政壁垒，无论是进口还是出口都需要办理配额、许可证并通过各种部门的审批。三是实行外汇管制，对于进口所需的外汇必须申请额度并承担汇率高估的损失。

第三，脱离了关税与贸易总协定。

关税与贸易总协定（GATT）是二战后建立的国际贸易框架机构和规则体系，体现了战后国际贸易的发展方向和政策规范，也反映了世界各国共同发展的愿望和利益。新中国成立后，既没有向GATT申请恢复关贸总协定缔约国地位，也没有参加GATT的任何活动。1974年，中国恢复在联合国的合法席位时曾有机会重返GATT，但万分遗憾的是又一次选择了放弃，从而丧失了在战后国际贸易体系中的优势地位和应有权益。

改革开放前的中国之所以实行高度封闭的保护贸易政策，从外部影响因素看，一是东西方冷战的国际背景，二是受斯大林模式①的深重影响；而从内部影响因素看，一是计划经济体制决定了内向型的经济形态，二是极"左"思潮②、小农经济思想③和官文化的综合作用。

实行这一贸易政策，其积极方面是实现了进出口贸易基本平衡。从1956年起，中国一举扭转长期严重的外贸逆差，直到1977年，除了在少数年份（1960年、1970年、1974年和1975年）出现少量逆差，一直保持进出口平衡

---

① 高度集中的计划经济体制和高度集权的国家政治体制，是斯大林模式的两个基本特征。这一模式是世界上所有传统社会主义国家运行的制度基础。

② "文革"10年间，出口被视为"出卖资源、投降卖国"、进口先进技术被视为"爬行主义、洋奴哲学"并受到批判，而非国营的经商行为竟在很长一个时期内被列为"投机倒把罪"并受到打击。

③ 在第一届政府工作报告中，提出我国对外贸易的方针是"互通有无、调剂余缺"。后来更将自力更生推向极端，这实际上是否定了国际分工和对外贸易的必要性。

且略有盈余的局面。其消极方面更多，主要体现为：外贸规模增长缓慢①；长期过度保护使国内企业普遍效率低下；高度封闭难以获取国际贸易的比较利益和引进国外先进技术，从而使中国在战后蓬勃发展的世界经济浪潮中又一次被远远抛在后头，处于边缘化的不利地位。

二、改革开放以后的对外贸易政策

从1978年实行改革开放至今，中国对外贸易政策经历了三个阶段的转变：

（一）第一阶段（1978—1986）：倚重外汇管制的重商主义

在这一阶段，中国贸易政策的目标是千方百计地扩大出口创汇。这主要体现在：

第一，大力促进出口。

改革开放初期，为了获取足够的外汇实施进口替代战略，我国采取了一系列措施大力促进出口，主要措施有出口补贴②、外汇留成③、汇率优惠④、出口退税⑤等，使出口规模由1978年的97.5亿美元迅速增长为1986年的309.4亿美元，年均增长率达16.3%，远高于同期世界出口总额的年均增长率6.9%。同时，实行出口结汇制，将出口创汇大部分留在国家（政府）手中。

第二，严格控制进口。

改革开放以前，我国所有进口都通过国家指令性计划控制，1978年以后，因国内工业发展的需要对生产资料进口限制有所放松，但总的看来，仍设置了较高的贸易壁垒。在关税壁垒方面，1978—1985年沿用第一部海关税则，其算术平均关税率达52.9%。而在非关税壁垒方面，到1986年以进口许

---

① 这可由两个指标的变化来反映：一是国内比较，1952年中国对外贸易额占国内生产总值的比重为9.6%，到1970年下降为5%；二是国际比较，1953年中国对外贸易额占世界贸易总额的比重为1.5%，而到1977年已下降为0.6%。

② 中国在改革开放初期的出口补贴以税收减免、优惠信贷、提供低价公共设施和其他产品及服务、对国有外贸企业亏损的直接补贴等形式为主。

③ 中国在1979年建立了外汇留成制度，允许从事出口的生产或外贸企业在其出口创汇中留存一定比例，以自用或以高于官方汇率的调剂汇率卖出获利。

④ 中国在1981年实行双轨汇率制度，在官方汇率之外另行一条较高的"内部结算汇率"，以适用于某些产品的出口结汇。1985年取消"内部结算汇率"后，又通过高于官方汇率的"调剂汇率"对出口结汇后的外汇资金流通给予优惠。

⑤ 中国在1985年开始实行出口退税制度，一些种类的出口产品由于享受税收减免政策，其实际税负往往低于平均退税率，出口企业可以获得额外收益。

可证和进口配额为主的非关税壁垒覆盖我国所有进口的80%。同时，又实行严格的进口用汇审批制，以控制国家外汇储备的减少。

由以上可见，这一阶段的贸易政策具有强烈的重商主义色彩，其内在动力是扩大出口创汇，以弥补实施进口替代战略造成的外汇短缺，其政策措施仍然以行政性措施为主。这就表明，这一阶段的贸易政策具有过渡性。随着改革开放的深入以及参与经济全球化的要求，应该继续向以市场机制为基础的贸易政策转变。

（二）第二阶段（1986—2001）：追求贸易顺差的重商主义

1986年以来，中国的贸易政策由倚重外汇管制的重商主义向追求贸易顺差的重商主义转变，其转变契机是中国复关入世。从1986年中国申请复关开始，逐步取消了外汇管制并转而追求贸易顺差。这主要体现在：

第一，大力削减贸易壁垒。

在关税壁垒方面，中国逐步大幅削减关税以与国际规则接轨。1986—1991年制定和实施第二部海关税则，将算术平均关税率从之前的52.9%降到47.2%；1992—2001年又制定和实施第三部海关税则，到1999年算术平均关税率大幅下降为16.78%；2001年入世以来，为了履行入世承诺，又连续几年下调关税，到2007年算术平均关税率已降至9.8%[①]。而在非关税壁垒方面，也在逐步减少进口许可证和进口配额的商品目录数量，非关税壁垒所涵盖的商品数量不断减少，大部分商品放开经营。当然，对涉及国内幼稚产业和国计民生的重要产品仍实行国家管理或保护。

第二，积极实施出口导向战略。

在中国复关入世的过程中，其外贸战略也由进口替代战略转向出口导向战略。为了成功实施这一战略，中国逐步放开了对外贸易权的范围和可获得性。从1994年起取消汇率双轨制，消除了人民币高估现象，使人民币贬值了50%，为扩大出口创造了极其有利的条件。1988年开始的一揽子外贸改革进一步增加了对出口的鼓励，包括外汇留成、全面的出口退税、扩大出口信贷、扩大国家出口商品基地等，同时对外资企业和加工贸易给予各种优惠政策。这一战略带来的直接效果是，促使中国的出口规模迅速扩张并由此带来贸易顺差和外汇储备的急剧增长。从2013年起，中国已成为世界第一货物出

----

① 参见历年《中华人民共和国海关进出口税则》和《人民日报（海外版）》中《已完成加入世贸承诺的降税义务，加强关税在海外经贸合作中作用》一文（2007年12月24日）。

口和进口国，贸易出口和进口额占全球贸易总额的比重已从1978年的0.75%和1%分别上升至2014年的12.3%和10.3%。

由以上可见，1986年以来，尽管中国在对外贸易政策改革方面付出了很大的努力，但由于外贸体制的改革尚不彻底，贸易政策并没有实现真正转变，当面对新贸易壁垒和国际金融危机的双重挑战时必然陷入政策困境。

（三）第三阶段（2001—现在）：实行全面开放进出口平衡的贸易政策

2001年，中国正式加入WTO，意味着从此以后中国必须严格遵守WTO规则并按规则要求对原有外贸政策进行大力改革。中国进行外贸政策改革，实际上来自新贸易壁垒和国际金融危机两个方面的影响和挑战。

第一，新贸易壁垒对中国经济的影响。

新贸易壁垒，即为WTO框架下的国际贸易壁垒，主要有贸易救济措施（包括反倾销、反补贴与保障措施）、技术性贸易壁垒、环境性贸易壁垒、知识产权壁垒和社会保障壁垒五种形式。新贸易壁垒是一个中性概念：一方面，它是WTO为纠正市场失灵和促进社会公共利益目标的实现而提供的合理规则；另一方面，一些WTO成员国出于对本国贸易保护的目的，利用WTO规则实施依据和手段的差异，故意超出合理限度，从而构成不合理的贸易障碍。新贸易壁垒对中国经济带来两方面的重大影响：一方面，在短期内严重阻碍了中国产品的出口，中国经济发展面临重大挑战；另一方面，长期内则可通过优化产业结构和技术创新转化为发展契机，实现中国经济快速崛起。

第二，国际金融危机对中国经济的影响。

2008年爆发的国际金融危机，至今其影响尤存，欧美发达国家经济复苏缓慢，从而引发近年来美国和欧洲一些国家出现了反全球化逆流。特别是美国总统特朗普上台以来，接连颁布一系列贸易保护措施，多次挑起中美贸易摩擦，对WTO未来走向和世界经济发展带来了许多不确定性。

第三节　中国对外贸易政策的改革方向

新贸易壁垒和国际金融危机给中国经济带来的严重冲击已清楚地表明:中国原有的重商主义外贸政策已经难以为继，面对中国经济发展的新常态，我们必须以新的思维、新的理念对原有的外贸政策进行深化改革。而中国作为世界贸易第一大国，其外贸政策的改革应该具有全球视野，兼顾国际和国内两个方面。

（一）国际政策目标：维护多边贸易体制和WTO基本原则

WTO的成立是二战后世界经济领域最重大的成果之一，多边贸易体制是世界贸易历史演进中各国贸易政策重复博弈的均衡结果，也是战后经济一体化进程中贸易领域最重要的制度创新。多边贸易体制通过一系列贸易协议和贸易规则，使国际贸易活动在既定的框架下进行，通过减少谈判成本、降低贸易障碍节约了交易成本，从而形成了一个有序、稳定的国际贸易体系，推动了贸易自由化和经济一体化的进程，其体制的优越性已为战后世界经济长期稳定发展所证明。因此，在国际贸易领域，中国的对外贸易政策始终把维护多边贸易体制和WTO基本原则放在首位。尽管当前在美国和欧洲一些国家出现了一股反全球化逆流，但在21世纪的今天，经济全球化大潮已是浩浩不可阻挡，中国作为WTO主要创始成员国和联合国五大常任理事国之一，也应将维护多边贸易体制和WTO基本原则放在首位，以显示中国在国际贸易领域的大国担当。

为了实现这一目标，中国应做好以下几个方面的工作：第一，要妥善处理中美关系，掌握相处之道，即竞争与合作共存，斗而不破，实现共赢；第二，要联合一切可以联合的经济体，反对美国单边主义的霸凌政策，在多边贸易体制中占据话语权，最大限度地争取贸易利益，并为国际贸易长期稳定发展创造良好的外部环境；第三，积极践行"一带一路"倡议和全球自贸区战略，促进各国经贸合作，以扩大国际经济活动空间；第四，要大力实施创新驱动战略，培育外贸竞争新优势的要素基础，以提升中国在全球价值链中的地位。

（二）国内政策目标

国内政策目标，应确立宏观和微观两个层面的政策目标。

第一，从宏观层面，确立有管理的自由贸易政策目标。

有管理的自由贸易政策是WTO倡导和实行的贸易政策，中国作为WTO成员国之一，也应将其作为对外贸易的政策导向。这一贸易政策的理论基础是国际贸易体系理论，其实质是以推进贸易自由化为政策目标，充分发挥市场机制优化配置资源的主导作用，同时根据本国的具体情况，实施相应的管理措施。推进贸易自由化的措施，具体有以下几个方面：在货物贸易领域，逐步降低关税总水平，并规范和减少非关税壁垒；在服务贸易领域，逐步扩大市场准入水平，并给予国外厂商以国民待遇；在技术贸易领域，控制滥用知识产权的措施，并完善知识产权保护制度；在与贸易有关的投资领域，规范并逐步取消对贸易有扭曲和限制作用的投资措施。

从推进贸易自由化与实施管理措施的关系看，两者是相互依存的：贸易自由化以管理措施为保障，而管理措施的目的在于推动贸易自由化进程中的平衡发展，规避和化解贸易自由化进程中的各种风险。但管理不等于保护，管理不能阻碍贸易自由化的进程，不能对国际贸易构成障碍。例如，扶持战略性产业，就应从开放的角度出发，以培育新的经济增长点和提高中国产品的国际竞争力为目标，在确定战略性产业时必须遵循相应的原则①，以避免外贸政策的消极影响。

第二，从微观层面，推进作为经营主体的企业的制度创新。

中国对外贸易政策的基础在于作为经营主体的企业的制度创新，这是由两个方面的因素决定的。

第一，国际经济竞争的重心正从国家层面转向企业层面。

在经济全球化的趋势下，一方面，随着资本的国际流动和跨国生产的普遍开展，企业的发展正在打破国家的界限；另一方面，WTO确立的国际经济基本规则，使各国政府通过政策手段影响国际贸易的空间不断压缩，而给企业留下的空间越来越大。上述变化带来的结果导致国际经济竞争的重心从国家层面转向企业层面，而一国竞争力的基础是企业竞争力。传统的自由贸易理论一般假定以国家为主体，往往以国家间的差异来解释国际贸易产生的原因。现代的自由贸易理论认为，在影响一国竞争力的各种因素中，技术创新比自然要素禀赋具有更大的作用，而技术内生于企业，同时规模经济和专业化经济也依赖于企业，因此应将企业视为国际贸易的主体。

第二，企业的竞争优势取决于企业的制度创新。

企业制度的核心是产权制度，产权即行为主体的财产权利，其表现形式为所有权、使用权、分配权和转让权。根据制度经济学的理论，市场交易的

---

① 战略性产业的确定应遵循三个原则：一是必须制定严格的战略性产业衡量标准与评估体系，防止出现以扶持战略性产业名义对"夕阳产业"进行无效保护；二是必须适应国际贸易的长远发展趋势并与国家整体经济发展战略相协调，能对国际新贸易保护主义具有战略威慑力；三是必须具有灵活性，能够根据国民经济发展和世界经济运行的变化适时调整，防止战略性产业的僵化。

实质是产权的交易。如果将此观点引入国际贸易领域则可以得出：国际贸易的实质是产权在国际间的交换，而贸易自由化则是产权在国内外市场上的自由交易。这意味着一个国家要真正实现对外贸易自由化，最根本的是本国的行为主体国家（政府）和企业不但完全独立地获得或拥有产权，而且还能在国内外市场上自由地进行产权交易。可见，贸易自由化的制度前提是实行财产权分散化的产权制度。整体而言，中国的企业在国际上的竞争力较为薄弱，从多方面多层次对企业进行制度创新，特别是产权制度创新至关重要。

1978年实行改革开放以来，中国在城乡各个领域对社会主义公有制的产权制度进行了大胆改革：对共有产权形式进行初步分离，各经济主体就焕发出巨大的内在活力，取得了世人瞩目的伟大成就，这是经济体制改革释放的最大制度红利。但我们也应清醒地认识到：随着改革步入深水区，各种深层次的社会经济矛盾都会出现，社会主义经济体制改革必然要经历长期艰难曲折的探索和阵痛。我们坚信：只要以市场经济为导向，坚持中国特色社会主义的改革方向，未来中国一定会由贸易大国转变为贸易强国，屹立于世界之林。

思考题：

1.请分析中国历史上长期实行"重农抑商"政策的原因。

2.请分析改革开放前中国实行封闭政策的原因。

3.请简述中国实行改革开放后中国对外贸易经历的阶段及转变。

4.请评析影响中国外贸政策改革的主要因素及其改革方向。

5.请分析为什么说企业竞争优势取决于企业制度创新。

参考文献

［1］［美］安德鲁·马斯-科莱尔等.微观经济学［M］.刘文忻,李绍荣,译.北京：中国社会科学出版社，2001.

［2］［美］彼得·B.凯恩.国际经济［M］.周伯琦，等译.北京：北京经济学院出版社，1989.

［3］［美］诺曼·杰·奥恩斯坦，等.利益集团、院外活动和政策制定［M］.潘同文 译.北京：世界知识出版社，1981.

［4］余永定，张宇燕，郑秉文，等.西方经济学（第二版）［M］.北京：经济科学出版社，1999.

［5］李琮.世界经济学新编［M］.北京：经济科学出版社，2000.

［6］王新奎.国际贸易与国际投资中的利益分配［M］.上海：三联书店，1996.

［7］张幼文.双重体系的扭曲与外贸效益［M］.上海：三联书店，1995.

［8］贾根良.发展经济学［M］.天津：南开大学出版社，2004.

［9］段文斌.制度经济学——制度主义与经济分析［M］.天津：南开大学出版社，2003.

［10］姚国庆.博弈论［M］.北京：高等教育出版社，2007.

［11］胡涵钧.新编国际贸易［M］.上海：复旦大学出版社，2004.

［12］尹翔硕.国际贸易教程［M］.上海：复旦大学出版社，2001.

［13］华民.国际经济学（第二版）［M］.上海：复旦大学出版社，2010.

［14］陈宪，张鸿.国际贸易——理论·政策·案例（第三版）［M］.上海：上海财经大学出版社，2012.

［15］姚贤镐，漆长华.国际贸易学说［M］.北京：中国对外经济贸易出

版社，1990.

［16］庄起善.世界经济新论［M］.上海：复旦大学出版社，2008.

［17］张锡嘏.国际贸易［M］.北京：中国人民大学出版社，2004.

［18］唐海燕.国际贸易学［M］.上海：立信会计出版社，2001.

［19］唐海燕.中国对外贸易概论［M］.上海：立信会计出版社，2002.

［20］薛荣久.世贸组织与中国大经贸发展［M］.北京：对外经济贸易大学出版社，1997.

［21］陈宝森.当代美国经济［M］.北京：社会科学文献出版社，2001.

［22］任东来，等.当代美国：一个超级大国的成长［M］.贵阳：贵州人民出版社，2000.

［23］薛荣久，赵玉焕.世界贸易组织（WTO）教程(第二版)［M］.北京：对外经济贸易大学出版社，2009.

［24］金明善.现代日本经济论［M］.沈阳：辽宁大学出版社，1996.

［25］程伟，等.经济全球化与经济转轨互动研究［M］.北京：商务印书馆，2005.

［26］佟家栋，周申.国际贸易学——理论与政策［M］.北京：高等教育出版社，2003.

［27］陈宪.国际服务贸易——原理·政策·产业［M］.上海：立信会计出版社，2000.

［28］赵春明.国际贸易（第二版）［M］.北京：高等教育出版社，2007.

［29］龚晓莺.国际贸易理论与政策［M］.北京：经济管理出版社，2008.

［30］王慎之，刘国兴.生产力发展之国际比较［M］.哈尔滨：黑龙江人民出版社，1990.

［31］王珏.贸易与资本流动:理论范式与中国的实践［M］.北京：中国经济出版社，2007.

［32］谭祖谊.中国经济结构演进中的贸易政策选择［M］.北京：人民出版社，2008.

［33］王绍熙，王寿椿.中国对外贸易概论［M］.北京：对外经济贸易大学出版社，1998.

［34］冯金华.经济全球化的国家竞争优势——贸易、效率和适度自由化

［M］.上海：上海财经大学出版社，2008.

［35］马述忠，李淑玲.对美国贸易政策嬗变的政治经济学分析［J］.国际贸易问题，2007（4）.

［36］李增刚，董丽娃.国内政治与贸易政策：内生贸易政策理论文献综述［J］.河北经贸大学学报，2005（5）.

［37］宋世方.利益集团理论在对外贸易政策中的应用［J］.山东经济，2004（4）.

［38］吴韧强.利益集团对贸易政策影响的理论模型研究综述［J］.世界经济研究，2007（5）.

［39］谢文捷，于友伟.世贸组织下的新贸易保护主义评析［J］.国际贸易问题，2005（1）.

［40］赵瑾.当代全球新贸易保护主义的十大特点［J］.世界经济，2005（3）.

［41］潘文卿，李子奈.20世纪90年代中国外贸外资发展形势、作用及格局［J］.世界经济，2002（5）.

［42］黄兴年.不完全竞争下的对外贸易战略推进的最优化路径［J］.国际贸易问题，2004（6）.

［43］李敏，郭曼.贸易增长的"贫困化"陷阱和比较优势的悖论［J］.经济体制改革，2003（1）.

［44］杨帆.比较优势的动态性与中国加入WTO的政策导向［J］.管理世界，2001（6）.

［45］袁宜.从国际贸易成因探索历程看竞争优势论［J］.国际经贸探索，2002（5）.

［46］房师杰，廖涵.动态博弈与贸易自由化［J］.江西社会科学，2000（5）.

［47］胡列曲.国家竞争力理论的评价与探讨［J］.云南财贸学院学报，2002（1）.

［48］李应振.关注贸易不平衡的结构变化［J］.国际贸易，2007（4）.

［49］邱泰如.论国际贸易政策的理论基础［J］.中共福建省委党校学报，2002（6）.

［50］陈晋文.制度变迁与近代中国的对外贸易［J］.国际贸易问题，2009（1）.

［51］赵景峰.中国外贸发展：总量、结构与竞争力的分析［J］.国际贸易，2008（7）.

［52］柴庆春.关于建立新型外向型经济的理性思考和政策建议［J］.国际贸易，2009（4）.

Developmental Science

发展科学与应用发展科学系列

丛书主编 邓赐平

家庭与儿童
早期社会性
发展：
交互发展
理论的视角

王一集

著

上海教育出版社
SHANGHAI EDUCATIONAL
PUBLISHING HOUSE